新政治经济学评论

The Review of New Political Economy 31

汪丁丁 主编

上海人民出版社

目　录

Contents

专 题

编 者 按

　　中国的改革开放事业正处在一个关键性的历史阶段，中华之帆能否顺利抵达现代化的彼岸，很大程度上取决于这个国家能否跨越两大陷阱：于内克服"中等收入陷阱"，于外摆脱"修昔底德陷阱"。显然，这注定不是一场平坦而舒适的旅程，其中良机与风险并存、鲜花与荆棘相生。本期从一个特定的角度来展现和讨论全球化时代中国问题所面临的复杂性，关键词是"民主与治理"。

　　分而论之，"民主"一词已成社会科学中的硬通货，自20世纪初变身为褒义词以来，它所向披靡，无往而不胜，在"政治正确"的高地打下了牢固的桩基，非天力不能撼动。相比之下，"治理"一词虽高爆流行，其足迹横贯社会科学所有领域，纵串政治、经济、文化和学术不同场域，但可追溯的历史只有区区二三十年，若将其归入暴发户之列，亦不为过。将这样两个术语并列起来，撮成一个对子——其硬度尚无法和"公平与效率"相比配，更是新近的现象，其间的张力关系也见仁见智。不过在经历了第三波民主化浪潮的洗礼以及2008年金融危机的冲击之后，人们有了初步的经验认识：民主国家未必全有好的治理，民主化也有可能带来意想不到的陷阱。相对于坊间流行的常识，这一观点无疑具有震撼性的冲击力，其后续影响亦余波可见。对于学术研究来说，如何使"民主与治理"兼容，实现高质量的民主，成为一个全新的课题。对于中国而言，这个问题更具有挑战性，因为中国是一个大国，大国治理有自身的难度（当然也有回旋余地大的好处）。如何在推进民主的过程中保持国家的可治理性，以及在大国崛起的过程中保持全球秩序的可治理性，都是活生生的议题。

　　本期主题研讨刊有两篇专论，其中包刚升的《解释民主转型的三大理论路径》是一篇综述性的学术论文。在两万余字的篇幅中，作者对民主转型理论做了颇为系统的回顾和评论，虽然没有直接涉及中国问题的讨论，但"他山之石，可以攻玉"，我们可以将中国纳入到这样的知识背景中去思考，重视他国的成功经验，也关注失败的教训。另一篇是汪毅霖的论文，标题有些长，叫作《财政立宪的基本原理、理论含义与政策启示：以布坎南为中心的讨论——兼论基本公共服务均等化的相关问题》。在对照主流财政学的视野下，作者详细阐释了布坎南的财政立宪理论。值得肯定的是，作者没有以教条主义的方式吊于理论之树，而是在本土语境下，根据现实国情做出了自己的学术判断和政策建议。

可以预判，关于"民主与治理"的讨论将是海内外学界的一个长期话题。我们希望有更多的学者参与到这一讨论中来，为了中国社会科学的发展及中国现代化事业的进步。

本刊编辑部
2016 年 3 月

财政立宪的基本原理、理论含义与政策启示：以布坎南为中心的讨论

——兼论基本公共服务均等化的相关问题

汪毅霖[*]

摘要：财政立宪是建立现代财政制度的重要组成部分。财政立宪以一致同意和普遍性为核心概念；以交易范式、方法论个人主义、经济人为方法论准则；在福利经济学中引入了补偿检验，在政治经济学中引入了真实的政治模型。故而，财政立宪在财政职能的认识上与主流财政学完全不同。基于财政立宪和主流财政学为我们认识世界打开的不同窗口，只有把有差别的普遍性原则正确运用于基本公共服务领域，中国才可能避免过早迈入"福利陷阱"。

关键词：一致同意；普遍性；公共服务

＊ 汪毅霖，西南政法大学经济学院。地址：重庆市渝北区宝圣大道 301 号西南政法大学经济学院，邮编：401120。电话：15923243616。电子邮件：1981wyl@sina.com。

Basic Principle, Theoretical Meaning and Policy Suggestion of Fiscal Constitution: A Discussion of Buchanan Centered — And Some Issues of Equal Access to Basic Public Services

Wang Yilin

（ College of Economics, Southwest University of Political Science and Law ）

Abstract: Fiscal Constitution is an important part of constructing modern financial system. Unanimous and Generality are key conceptions of fiscal constitution; catallactics, methodological individualism and homo economicus are methodological criterions of fiscal constitution; fiscal constitution introduces compensation tests into welfare economics, and it introduces real political model into political economy. For these reasons, there are completely different recognizations on fiscal duties between fiscal constitution and mainstream public finance. Fiscal constitution and mainstream public finance open seperated windows for finding ways to know the world. Nothing but proper utilization of limited generality in the field of basic public services can forbid China to fall into "welfare trap" at a premature time.

Keywords: unanimous; generality; public services

JEL Classification: H40; H82; I31

一、引　　言

　　党的十八届三中全会提出"建立现代财政制度"，并将其意义提升到了"财政是国家治理的基础和重要支柱，科学的财税体制是优化资源配置、维护市场统一、促进社会公平、实现国家长治久安的制度保障"的高度。借此东风，近来涌现了一批从国家治理的高度对财政的理论和实践的深入探讨（高培勇，2014，2015；李俊生，2014；马珺，2015）。相对于在英美财政学传统下单纯从经济活动和经济学的角度对"财政"概念的理解，部分最近的研究更加强调财政学的欧陆传统，[①]从而在一定程度上恢复了"财政"概念的本意——包括"财"（经济）与"政"（政治与法律）两部分。[②]

　　当前研究绝大多数着墨于"是什么"（我国财政制度的现状）、"为什么"（建立现代财政制度的必要性）和"应该是什么"（现代财政制度的理想化模式），进而直接引出从应然到实然的政策建议，即"改什么"（如何从既有的财政制度迈向现代财政制度）。按照欧陆传统的范式，这种研究存在明显的逻辑"缺环"——多数文献在谈到"改什么"时仍然更为关注经济问题而不是政治问题，从而缺乏对于作为财政制度改革的必要条件的"政"的维度的配套改革的深度讨论。这一"缺环"的影响的严重性在于，财政领域

---

　　① 根据马珺（2015）的观点，中国在传统上有丰富的财政思想，但是缺乏系统的财政学体系，故而财政学在中国大体上要算作舶来品。新中国成立后，中国的财政学框架主要受苏联模式的影响。但是改革开放以来，苏联模式的影响日渐式微，英美传统的财政学体系（盎格鲁－撒克逊模式）渐成主流。党的十八届三中全会对于"财政"的概念和功能的重新定义则为坚持欧陆传统财政学体系的国内学者提供了发声的契机。

　　② 布坎南对于财政概念有类似的界定，"财政处于狭义经济学和政治科学之间的分界线上，可称为政治的经济学（economics of politics）"，故"财政制度是经济制度，也是政治制度"（布坎南，2002，第181页）。本文引用的翻译作品的部分内容按照英文原文有所修改。下同。

涉及的问题都发生在经济和政治的双重约束之下，从而完全不同于市场上的私人选择问题（在纯粹的市场环境中消费者效用最大化只受私人预算的单一约束）。于是，要把握财政中的经济问题和建立现代财政制度，首先就要理解财政中的政治问题并进而推动经济领域和政治领域的配套改革。

在财政的"政"的维度的改革方面，当前部分文献已经提及了财政法治化和 / 或财政制度的选择问题（李炜光，2012；张琦，2014；冯杨、李炜光，2014）。宪法和法律的约束对于建立现代财政制度之所以重要，在于在依法治国的前提下，任何财政活动（无论是取决于中央决策者、专家委员会还是选民的偏好）都是在既定的宪法——法律规则下的选择（后立宪阶段的选择），故"财政宪法"（fisical constitution）构成了对财政活动的结果的范围约束——以减少财政这只"看得见"的手的"缺位"和"越位"。于是一个显然的推论就是，对于财政宪法规则本身的选择（立宪阶段的选择）是财政改革的关键，其直接决定了朝着现代财政制度的改革能否达到预期效果。

因此，"完善立法"对于建立现代财政制度的重要性正是我们这篇论文所要着重讨论的问题。我们对于此问题的讨论将围绕布坎南（James Buchanan）的财政立宪理论或者说财政的制度选择方法（institutional-choice approach）来展开。之所以以布坎南为中心，是因为：第一，布坎南的财政立宪理论的直接研究对象就是财政立宪和立法问题，这在公共经济学领域是极为罕见的；第二，布坎南的财政立宪理论几乎构成了公共选择学派关于财政领域的整个核心内容，而国内目前对布氏理论的关注更多放在"政治宪法"（political constitution）——"规定了以何种方式达成集体决策结果的制度或规则集"（布坎南，2009，第 142 页），对于与之并列的财政宪法则缺少详尽的梳理；第三，布坎南的财政立宪理论代表了对财政学的英美传统和欧陆传统的某种整合，其中的欧陆色彩尤其明显且带有自己的理论创新，故而将布坎南的财政立宪理论与当前主流的盎格鲁-撒克逊色彩的财政理论加以比较，可以期待对完善国家治理有更深刻的启示。

本文接下来的结构如下：第二部分讨论一致同意（unanimity）原则（程序约束）和普遍性（generality）原则（结果约束）这两项贯穿布坎南的财政立宪理论的基本准则，从而强化对理论基础的认识；第三部分研究财政立宪理论的福利经济学含义和政治经济学含义，二者构成了财政立宪理论的规范起点和实证基础；第四部分以比较分析的方法，从财政立宪理论的视角重新审视财政的三大基本职能；第五部分基于财政立宪理论的视角，解析在迈向现代财政制度背景下的基本公共服务均等化的理论含义和政策含义；最后是结论。

二、财政立宪的基本原理

"立宪"的概念最初源于《同意的计算》[①]（布坎南、塔洛克，1962/2000）一书。作为整个"宪政经济学"体系的一部分，[②] 财政立宪理论萌芽于《同意的计算》，发展和成熟于《民主财政论》（布坎南，1967/2002）、《公共物品的需求和供给》（布坎南，1968/2009）、《赤字中的民主》（布坎南、瓦格纳，1977/1988）、《征税权》（布伦南、布坎南，1980/2004a）、《规则的理由》（布伦南、布坎南，1985/2004b）、《自由、市场与国家》（1985/1989）等著作，晚年归结于《原则政治，而非利益政治》（布坎南、康格尔顿，1998/2004）和具有辩论性质的《公共财政与公共选择》（布坎南、马斯格雷夫，1999/2000）。

财政立宪理论与主流的财政学理论的外显性不同在于研究视角的差异。在布坎南看来，个人的财政选择可以分为三个层次：

第一是在既定财政制度[③]下，个人的市场选择。这是主流财政理论的研究重点之一，其关注在税基和税率既定情况下，个人如何做出关于工作和闲暇的选择。

第二是在既定财政制度下，个人的集体选择。这一层次的典型问题是：既定"财政制度将怎样影响个人在公共商品和私人商品之间分配资金的选择"（布坎南，1993，第226页）。

第三是个人对财政制度的选择。在财政制度的"立宪"阶段，人们"必须为选择本身挑选或选定结构框架；他们必须选定赖以进行日常市场选择以及普遍的政治选择的制

---

① 该书的副标题是"立宪民主的逻辑基础"。

② 在布坎南的理论中，宪法规则除了决策规则外——布坎南也称之为政治宪法，还包括产业规制规则、货币规则、财政规则等等。

③ 在中国的官方文件和财政理论的语境下，习惯于将"财政制度"称为"财税体制"。高培勇（2014）认为，"财税体制"的说法与中国在行政设置上将财政部门（负责财政支出）和税收部门（负责财政收入）分立有关，两个词语的含义实际上在通常情况下并没有明显的差异。

度"（布坎南，1993，第 227 页）。

按照布坎南在"宪政经济学"中确立的"立宪阶段的选择"和"后（post）立宪阶段的选择"的二分法，第一和第二个层级的财政选择显然属于"后立宪阶段"，而第三个层次的财政选择则发生在"立宪阶段"。

布坎南在财政理论上的创新就在于其强调"立宪阶段的选择"，即对于（财政）规则的选择。布坎南之所以会有此种独特的学术取向，与他在 20 世纪 40、50 年代先受到奈特（Frank Knight）对于社会制度的关注的熏陶，而后又接受了欧陆学派的维克塞尔（Knut Wicksell）和意大利学者的财政思想的影响直接相关（布坎南，2001；马珺，2015）。

在财政立宪理论，也即财政制度／规则选择理论的研究中，布坎南始终把维克塞尔的"一致同意原则"[①]作为核心概念（即使在晚年的转型阶段也是如此）。之所以强调"一致同意原则"，源于布坎南继承维克塞尔的衣钵所形成的对于"财政"问题的性质的理解。这些理解体现于布坎南早年关于维克塞尔财政理论的讨论之中（Buchanan，1949, 1952）。

布坎南所理解的维克塞尔式的税收基本原则是：个人对于政府的贡献应该与从政府获得的收益相平衡——这属于受益原则（benefit principle），区别于支付能力原则（ability-to-pay principle）。而为了保证这一基本原则的实现，就必须引入一致同意的决策规则。在一致同意规则的保证下，税收和开支可以被理解为自愿交易的过程，政治上可以通过的财税方案必定等价于经济上的帕累托最优（在任何自愿的交易中，交易达成的条件都是每个参与人皆能获益）。故而，这种征税符合"维克塞尔—林达尔（Erik Lindahl）"传统的受益原则。在维克塞尔的体系中，财政活动实际上是人际间的一种交易，只不过此时交易的对象不再是私人商品而是公共物品和服务，故而维克塞尔的财政学实际上是一种交易范式的理论。

与之相反的是征税牺牲理论（sacrific theory of taxation），即"埃奇沃思（Francis Edgeworth）—庇古（Arthur Pigou）"传统的支付能力理论（Hansjürgens, 2000）。该理论

---

① 在布坎南的理论中，"一致同意"具有双重身份：一是作为一种帕累托改善的检验标准，从属于福利理论；另一种是作为一种投票规则，从属于政治领域。双重身份的结合使得布坎南专注于研究在福利上符合帕累托标准的政治改革问题。阅读所限，笔者未见过布坎南讨论非帕累托改善的改革的问题。

按照功利主义的标准要求以等边际牺牲（equimarginal sacrifice）原则来规定税收分配，这是一种在效益上能产生最小总量牺牲（least aggregate sacrifice）的原则。然而，由于罗宾斯（Lionel Robbins）的工作使得基数效用论在 1930 年代后已经被经济学界所否定，基于人际效用比较的支付能力原则并不符合科学的标准（即违背了实证原则），[①]且"最小总量牺牲"隐含着国家有机体的概念（与方法论个人主义相冲突），这是布坎南在方法论上无法接受的。作为现代主流财政理论的重要组成部分之一，支付能力原则通过运用社会福利函数求最大值甚至更为复杂的方法来证明差异化税率的合理性——这一处理恰恰符合罗宾斯所定义的"稀缺资源的有效配置"的主流经济学范式，只不过用一个外设的社会福利函数将人际间效用比较问题遮掩了起来。

于是，布坎南将自己从维克塞尔那里继承的财政学视为基于交易（catallactical）范式的财政学，而将主流的财政理论视为基于配置（allocative）范式的财政学。交易范式也称为协调（coordination）范式（布坎南，1999）[②]，关注的是经济活动的参与者的"相关行动之间的契合性"（柯兹纳，2012，第 205 页）；配置范式则集中于求解极大化（maximizing）问题（汪毅霖、罗影，2015b）。

不过，受"维克塞尔—林达尔"传统影响的经济学家们并不都是交易范式的支持者，如现代主流财政理论的创立者马斯格雷夫（Richard Musgrave）和萨缪尔森（Paul Samuelson）就是如此。萨缪尔森（1954，1955）的贡献在于将马斯格雷夫（1939）从

[①] 布坎南虽然从事过许多规范性质的研究，但实际上他非常重视经济学理论的可实证性。布坎南认为，"'规范'理论与'实证'理论的差异，不是明确的价值主张与客观分析或中立分析之间的区分，而是两种客观分析之间的区分。前者是在假定效率可接受的前提下，主要将目标定位于精确详地说明'应当'作为政府行动目标的那些结果的特征，而后者主要致力于解释和推测多人参与的集体决策过程的结果"（布坎南，2009，第 181 页）。布坎南还表示，"许多经济学家，也许是大多数经济学家，认为理论福利经济学作为一个子学科，必然涉及规范性因素。然而，正如我已试图指出过的，理论福利经济学的基本内容可以被纳入不带有任何规范色彩的实证理论之中。因为，作为理论福利经济学的中心，通常的帕累托最优条件不一定包含这种规范含义。就其本质而言，它们只是由构成经济理论的一系列假说导出的推论。这些推论描述了自愿交易过程中众多分立的个人间的交易互动可能产生的结果，其中也包括约束个人选择的制度变量本身。这些推论本身乃是种种推测，其推导属于实证经济理论的范围，因此也在经济学家的专业能力之内。"（布坎南，2009，第 6 页）布坎南的这种学术观点体现了其导师奈特的方法论立场，这对师徒对于"推测"（predictiton）的理解非常类似于哈耶克（F. A. Hayek）的"模式（pattern）推测"。

[②] 布坎南认为其导师奈特从未完全摆脱"配置—最大化"范式的影响（布坎南，1999）。布坎南甚至承认，"自己很容易受制于正统的方法论，以至于不知不觉地不那么关注自己的著作中明显的逻辑不一致"（布坎南，2008，第 281 页）。

维克塞尔和林达尔处继承来的财政理论 [①] 进一步模型化，他试图从资源最优配置的角度直接回答："相对于私人产品的支出，公共部门的预算的有效规模应该多大？""在预算总额既定的前提下，该预算如何在不同种类的公共物品之间进行支出配置（expenditure allocation）？""给定预算总规模，应该如何在所有的纳税者之间决定税收分担的相对分配（relative distribution of tax shares）？"萨缪尔森的模型的结论是："只有当扩大公众筹资的物品和服务所需的边际费用与置于这些物品和服务上的边际价值（税额分担群体内的所有人的总和）相等时，才能满足必要条件，使包括一个公共或集体化部门在内的经济结构产生效率。"（布坎南、康格尔顿，2004，第 126 页）——这实际上是用模型化方法重申了在维克塞尔框架下作为最优化均衡的经济结果的必要条件，而完全忽略了维克塞尔所强调的达成这一条件所需要的一致同意的政治自愿交易过程。

所以，布坎南的交易范式财政学的一个明显特征就是将真实的政治过程引入到了对财政活动的分析之内（从而真正继承了欧陆财政学传统），并且把对政治因素的分析提升到了立宪的维度。

当 1960 年代布坎南把基于交易范式的财政理论发展为了财政立宪理论后，布坎南将罗尔斯（John Rawls）的"无知之幕"（veil of ignorance）转换为"不确定性"，开发了一致同意原则的立宪含义。按照布坎南所坚持的维克塞尔的思路，即使考虑到决策成本，愈是重要的集体政治选择就愈是要通过一致同意的投票规则来表决，而对于宪法的选择（其规定了未来在日常集体选择和私人选择中的约束）显然是最重要的政治选择。但是，一致同意原则难道不会令决策成本极高甚至无法达成立宪协议吗？布坎南对此的回答是否定的，由于对于宪法的选择会产生内生的"不确定性"，在立宪阶段对于规则的选择要比在后立宪阶段对于具体政策的选择更容易达成一致。

在立宪阶段选择规则时，人们"迫不得已必然要从黑黑的不确定性之幕背后选择规则。在此情况下，效用最大化要求人们考虑一些抽象的准则，如公平、平等、正义等，而不是考虑较为具体的东西，如净收入或财富"（布坎南，2008，第 70 页）。具体说来，由于经过布坎南调整后的罗尔斯式幕布一方面屏蔽了任何既得利益信息，另一方面又允

---

① 马斯格雷夫说他和布坎南"都认为社会的运转必须有规则，必须有法律秩序，必须有与可容许的行为相关的限制措施"（布坎南、马斯格雷夫，2000，第 40 页）。从这个角度来说，由于维克塞尔的影响，马斯格雷夫和布坎南都是立宪主义者，但在进行理论分析时，马斯格雷夫实际上是通过仁慈政府的假设把政治体制问题抽离掉了。

许立宪者完全掌握可选规则的运行性能的知识，故幕布后的个人会倾向选择兼具"公平"（fairness）和"质量"的规则，[①]并预期其他人也会如此——从而人们的选择在立宪阶段趋向于一致同意。

在立宪环境中，布坎南的"不确定性"是实证性的，[②]而并非和罗尔斯的"无知之幕"一样完全是一个假想性的设置。就是说，在宪法规则的选择中会内生出"不确定性"。这是因为，宪法一旦颁布就无法轻易调整，其修订需要复杂的政治程序和超级多数的同意，故宪法规则在影响范围上的普遍性和影响时间上的持续性都是显著的。而"随着规则的普遍性（generality）和持续性（permanence）的提高，面对多个选择的个人就更加无法确切知道每个选项对自己处境的影响"（布坎南，2008，第34页）。换句话说，"随着规则具有更大的普遍性和持续性，特定规则对价值之影响的不确定性也会增大"（布坎南，2008，第34页）。宪法规则内生的不确定性提高了达成财政规则的协议的可能性并会影响协议的内容——"面对这种不确定性，个人在自我利益的计算的引导下，专注于那些能够消除或最小化潜在灾难性结果的选择"（布坎南，2008，第34页）。就是说，在删除了最坏和较坏的可选规则后，人们会在全部可选规则的一个较小的子集内达成一致同意。

在1990年代末期，布坎南的财政理论乃至整个立宪经济学理论发生了一个很明显的转型，即不再执着于维克塞尔的一致同意原则，而是从现实中的多数决策规则出发，[③]

---

① "公平"与"质量"都是规则的属性。规则可能是公平而低质量的，只可以生产低水平的福利。于是，对规则的选择来说，不仅要关注规则的公平，也要重视规则的质量。"公平"关乎的是立宪利益问题，解决的是个体间利益的协调；"质量"涉及立宪理论问题，解决的是对"真理"的追求。"公平"和"质量"共同构成了个人的"立宪偏好"（对可供选择的各项规则或各种规则集合的偏爱）。布坎南的以上看法实际上是罗尔斯所代表的契约理论和哈贝马斯（Jürgen Habermas）所代表的对话理论的结合，契约理论把宪法规则的选择视为利益妥协，对话理论则把宪法规则的选择视为真理判断（truth-judgement）（布坎南，2008，第75—86页）。

② 这保证了布坎南的工作是（实证）经济学的，而不是哲学的。

③ 布坎南给出过选择集体决策规则的简要标准："评价任何关于政治选择的规则，都必须将该规则的优点与其他可选择规则的优点相比较。当决策本身的技术性很强时，或者当有规则总比没规则好而规则本身是什么并不重要的情况下（例如交通控制），将决策权委托给行政决策者，可能会被证明比简单多数投票更有效率。如果预计决策事关重大，那么，有效的合格多数规则（effectively qualitied majorities）将会被认为是效率较高的。对于某些问题来说，以及在某些情况下，人们可能会出于效率考虑而支持某一决策规则，而对于另外一些问题，以及在另外一些情况下，另一种规则可能更符合效率标准。只有这样，才能建立作为政治规则的制度选择理论。"（布坎南，2009，第145页）简言之，越是重要的和涉及容易辨识的普遍利益的事项，就越是应该获得政治上的更多数人的同意。

把哈耶克在"The Constitution of Liberty"中强调的"普遍性原则"摆在了宪法约束的中心位置。普遍性（generality）原则意味着"只有当政治行为适用于所有人，而不受某种具有支配地位的联盟或某个有效的利益群体成员资格的限制之时，这个标准才得以实现。当政治行为从效果的（不论具有积极性或消极性）角度观察完全从属于个人身份时，它就违背了普遍性原则"（布坎南、康格尔顿，2004，前言第 1 页）。这代表了布坎南财政立宪思想的一种转变，布坎南不再只强调（财政）宪法在程序层面的约束作用，而开始同时重视程序层面和结果层面对财政行为的约束。

在某种意义上，布坎南是把一致同意和普遍性视为两种可以相互替代的原则。当建立了"全体一致同意的基准规则"（the benchmark rule of unanimity）（布坎南、康格尔顿，2004，第 127 页），或者在实践中退而求其次，按照维克塞尔的建议"建立立法机构成员中的 5/6 作为法定多数原则"（布坎南、康格尔顿，2004，第 127 页），那么，"税额的分配和项目利益的分配就无须普遍性和一致性了。在维克塞尔模式下，在待遇上实行普遍性原则的直接观点是不存在的"（布坎南、康格尔顿，2004，第 128 页）。一旦在政治宪法（投票规则）上过度偏离了一致同意原则，即"把多数决定原则的决策制度作为宪法因素"（布坎南、康格尔顿，2004，第 128 页），那么在财政宪法中强调普遍性原则的重要性就凸显出来了。因为多数决定意味着多数联盟的偏好会压倒少数联盟的偏好而成为集体决策的代表，即形成"多数联盟的统治"。这个事实的背后隐含着"多数人的暴政"的危险，从而"决定了在多数联盟成员和非成员之前会出现歧视性待遇，除非存在着宪法性制约来禁止或限制这种财政偏好的实施"（布坎南、康格尔顿，2004，第 129 页）。

我们可以以公共品为对象，借用希尔曼（2006，第 166 页）的例子来说明为什么"一致同意规则"和"普遍性原则"是具有互替性的（见表 1）。

表 1　集体选择与公共品的囚徒困境

	乙团体支付	乙团体不支付
甲团体支付	3, 3	1, 4
甲团体不支付	4, 1	2, 2

表 1 本质上是一个简单的公共品囚徒困境的情境，变化在于我们将引入两种不同的

对于集体选择的宪法约束。现在有两个团体——甲和乙，由于存在搭便车的机会，甲和乙各自的占优策略是"不支付"。于是，公共品自愿支出（contribution）的博弈均衡为"甲不支付，乙不支付"的（2，2）。

现在我们引入投票机制，并假设集体选择的规则是简单多数决定。当甲团体是多数联盟时，则投票决策的结果将是"甲不支付，乙支付"的（4，1）；反之则相反。从社会整体的角度看，（4，1）或（1，4）肯定是无效率的情况，因为此时的社会收益总和为5，小于"甲支付，乙支付"时的6。

我们改变一下投票规则，将集体决策方式从简单多数变为"一致同意"。此时，无论甲和乙谁是多数联盟，（4，1）或（1，4）的结果肯定不会发生，因为存在利益受损方（1<2），其会投出反对票。于是，现在可能通过的实际上只剩下了两个方案，结果各自是（3，3）和（2，2）。当在这两个方案之间投票时，无论甲还是乙都会支持前者，因为前者符合所谓的帕累托改善。

除了调整投票规则，另一种宪法约束方式是引入"普遍性原则"。即是说，我们可以在宪法中引入规则来禁止歧视性（非对称）结果。这种规则将保证（4，1）或（1，4）不会发生，因为一方支付公共品成本而另一方不支付的情况显然是歧视性的。此时，只有在（3，3）和（2，2）之间投票（基于简单多数决定）才是合宪的。简单多数表决的结果一定也会是（3，3），因为其可以使任何一个多数联盟的收益提高（3>2）。

不过，互替性并不意味着两种原则是冲突的，相反，二者分别从程序和结果层面给出的约束构成了一个互补的宪法约束体系。并且，在后立宪阶段的选择中坚持"普遍性原则"可以从罗尔斯式的"无知之幕／不确定性"这一基准分析设置中得到其合理性证明，"对于假想性罗尔斯式宪法性协定所做的一种普遍性制约往往会使社会契约更为可行。契约利益（contract benefit）分配越一致，不愿承担风险的选民的期望效用就越大。于是，坚持普遍性原则的做法本身就有可能在就广泛的公共政策而进行的讨价还价中产生"（布坎南、康格尔顿，2004，第200页注2）。

三、财政立宪的理论含义

可以说，无知之幕 / 不确定性、一致同意、普遍性等概念构成了布坎南的财政立宪理论不同于主流财政学的基本原理部分。接下来，我们就将从概念和方法论的角度来讨论财政立宪理论独特的福利经济学和政治经济学含义，这是沟通布坎南的财政立宪理论的基本原理与政策含义的中间环节。布坎南在重新阐释福利理论和恢复古典政治经济学传统方面都有突出的贡献，而他的财政立宪理论的政策含义也脱胎于此。

（一）财政立宪理论的福利经济学含义

主流财政学的"埃奇沃思—庇古"传统强调最小社会总牺牲，其等价于社会福利最大化；"马斯格雷夫—萨缪尔森"传统则是社会福利函数的直接拓展应用，萨缪尔森推导出了公共支出的最优化条件，并证明了含公共物品的社会福利最大化不可能通过市场的自愿交易机制自动实现。所以，主流财政学的背后有明确的福利经济学含义——在一般均衡的框架下，求解社会福利最大化的帕累托条件。

求解社会福利最大化的方法实际上就是求解个人效用最大化的微积分方法的一种扩展应用，只不过求解的对象从个人效用函数变为了社会福利函数（即个体效用函数的函数），该方法经过柏格森（Abram Bergson）和萨缪尔森的努力而成为了福利经济学界的主流。这一方法的优点在于通过使用帕累托标准避免了人际间比较——帕累托最优条件是社会福利函数最大值的必要条件。一旦设定了社会福利函数的具体形式，那么就可以在所有满足帕累托最优条件的社会福利最大化集合中找出唯一的点。进而在政策含义上，可以通过对初始禀赋的重新安排来解决整个社会福利的"配置—极大化"问题。

但是，这一方法也存在明显的弱点，即函数来源上的合法性问题。对于这一弱点的最著名的质疑来自阿罗（Kenneth Arrow）。阿罗在写作博士论文时提出了一个很重要的问题，社会福利函数的具体形式到底是来自独裁者、宗教领袖、传统惯例还是一人一票。对于一个宪政民主的社会来说，可能的来源只能是投票式的集体选择。可是阿罗从几个看似合理的公理条件出发，竟然发现民主程序无法得出合乎逻辑的社会福利函数的具体结果（Arrow, 1951/1963）。

"阿罗不可能定理"一度被视为敲响了福利经济学的丧钟，然而在布坎南看来，不可能定理的出现恰恰是社会福利函数理论发展到极致后的必然，因为整个基于社会福利函数的福利理论都是建立在错误的方法论基础之上的，一旦真的满足阿罗的"看似有理的条件"，"只能导致政治专制而不是有效的民主"（布坎南，2001，第 149 页）。

　　针对主流财政学的福利理论基础——社会福利函数，布坎南从交易范式的经济学的视角出发，以方法论个人主义和主观主义为工具，进行了颠覆性的批判。

　　社会福利函数是罗宾斯所定义的配置范式的经济学在福利领域的一个逻辑延伸。当经济理论以"配置"为中心时，求极值就是其目标。在布坎南看来，这种求解社会福利问题的方法有明显的方法论内在紧张：由于阿罗不可能定理的存在，任何对于社会福利函数的具体形式的设定只能是外在的（代表了函数设计者本身的价值判断），于是，"社会福利函数这个假想的分析工具，使人们对其中明显的诉诸外部和非个人主义标准的做法不去关注。这一点与整个帕累托大厦之间的根本矛盾，既未被认识到，也被故意地忽略了"（布坎南，2009，第 179 页）。当我们退一步，假设不存在阿罗不可能定理（即不存在集体选择的投票悖论），此时，社会福利函数的存在可视为隐含地假设国家/社会是一个实在论意义上的有机体（organism），故其起码在原则上可以做出福利问题的社会总和判断。然而，这就相当于整个社会只允许存在一个声音，且这个声音代表了能体现社会福利最大化的（财政）政策方案，从而与允许多元化意见并存的自由民主体制相悖。[①]可见，布坎南极为反对社会福利函数方法所外在设定的伦理标准，即使这一标准是在后立宪阶段由某种投票程序所决定的。

　　布坎南所乐于使用的福利方法是"补偿原则"，其好处在于"补偿检验（compensation tests）具有伦理纯度（ethical purity），而社会福利函数重新引入了附加的伦理规范（additional ethical norms）"（Buchanan, 1959, p.125）。补偿原则意味着"卡尔多—希克斯"改善，即一种潜在的帕累托改善（汪毅霖、罗影，2015a）。但是与卡尔多（Nicholas Kaldor）和希克斯（John Hicks）的本意不同，布坎南要求补偿必须真实发生。

---

　　① 与布坎南对社会福利函数的激烈批评相对照，主流财政学的代表人物如马斯格雷夫等始终不肯放弃这一方法，不过，由于也受到了罗尔斯的影响，马斯格雷夫认为"社会福利函数应该反映关于分配公正问题的罗尔斯前提，即社会分配公正不仅由天赋的市场收益权所决定，而且需要符合一致同意的平等原则"（马斯格雷夫，2001，第 277 页）。马斯格雷夫、布坎南和罗尔斯都想要在无知之幕背后解决（财政）偏好的真实显示问题，这一点上三者是一致的。但是马斯格雷夫明显没有在理论分析中真正理解和重视布坎南的立宪和后立宪的二分法，他的观点意味着社会福利函数只能运用于在立宪阶段的财政规则的选择，而实际上，主流财政学家们运用社会福利函数的场景是后立宪阶段对具体财政政策的选择。

借此，一项财政政策是否符合帕累托效率标准，其可以通过观察是否所有人都支持该政策而获得实证检验。尤其当我们把财政改革的过程视为一个从无知（ignorance）出发的发现过程时，补偿是必需的，因为只有通过补偿设置，什么是帕累托改善性质的改革路径才能被发现。

布坎南的这一福利经济学理论体现了他的两个重要的方法论准则：一是方法论个人主义，不存在所谓的国家有机体或全知全能的外在观察者，所有的选择和判断只能由实际参与行动的个体做出，研究者的观察对象也只能是这些个体的行为及其影响。二是主观主义，彻底的方法论个人主义必然是主观主义的，其意味着不存在外在赋予的客观的伦理标准或价值判断，所有的价值都是主观的，是只有个人才能具备和了解的私人信息。所以，补偿需要从个人的主观感受来定义，补偿的效果只能通过观察个体选择的变化得以确认。[1] 进一步说，这两条方法论准则又都可以归结为布坎南更深层次的对于经济学性质的理解——交易范式。当以"交易"为中心时，则"协调"才是要考察的对象。[2] 而在布坎南的财政立宪理论和整个对政治行为的分析中，"协调"的方式就是"补偿"，如作为一种政治交易的或明或暗地"互投赞成票"（logrolling）。[3] 这是经济学的交易范式向政治领域的延展——在方法论上称作"作为交易的政治"（布坎南、塔洛克，2000）。

（二）财政立宪理论的政治经济学含义

福利经济学研究的根本目的是为政府的政策提供一种指南，但如果"福利理论家缺乏某种关于政府政治行为的实证理论或模型"（布伦南、布坎南，2004b，第95页），任何的政策建议无异于空想。所以对布坎南来说，福利理论是要为财政立宪提供规范基础，但只有构建了正确的政府行为模型才能让规范含义从空想走向科学。

---

[1] 两个准则凝结成了一条福利理论的结论："没有社会价值尺度能被从个体偏好模式中构建出来，因为后者仅仅通过行为而显示"（Buchanan, 1959, p.126）。

[2] 除了奈特外，布坎南的"交易—协调"范式的另一个主要影响源是以哈耶克为代表的奥地利学派（布坎南，1999）。故而，布坎南的"交易—协调"范式的福利经济学基础也是奥地利化的。"协调"标准提供了一个相对于主流福利标准的替代性的衡量尺度，其具有三点独特之处：主观主义；方法论个人主义；强调动态过程（柯兹纳，2012，第206页，第212页）。

[3] 维克塞尔早就指出，即使没有选票交易和金钱贿赂，潜在的协议也可能通过税收分担配置的改变而实现（Buchanan, 1998, p.212）。

　　主流财政学对于政府行为的经典假设是：政府实际上被视作一个仁慈的开明君主。这一假设在经济学界源远流长，并在凯恩斯（John Keynes）那里达到了顶峰，从而促使经济学界把自己的角色定义为策士。[①] 正如布坎南评论凯恩斯时所述，"凯恩斯不仅设想政府是由他的理想中的一群开明的精英所组成，而且还设想，从根本上说，这个模式描述的政府就像它实际运行的那样"（布坎南、瓦格纳，1988，第78页），于是，凯恩斯所设想的经济学家的"任务是向仁慈的专制君主提供一种劝告"（布坎南、瓦格纳，1988，第80页）。在这种政府类型假设和经济学家的自我定位下，主流财政学中的"实证财政学就是要推测税收的效应，规范财政学则旨在就应当如何征税提供意见"（布坎南，2009，作者序第1页）。

　　布坎南对于主流财政学的这种研究取向进行了严厉的批评，认为取消了政治行为研究后的财政学分析只是求解最优化的数学演算，纯属浪费学者的智力资源。财政问题是一种政治选择行为而不是市场选择行为，而任何政治行为又都是在一定的政治制度下发生的。所以，政治制度是理解财政的关键。如果将视角放宽，我们就会发现，"在任何给定的政治制度下，肯定有起作用的统治阶层的因素。但是，几乎在任何政治制度下，也肯定有民主过程和公民控制的因素。根据这两个相反的模型，可以排列和讨论不同的制度（布坎南、瓦格纳，1988，第184页）"。布坎南的选择是执其两端，分别设定了"投票民主"模型和"利维坦"（Leviathan）模型来分析财政问题。

　　"投票民主"模型由于其接近西方政治活动的现实，而成为了布坎南经常使用的政治模型，其特点是所有的公民既在立宪阶段有影响力，也在后立宪阶段保持着影响。由于政治投票一般采取简单多数制，更由于布坎南在方法论上把"经济人"（homo economicus）假设引入了对政治活动的分析中，故一个自然的推论是政府的财政行为在无约束的情况下可能会产生对公民福利和权利的侵犯：一如"多数人的暴政"——多数联盟通过多数票决策制侵占少数联盟的利益；再如"财政幻觉"——政府通过操纵具体的财税征收方式令公众所感受到的税收痛苦最小化，公众无法通过选票对此做出有效反应；又如"时间不一致性"——当期具有投票权的人们可以通过增发债券扩大当前财政

[①]　布坎南曾经在一篇自述中提到："我是个强烈的个人主义者，而我对个人自由的强调的确使我不同于我的许多学术界的同事，他们的思想倾向是主张温和的精英人物统治，因此，也是集体主义的"（布坎南，2001，第150页）。

消费，而让未来的人们负担债券的成本，等等。正是由于投票民主在财政领域存在以上的问题，布坎南提出，"给定任何一组政治决策规则，都可能存在着一些对该规则下集体决策结果的范围起到限制作用的财政规则或制度（fiscal rules or institutions）"（布坎南，2009，第 145 页），财政立宪理论的目标就是要发现和构建这类规则。

具体说来，财政宪法的作用是：虽然维克塞尔认为"有效率的或者说能够完全抵偿成本的税收负担配置（allocation of tax shares），必须基于一致同意的协议"（Buchanan，1998，p.210），但是财政宪法（主要是对税率和税基的规定）可以对多数裁决的结果施加限制，从而就不必一定在后立宪阶段的具体决策时采用一致同意规则，这意味着可以在不增加外部性成本的同时降低决策成本。换句话说，财政宪法可以与政治宪法（对投票规则的规定）发生互补。布坎南引用了维克塞尔的说法，认为互补性体现为"税收分担规则和预算支出标准方面约束松动的后果，大体上可以通过达成政治—集体决策规则的约束强化而得到弥补。在现实中，人们有可能在上述三种规则或制度上折衷选择"（布坎南，2009，第 151 页）。

布坎南在"投票民主"模型中对于财政宪法的构建主要求助于立宪时的"无知之幕 / 不确定性"概念（起码在 1960 年代确实如此）。布坎南指出，当财政宪法本身普遍而稳定从而内生出不确定性时，"效率和平等这两组标准变为一个，两种都从个人偏好中推出。有效率的财政制度也是正义的（just），或正义的财政制度也是有效率的"（布坎南，2002，第 308 页）。财政宪法的不确定性本身就可以保证制度选择的合理性，因为不确定性意味着人们进行的是一种长期的重复博弈，而非短期的一次性博弈，即使财政改革让某些人在短期或一期蒙受损失，在长期和多期中也可能因改革红利而受益，从而支持朝着更富效率方向的改革。就是说，只有当人们预期，财政制度的改革会让自己的终生收益有更高的概率变得更好时，人们才会支持财政制度改革。故财政制度改革需要两个必要条件：其一是制度变化必须是永久或半永久的长期变化，其二是制度最好在订立和执行之间有很长的时滞（布坎南，2002，第 311 页）。

"利维坦"模型是另一个被布坎南详细讨论过的政治行为模型。在这一模型与"投票民主"模型最大的区别在于，公众被假定只能在立宪阶段产生影响，而对后立宪阶段的政府的财政作为无法产生丝毫影响。对于这一模型的合理性，布坎南认为：首先，在 20 世纪 70、80 年代美国财政预算失控的背景下，该政治模型具有现实性；其次，利维坦因素会"从整个政府决策者集合内部的互动中产生的，即使没有人明确地把最大收入设定为他自己行动的目标"（布伦南、布坎南，2004a，第 34 页），例如稳定的多数联盟如果对少数联盟采取了歧视性的财政剥削政策，则前者可视为变种的利维坦；再次，即使与现实不完全相符，利维坦模型"所确立的立宪规范，如果把它视为了防止可能出现的最坏结果，从而采取的'在坏结果中选择最不坏的'（minimax）策略的具体化，也有可能证明是可接受的"（布伦南、布坎南，2004a，前言第 3 页）。由于在利维坦模型中，公众对于宪法仍然保有影响力，所以财政宪法的约束力仍然可以发挥作用。利维坦模型是经济人假设的在政治领域的进一步的应用，而"从仁慈型政府转向淡漠型甚至可能是恶意型的政府形象，这几乎直接使我们的重点转向了约束政府的问题"（布伦南、布坎南，2004a，第 184 页）。

在早期的"投票民主"模型中，布坎南只是提出了要对财税问题进行财政宪法层面的约束，并大体上描绘出了政治宪法与财政宪法构成互补性机制，而对于具体应采取什么财税手段来加以约束的问题没有详加展开。在"利维坦"模型中，布坎南对于后一问题加以了展开和解释，其论述的要点主要是税率制度和税基制度两个方面。

在税率制度方面，布坎南主张贯彻"横向平等（horizontal equity）的原则，即同等人同等待遇的原则"（布伦南、布坎南，2004a，第 45 页）。横向平等意味着政府在于纳税人征税时，需要依据宪法"遵守普遍性（generality）准则，即可预先排除通过对不同的人和纳税群体巧妙地加以歧视而产生的税源"（布伦南、布坎南，2004a，第 45 页）。横向公平和普遍性原则往往在实践中体现为比例制税率（proportional taxation）。布坎南在《征税权》一书中明确承认，此方面的观点受惠于哈耶克[①]。不过，布坎南对比例税制持略有保留和谨慎乐观的态度：比例税率是必要的，但仅有"对税率的比例制要求也许无法严格限制利维坦，让它屈从于最小化的剩余，这要么是因为决策者实际上脱离纳税公民，要么是因为能够为了可取的后果而在公共支出结构上做手脚"（布伦南、布坎南，

---

① 哈耶克认为，"比例税制的主要优点在于，它提供了一项可能会得到那些将缴纳绝对意义上较多税款的人士以及那些将缴纳绝对意义上较少税款的人士的一致赞同（agree）的规则，而且此项规则一旦被接受，就不会再产生只适用于少数的特殊规则的问题。即使累进税制并未精确规定谁应当成为较高税率的承担者，但是它通过采用一种旨在将税负从决定累进税率的那些人身上转嫁至他人肩上的差别待遇的方法，却导致了歧视。不论从何种意义上讲，累进税级都不能被视为一项可以平等地适用于所有人的普遍性规则。"（哈耶克，1999，第 82 页）

2004a，第 225 页）。因此，除了税率的比例制度外，还需要对税基加以制度约束。

在税基制度方面，布坎南区分了两种范围的税基——广括（comprehensiveness）税基和非广括税基。前者除了包括货币所得外，也包括公众在市场或非市场活动中获得的非货币收益；后者则只包括货币化收益。广括税基是主流的财政理论所主张的，因为其可以提高国家的财政汲取能力和减少征税对个人行为的扭曲。但是，在财政立宪的视角下，布坎南认为有充分的理由主张非广括税基："如果能够给纳税人带来价值的行为处在政府当局征税的范围之外，利维坦的嗜好就受到了限制。人们可以转向无法征税的选择，政府在认识到他们会这样做时，只好抑制自己抽取税收的行为。"（布伦南、布坎南，2004a，第 58 页）

可见，无论是对于税率制度还是税基制度的规定，都是为了限制"利维坦"的掠夺之手。"利维坦"模型的讨论主要发生在 1980 年代，其在仍然坚持"无知之幕 / 不确定性"概念作为财政宪法—制度选择的基础参照系的同时，对于普遍性原则的讨论有了明显的增长。并且，布坎南此时就已经认为不确定性设置与普遍性原则是统一的，因为普遍性原则"与传统的税收文献中披着不同的伪装出现的横向公平规范是一样的，并且也符合法理学讨论中常见的'法律平等'这一更具涵盖性的规范。无知之幕 / 宪政主义分析的方法论优点是，它允许我们从个人选择而不是从假设的外部伦理标准中，为这种规范找到一个逻辑基础"（布伦南、布坎南，2004a，第 228 页）。但是在这一时期，布坎南尚未如 1990 年代末那样，在"投票民主"模型的后期版本中把"普遍原则"视为一项财政立宪分析的核心概念。

总体上看，无论是"投票模型"还是"利维坦"模型，都强调要对政府行为施以宪法约束，从而使政府成为真正的有限政府。虽然科学分析应该是价值中立的，但学者在选择构建何种类别的模型时不可能不受自身价值观的左右。布坎南的两种财政立宪的政治模型就是其强烈的政府怀疑主义的结晶。布坎南认为，社会科学家们最紧迫的任务是塑造新的公民信仰——"这种新的公民信仰将部分地回到 18 世纪对政治和政府的怀疑主义，使我们的注意力自然而言地集中在约束政府行为的规则上"（布伦南、布坎南，2004b，第 169 页）。这种政府怀疑主义态度与主流的财政学是格格不入的，主流财政学的出发点是"市场失灵"，故政府是以仁慈而智慧的纠偏者的面貌出现的。虽然主流财政学承认政府也有可能失灵，但是，部分主流财政学家相信这一问题可以通过集体选择的政治程序的设计来克服。正如马斯格雷夫的批评：许多对于公共部门的关注"并未遵循维克塞尔的传统去努力寻找更有效的程序，而屈从于意识形态的偏见，企图表明公共部门早已被证明无效率且天生具有缺陷"（马斯格雷夫，2001，第274页）。所以，在政治经济学的出发点上，布坎南和主流的代表如马斯格雷夫几乎站在了对于政府态度的两极，前者在思考如何把老虎关进笼子里，后者则希望能让老虎吃草。

四、财政立宪视野下的财政职能及其政策含义

由于在福利经济学观和政治经济学观上的独特性，布坎南的财政立宪理论在财政职能（即政策含义）的理解上与主流财政学明显不同甚至截然相反。按照马斯格雷夫的经典观点（Musgrave, 1959），财政活动的职能可分为三个大的方面：资源配置（公共品）、收入分配、宏观财政政策，其中前二者属于微观经济学领域的内容，后者则属于宏观经济学的范畴。我们接下来将从这三大方面进行对比，以明晰财政立宪理论和主流财政学在政策含义上的差别。我们的讨论将以"时间"因素为主要概念，因为财政立宪理论的一个重要特点就是将"时间"问题作为主线，[①]进而形成了与主流财政学在财政职能定位和政策含义上的明显区隔。

（一）公共品

主流财政学关注的第一项财政职能是资源的配置效率问题。在新古典经济学中，使得市场结果偏离最优效率的原因都被称为"市场失灵"，其中公共品的存在是市场失灵的重要原因之一，且也是在配置效率问题上财政活动的关注对象。

主流财政学习惯于从纯经济属性来定义公共品，例如萨缪尔森所强调的"非竞争性"（non-rivalry）和"非排他性"（non-exclusive）。与之相反，布坎南认为，何种物品要由公共部门来提供实际上并不完全甚至并不主要取决于经济考虑，而是由集体选择的结果所决定。换句话说，"公共品的供求决策是通过政治制度而非市场制度实现的，并且不存在可以轻松进行公共物品供求分析的竞争性秩序的对应物"（布坎南，2009，第

---

　① 在经济学各学派中，只有奥地利学派重视从"时间"因素出发解释生产、消费和经济周期等现象，布坎南对于"时间"的重视再次显示了奥地利学派对其的影响。

5 页）。

　　由于全知全能的仁慈政府假设在主流财政学中始终居于主导地位，故而"传统上，财政学既不包含公共物品与服务的需求理论，也不涉及相关的供给理论"（布坎南，2009，作者序第 1 页）。于是，布坎南的财政立宪理论在公共品领域的首要工作就是要回答在实际的政治环境下公共品的需求和供给问题。在需求层面，要回答的问题是：需要什么类型的公共品和需要多少，即支出什么和支出多大规模。在供给层面，需讨论的问题是：公共品的成本如何在不同的社会成员之间分担，即如何通过税收环节解决公共品的资金来源问题。在标准的"维克塞尔—林达尔"公共品交易模型中，公共品的需求（数量）和供给（成本分担）是结合起来考虑的。[①]

　　由于公众对于公共品需求和供给的偏好都需要通过政治程序来表达和集结，故对于布坎南来说，保证公共品需求和供给的"公平"和"效率"仍然要求助于不确定性下的财政立宪，且以"时间"为主要的分析线索。

　　从公共品的需求维度看，如果只考虑单期或现期，对于公共品的需求一事一议是有效率的；但当我们考虑的是多期或长期时，由于公共品需求是一个经常性问题，一事一议的决策成本会变得很高。财政宪法的作用就是在牺牲灵活性的同时，降低决策成本。布坎南以信号灯的例子来说明之：在交通流量很小时，信号灯似乎显得没有必要甚至耽误时间；但是在交通流量很高时，信号灯的价值就体现出来了，但此时再临时搭建信号灯已经来不及了（布坎南，2009，第 140 页）。从多期看，由于交通繁忙是常态，设立信号灯（财政宪法）是合理的。所以，布坎南主张，由于公共品的需求问题是政治议程中会反复讨论和表决的议题，即属于"连续的时间段内反复做出选择"或"就个别的事实反复选择"（布坎南，2009，第 140 页），故而有必要建立"事前选择"的制度——财政宪法层面的规定。财政宪法可以保障公共品需求具有稳定性和可预期性，而不是按照政府或选民的意志无限的扩张或压缩，也可以防止公共品在结构上朝有政治影响力的利益集团倾斜。所以，只有在立宪阶段提前订立财政宪法才能使得公共品的需求符合"公平"和"效率"。

　　从公共品的供给维度看，构建"事前选择"的财政立宪制度有更明显的意义。从单

---

　　① 这意味着排除了两种情况：第一，根据征得的税款数量的多少来决定公共品的供给量（以收定支）；第二，先确定公共品的计划供给量，再据此来决定通过何种税收方式抽取足够的税款（以支定收）。

期看，将公共品成本征集和分担的机制固定化的做法可能会导致决策的低效率；但从多期看，这种以财政宪法加以规定的做法可能反而是在整个时间序列上有效率的。如果没有普遍和持久的对公共品成本分担的宪法规定，那么成本分担问题就会在每次公共品相关议题中都被拿出来讨论，其在整个时间序列上的决策成本将会很高，即使是在放弃了一致同意规则而使用最简单的多数决策规则时也是如此。"此外，与宪法层次上存在着税收分担规则的情形相比，如若缺乏这类规则，多数派成员有可能对持不同意见的少数派成员施加更大程度的财政剥削。而宪法层次上的特定税收分担规则，不但降低了决策成本，也减少了潜在的剥削给社会成员带来的成本。"（布坎南，2009，第147页）故而，只有在每个时期都遵循财政宪法中的事前规定，才能在长期保证公共品供给的"公平"和"效率"。

在1990年代末期的著作中，布坎南为公共品的财政立宪植入了具体的内容——普遍性原则。[①] 在主流财政学中，公共品是否具有可排他性完全是一个技术问题；而在布坎南看来，公共品是否排他主要是一个政治问题，即是否在财政宪法中规定普遍性原则，从而对政府提供歧视性的公共物品和服务的潜在动机施以明确的约束。在公共品的简单多数决策机制下，之所以必须贯彻普遍性原则，是因为"任何背离公共服务的普遍性原则的做法势必会激发出形成一些多数联盟的动机，他们将要求对公共资助服务进行各种有差别的优惠分配"（布坎南、康格尔顿，2004，第134页）。此时，原本处于少数联盟的个人会尽力争取更多人的支持以构建新的多数联盟，而原本处于多数联盟的个人会竭力维持住自己的既得利益，故双方都有充分的动机在政治寻租上进行投资。这无异于社会资源的极大浪费，在逻辑上可以掏空公共品的全部社会净收益（塔洛克，1999）。从表1可知，在立宪阶段规定普遍性原则，可以在后立宪阶段从根本上消灭歧视性待遇的可能和寻租动机。

---

① 布坎南在1960年代的著作中实际上就已经意识到了"普遍性"问题。如他在一本60年代的著作中也提到："不论是在公共选择还是在私人选择中，只要将'效率'作为准则，赞成普遍课税（generality in taxation）的理由就会被大大地加强"（布坎南，2002，第53页）。布坎南在1980年代的著作中更是以赞同的态度直接引述了哈耶克对于"普遍性原则"的观点。但明显的是，布坎南在1990年代之前并没有把"普遍性原则"作为分析时的核心概念，而只是作为无知之幕/不确定下推导出的财税准则之一。

（二）收入分配

调节收入分配是主流财政学关注的另一项重要的财政职能。马斯格雷夫认为，政府对于收入分配的干预范围和程度取决于两点：一是"个人关于分配公正的价值观"，二是"调整的成本"（马斯格雷夫，2001，第278页）。这两点实际上可以归结为一个社会福利函数的求解问题：在外在给出的社会福利函数的具体形式下（取决于公正的价值观），将再分配引起的福利损失（取决于调整的成本）等因素输入函数公式，求解此时的社会福利的具体数值；将再分配后的社会福利数值与再分配前的社会福利数值加以比较，如果前者大于后者，收入的再分配就是合理的。[①]

主流财政学的这种回答分配（distribution）问题的思路显然与其讨论配置（allocation）问题的思路是相悖的。如布坎南所批评的，"就配置功能而言，个人的选择可以说是决定结果的基本因素，至少在某种规范的理想意义上是这样。然而，就分配功能而言，则必须求助于某一外部价值尺度。'效率'标准是从个人的偏好推导出来的；'平等'（equity）标准是从外部来源推导出来的。"（布坎南，2002，第308页）为了摆脱这一方法论困境，布坎南认为关键在于区分期内选择（in-period choice）和"宪法"选择，二者的关键差别在于时间维度的不同（布伦南、布坎南，2004a，第3页）。具体说来，前一种选择只考虑一次性的单期利益，而后者的选择却要考虑完整的时间序列上的长远利益。

在关于分配的财政立宪分析中，布坎南借助的标准设置仍然是"无知之幕／不确定性"。只要把时间轴拉长，那么人们在思考分配问题时，其收入在各个时期中的不确定性自然会增长，即收入的不确定性是时间长度的增函数。此时，由于既得利益的私人考虑被淡化，效率和公平两个概念是等价的。

总体上看，布坎南认为初次分配是由出身、运气、努力和选择等多因素决定的，在"机会平等"的前提下（即努力减轻出身的影响），即"在起点位置已获满意调整，竞争

[①] 这种解决方案有一个前提上的理论困难需要指出：布坎南和马斯格雷夫都是罗尔斯主义者，但二者对于罗尔斯的模型的应用方式不同。马斯格雷夫与罗尔斯一样，认为可以在无知之幕下推导出唯一的正义原则／社会福利函数，甚至明确肯定这一函数就应该是与"差别原则"（difference principle）一致的。布坎南则明确反对无知之幕背后均衡解的唯一性。布坎南认为，"罗尔斯所犯的一个关键错误是试图通过程序推导出具体结果。差别原则并不一定会产生。差别原则作为一个公平程序（fair procedure）的可能结果是完全具有合法性的，但是其他结果也可能产生，并且人们如何考虑公平（fair）在一定程度上是一个经验问题。"（布坎南、马斯格雷夫，2000，第45页）

已被适当设立障碍的范围内，对在各种结果中实行再分配转移肯定不存在多少有说服力的论点"（布坎南，1989，第 195 页）。虽然根据布坎南对作为程序设置的无知之幕所产生的结果所持的开放性态度，一定程度的社会保障和累进税作为财政立宪的结果不能完全排除在逻辑可能性集合之外，但是，如果把社会保障和累进税作为纯粹的收入再分配的手段则是与立宪选择的宗旨相违背的。

我们先看社会保障制度。"社会保障"（social security），尤其是其中的"社会保险"（social insurance）的本源目的是救济贫困者，收入再分配只是在实现这一目标时产生的间接效果，但在实现中强制性的社会保险制度已经沦为收入再分配的工具。布坎南的思想先驱哈耶克解释其中的原因："在这种制度下，并不是由给予者的多数（a majority of givers）决定应当给予不幸的少数什么东西，而是由接受者的多数（a majority of takers）决定他们将从比较富有的少数那里获得什么"（哈耶克，1997，第 49 页）。简言之，利用社会保险实现再分配目标是"多数人的暴政"的体现。[①]

在充分不确定的财政立宪阶段，不可能通过以社会保障作为主要再分配手段的规则，除非同时存在以下的极端情况：第一，参加立宪选择的人们都是极端的风险厌恶者，他们的风险厌恶程度趋向于正无穷；第二，人们在立宪阶段完全不考虑以社会保障行使再分配职能时的效率扭曲问题；第三，以社会保障作为再分配手段时不存在额外的交易成本（如政府相关部门的管理成本），否则可能还不如进行直接的转移支付。这三个假设显然都过于牵强，所以，社会保障在立宪阶段一定会被限制在救济贫弱的有限范围，不可能被定位为进行广泛再分配的手段。

我们再来讨论累进税制度。累进税（progressive taxation）一般被视为调节收入分配的重要手段，此时税收可被视为一种以政府为中介的收入转移的中间步骤，该转移的终极目标是达成收入的再分配。但是，累进税制度在财政立宪阶段很可能不会获得支持。当我们把累进税制度视作财政宪法的一部分时，这一制度就应该具有稳定性和持续性，而越是具有稳定性和持续性的制度，其对每个人在整个时间序列上的影响的不确定性就越大。同时，收入的不确定性也会随着时间的延长而提高。即是说，收入本身的不确定

---

① 哈耶克指出，以简单多数投票制决定社会保障内容的政治机制存在一种内在的悖论："一方面，社会保障制度以大众中的多数无力为自己做出明智的选择为借口而主张为其管理大部分收入，但另一方面却又要求依照这一多数的集体能力来决定个人收入应当如何使用的方式"（哈耶克，1997，第 50 页）。

性和累进税制度对收入的影响的不确定性都是时间的增函数，这导致"随着时限的延长，财政选择中的效率因素会愈来愈重要……即在个人选择权衡税收制度时，分配方面的考虑事实上被效率方面的考虑所压倒"（布坎南，2002，第249页）。

从效率角度考虑，累进税的好处在于可以平滑所有人在整个时间序列上的收入水平，避免在收入—支出结构上的剧烈波动。换句话说，"如果预期在一段时间内，支出方式比收入所得更为一致，那么累进所得税就将是最优的"（布坎南，2002，第260页）。但这一有限的好处并不能保证作为直接税的一种的累进所得税可以在财政立宪阶段获得通过。如果我们假设预期的支出方式的波动要比收入波动大，那么间接的商品税就是更好的选择，因为它可以给纳税人更大的灵活度。更何况，累进税制度在效率和公平方面还有很多的负面影响，根据哈耶克的论述可以归结如下：累进税抑制工作激励、压制有风险的进取性投资、阻碍劳动分工（在税收收入下降的情况下只能凡事自己动手干）；通过阻碍新兴小微企业积累资本，累进税会倾向于导致经济僵化，妨碍社会流动；一旦否弃了比例税原则，受惠者未必就是那些具有最大需要的人，相反，受惠者更可能是那些拥有最强大的选举力量的阶层；累进税制度从长远的角度来看与自由制度不相容，且会催生不负责任的民主行动。所以，哈耶克认为，在税收方面，"民主政府必须意识到，为了达至正义（just），它的行动就必须受到普遍性原则的指导"（哈耶克，1997，第81页）。

从对社会保障制度和税收制度的财政立宪分析可知，当在立宪选择时采用一致同意规则或者在后立宪阶段以接近一致同意的规则取代简单多数规则时，那么"集体支持的收入和财富的再分配肯定会受到极大的限制。按照一致同意的规则，只有政治体的所有成员一致同意才能对选定的对象进行转移支付"（布坎南、马斯格雷夫，2000，第92页）。

从1990年代末开始，布坎南把分析的政治背景设定为简单多数决策既定，然后分析在财政宪法中嵌入普遍性原则的影响。所以接下来，我们可以对比一下"一致同意"和"普遍性"这两种约束对再分配的不同影响。与"一致同意"是一种程序性约束不同，"普遍性"是一种对结果范围的约束。于是，"只要符合一定的普遍性准则的定义，相当多的再分配活动都是被允许的"（布坎南、马斯格雷夫，2000，第92页）。但是实际上，普遍性原则的约束意味着强烈的收入再分配基本上没有可能发生，因为任何一方都没有通过再分配获益的明显可能——再分配的支付方式和资金来源方式都受到普遍性原则的约束，歧视性的差别财政待遇会被宪法所禁止。

　　从支付方式上看，普遍性将确保在政治程序上可以获得通过的一定只能是"每人定额（equal-per-head）支付或全民式补助（demogrants）的方案"（布坎南、马斯格雷夫，2000，第92页），有利于多数联盟的具有倾向性的再分配方案根本不在可表决的范围之内（见表1）。

　　从资金来源方式上看，普遍性的要求比较复杂。最严格的普遍性将是每人等额的"人头税"，但这就消灭了任何收入再分配的可能。布坎南提出，"对于普遍性准则的一个更合理的解释是要求普遍按照传统的支付能力的原则，在一个与个体纳税者能力相关的被良好定义的税基上课税。"（布坎南、马斯格雷夫，2000，第92页）但是绝对不允许有税收优惠待遇。

　　由于布坎南一再强调普遍性原则可以从无知之幕/不确定性背后推导出来。因此，无论是以不确定性之幕还是普遍性原则作为分析分配问题时的核心概念，最终的归宿都是相同的——财政宪法层面的约束。对于收入分配的规定必须被视为财政宪法的"准永久性组成部分"（quasi-permanent part）（布坎南、康格尔顿，2004，第189页）。为了保持其稳定性和持续性，有效的宪法规则一旦确立，无论执政者如何更替，再分配制度问题都是"不可讨论"（off the table）（布坎南、康格尔顿，2004，第186页）。方如此，一个国家的福利制度才可以不受民粹主义的干扰，得以长期维持下去。

（三）宏观财政政策与赤字预算

　　利用财政政策进行宏观调控，是马斯格雷夫定义的财政的第三项重大职能。虽然说在当前流行的财政学教科书中，财政的宏观职能基本上已经不再提及，从而把对于财政职能的理解压缩到了微观经济学的范畴。但是，由于布坎南的财政立宪理论仍然涉及了大量关于财政宏观职能的内容，我们在此还是要对这一问题的立宪含义加以讨论。

　　主流财政学回避宏观财政问题的隐疾可能源于财政政策的宏观调控效果在1970年代滞涨危机后就一直不尽如人意。就连马斯格雷夫也承认，"对于宏观政策能稳定经济的信心从1970年代开始在一系列事件中遭受重创。"（马斯格雷夫，2001，第280页）但是马斯格雷夫另一方面对宏观财政政策抱有不可理解的信仰，其认为"尽管政策常被误导，但这并不意味着基于财政—货币分析框架的稳定政策不能很好地运作，经济运行无须宏观手段来稳定。我们要做的是学会如何做得更好"（马斯格雷夫，2001，第280

28

页）。与之相反，布坎南从财政立宪理论出发的讨论证明，宏观财政政策失效并不是由于对于政策细节上的操作或理解的偏差，即根本就不是如何沿着既有的方向走得更好的问题，而是完全走错了方向。

布坎南在宏观财政领域主要的论辩对手是所谓的凯恩斯主义者。实际上，布坎南并不是一个市场完美论者，[①]他与凯恩斯一样认识到了市场是有缺陷的。但是，在对于政府的认知上，二者截然相反。作为一个美国南方人（内战的战败方），布坎南对于政府天然地抱有强烈的怀疑态度；而作为一个广泛参与英国核心政治活动的精英（基德尔斯基，2006），凯恩斯自认为可以用自己的智慧左右政治，政府只是一个在兼具完备知识和完美情操的精英操控下的执行机构。[②]

在凯恩斯主义流行之前，财政的基本运行原则是"平衡预算"——这源于斯密（Adam Smith）的国家财政的收支类同于家庭收入的收支的隐喻。而"凯恩斯主义的宗旨也许可做这样的概括：私人家庭的愚蠢行为，也许正是处理国家大事的精明行为"（布坎南、瓦格纳，1988，第3页）。从此，"赤字预算"开始逐渐说服了政客和选民们。但是，1970年代以来宏观经济调控的实践已经证明，失业和通货膨胀之间的关系根本就不是在一条位置固定不变的菲利普斯曲线上加以权衡那么简单，政府的扩张性政策只会引发负面预期自我实现，令"痛苦指数"（失业率＋通货膨胀率）螺旋式上升。就是说，"功能财政"（functional finance）专注于就业和价格稳定却不会有好的效果，反而会由于破坏了"平衡预算"（balanced-budget）原则而引发了一系列的经济弊病。所以，公债所引发的赤字问题是布坎南的财政立宪理论在宏观领域的主要批判对象。[③]

凯恩斯在生活中和思想上始终是上层精英的一员，并把自己视为政府的导师，是否

———

① 布坎南从未认为市场是完善的，他承认存在"市场失灵"，但另一方面，他也看到了"政府失灵"。用布坎南的话说，"不论是市场还是政治体制，都比不上它们在观念上理想化了的模式所具有的功能"（布坎南，1989，第383页）。于是，布坎南并不是要在两种假想的完美模式之间进行比较，而是在两种现实的模式间两害相权取其轻。

② 所以凯恩斯在《通论》的结尾处才会放出豪言："经济学家和政治哲学家的思想，不论它们在对的时候还是在错的时候，都比一般所设想的要有力量。的确，世界就是由它们统治着。讲求实际的人自认为他们不受任何学理的影响，可是他们经常是某个已故经济学家的俘虏。在空中听取灵感的当权的狂人，他们的狂乱相反不过是从若干年前学术界拙劣作家的作品中提炼出来的。"（凯恩斯，1999，第396—397页）

③ 凯恩斯主义者认定，"经济效率和对社会福利的考虑要求不出现严重的失业和持续的通货膨胀"（马斯格雷夫，2001，第279页）。对于这一目标，各个宏观经济学派没有特别大的争议。凯恩斯主义者的特征在于，他们认为通过财政—货币政策的干预可以实现上述的宏观经济目标，而自由主义者（布坎南、货币学派和奥地利学派）认为过度的无规则约束的宏观干预只能产生适得其反的效果。

存在民主制度和民主制度运转的好坏其实与凯恩斯的宏观经济学理论关系不大。但是，布坎南指出，预算赤字及其负面影响的恶化恰恰与民主政治制度的实际运行情况相关，"一个极权主义政权的理想的、规范的经济管理理论可能完全不适用于一个所有被管理者都积极参与的政权。经济学家们从来都没有正确地认识到在社会的基本政治结构和政治决策的经济理论之间存在的必要的联系或相互依赖性"（布坎南、瓦格纳，1988，第4页）。因此，为了加深对"赤字预算"问题的理解，必须引入"民主"这一政治维度，即把经济问题与政治问题结合起来加以思考。

布坎南给出了一个逻辑上简明的公共选择模型作为赤字—公债问题的分析基础："选民们对于接受来自公共支出的利益是持欣赏的态度的，但对于税收的支付则是持痛惜的态度。而那些被选出来的政治家们又企图满足选民们的要求。"（布坎南，1989，第274页）即是说，在一个选举制度下，选民们都期望天上掉馅饼，即能享受公共服务又无须为此付费（纳税）；而政客们为了当选自然会投其所好。但是政客的钱从哪里来呢，"通常认为国家有三种渠道可以为政府服务提供财源：税收、货币创造与公债"（布坎南，1989，第306页）。其中，税收是选民们所厌恶的，而货币创造实际上（假设不存在货币幻觉）等价于征收通货膨胀税，因此肯定也不受选民欢迎。于是，政客们为了讨好选民，靠发行公债来扩大公共消费自然就无可避免了。

在这一模型下，无论是自利的选民还是政客，他们通过公债获益时都利用了"时间"的不一致——公债消费与公债偿还之间的时间差。由于存在时间间隔，公债消费的享受者和公债的偿还者之间可能存在不一致，当期的选民至少可能将偿债责任转移出去一部分。

作为公债所提供的公共服务的需求方，选民们之所以有进行责任转移的可能，首先在于公债产权的模糊性，这是公共债务和私人债务的一个显著差别。私人债务有明确的一一对应到具体个人的债务责任认定，公共债务则被看作整个政治团体的义务，而非某个具体成员的义务。尤其是当存在借还款的时间差时，公债的产权责任就更无法具体落实到人了。由于责任归属的模糊，"人们在公债发行上就比私债的发行更不慎重"（布坎南、瓦格纳，1988，第18页），这实际上是一种"理性的短视"，因为未来的还款问题充斥着变数。

作为公债所提供的公共服务的供给方，政客们的执政是有任期限制的，理性的政客们追求的是当期的选票最大化，哪怕选举结束之后洪水滔天。在不加税的前提下，利用公债增加公共服务是一种隐性的"贿选"方式。所以，标准的政客们在公债问题上也只能采取"理性的短视"的态度，把国家的长期利益抛在一边，否则就肯定会在竞选中落败。

虽然公债给选民和政客都带来了短期的好处，但这种债务财政相比之赋税财政来说是不可持续的。赤字财政的长期危害一方面是效率上的，公债消费会降低未来的资本形成；另一方面的危害来自公平角度，公债消费的特定性和公债偿还的普遍性是不对等的。

从效率方面看，政客们为了讨好选民，公债借款基本上都被用于增加公共服务消费。"发行债券用于当前的消费开支，将会永久性地摧毁潜在的可支配的收入流量。"（布坎南，1989，第312页）因为拿来进行公共消费的当期收入，本来其中的一部分会被私人企业用于进行资本品投资；而当未来偿还公债时，又会有一部分（流量甚至存量的）投资性资本会被抽取。[①]"实际上，以债务财政方式来支撑消费等于摧毁或'耗尽'资本。由于运用公债手段来为政府经常性的服务筹措资金，真正的'国民财富'必将被削减。"（布坎南，1989，第312页）

从公平方面看，公债在消费上很多时候都具有特定性，即公债所提供的服务的受益者属于一个特定的群体。例如在一个老龄化社会，当选民们按照自己的生命周期进行规划时，他会发现利用公债增加公共消费是有利的，并且自己的年龄越大，公债的成本就越低。于是，老龄化群体可能会更关心现期的公共服务增加而不是长期会给子孙所带来的偿债成本，但未来的所有纳税人都要为现期老年人的短视行为承担后果。所以，由于存在当期消费特定性和未来还款普遍性的不对称，公债扩大很难说是公平的，还款负担对于尚无投票权的还款人来说无异于"天降横祸"。[②]当存在稳定的多数联盟对选举结果的操纵时，这一问题会更加严重——与布坎南和哈耶克所提倡的"普遍性原则"完全背离。

布坎南对于如何扭转赤字财政的思考基于的是宏观财政的立宪维度，并且再次引入了"时间"作为了关键的分析要素。"无论对选民，还是对当选的政治家来说，有效的

---

① 公债对于资本形成的破坏可能是造成美国近半个世纪以来经济逐渐空壳化（制造业比重下降）的原因之一。由于制造业向海外转移，当前美国维持高消费生活方式的主要手段不仅是发行公债，而是加大了美元的海外购买，形成了美国人印钱，中国人生产，美国人使用中国制造的产品越来越多，中国人手中的美元储备越来越厚（然后再用这些美元购买美国国债）的经济循环模式。

② 这类似于不负责任的孩子把父母的信用卡刷爆，当期消费的是孩子，未来需要还款的却是毫不知情的父母。

时间似乎是短暂的，这正是整个古典理论架构的一个隐含的假设"（布坎南，2002，第19页），可以解释为什么凯恩斯之前的古典财政理论坚持"预算平衡"原则。于是，问题就成了如何让短视者的选择更加符合长期利益，答案是引入对于宏观财政行为——尤其是公债——的立宪约束。就是说，在财政宪法上必须对政治家们施加约束，限制他们通过公债消费来讨好选民。布坎南认为，最关键的步骤是恢复"预算平衡"原则，正如1930年代前的实际政治运作中所坚持的。"一个平衡的预算几乎应该是任何可接受的宪法框架的必要组成部分"（布坎南，2002，第187页），将"平衡预算"原则写入财政宪法不仅可以消灭政客们的机会主义动机，而且会让选民们所抱有的公共服务免费的幻觉消失，即让所有人都从短视转为目光长远。

五、兼论现代财政制度愿景下的基本公共服务均等化

布坎南的财政立宪理论所依托的政治体制背景与我国有明显的差异，但这并不意味着财政立宪理论在全面深化改革开放和全面推进依法治国等方面无法给予我们重要的启示，尤其是在努力建立现代财政制度的愿景下。接下来，我们就从基本公共服务均等化这一视角切入，讨论在现代财政制度的愿景下，财政立宪理论可以带给我们的理论和实践的启迪。

早在1776年出版的《国富论》中，斯密（1974）就把提供公共服务视为政府三大重要职责（duty）之一，[①]故公共物品和服务问题从经济学诞生之初就备受关注，并与政府的财政活动相结合。到了近代，主流财政学又把公共品问题视为财政三大职能之一，上升到了优化资源配置的高度。毫无疑问，在一个完善的市场经济体系中，政府是不可或缺的，提供公共物品和服务是政府在市场经济中必须负起的责任。但无论在任何时代和在任何政治体制下，对于政府财政乃至经济职能的设定都面临着两难格局：政府的征

---

① 斯密对政府职能定义的原始表述为："按照自然自由的制度，君主只有三个应尽的义务——这三个义务虽很重要，但都是一般人所能理解的。第一，保护社会，使不受其他独立社会的侵犯。第二，尽可能保护社会上各个人，使不受社会上任何其他人的侵害或压迫，这就是说，要设立严正的司法机关。第三，建设并维持那些公共事业及某些公共设施（其建设与维持绝不是为着任何个人或任何少数人的利益），这种事业与设施，在由大社会经营时，其利润常能补偿所费而有余，但若由个人或少数人经营，就决不能补偿所费。"（斯密，1974，第252—253页）

税权力较小则会导致财力吃紧，使得公共物品和服务供给不足，而如果政府的征税权力过大，又可能导致权力被执政者滥用或被政府权力被强势利益集团俘虏，使得公共物品和服务在供给总量上过多和／或产生结构性的偏向（出现歧视性供给）。为了解决这一难题，哈耶克、布坎南等政治经济学家们梳理出的办法是对政府的征税权力在宪法层面加以约束，即构建财政宪法。① 现在所谓的要"建立现代财政制度"，法治化必然是其中的重要一环，否则就背离了党的十八届四中全会提出的"依法治国""依宪执政"的要求。

如果在宪法和法律层面能够令财政活动贯彻"普遍性原则"，那么对于实现基本公共服务均等化是大有助益的。《国家基本公共服务体系"十二五"规划》中将基本公共服务均等化的核心解读为"机会均等"。我们姑且不论"机会均等"的具体内容和标准是什么，其起码要求所有人都通过公共服务而受益，即与受益层面的"普遍性原则"相符。在布坎南看来，"仅那些带来普遍利益（general benefits）的物品和服务才可以实施公共供给，这一限制本身就是从支出面防止不当歧视的重要保护措施。只要这限制是有效的，不仅均等分担税负的规则可以稍稍放松，而且也可以采取较少比例通过的政治决策规则。"（布坎南，2009，第151页）即是说，即使政治宪法（投票规则）维持不变，财政宪法的强化也能够令基本公共服务均等化的情况得到改善。

需要指出，我们这里讨论的基本公共服务中的很大一部分并不是纯粹的公共品，如医疗、教育、环保、基础设施等都包括在我国政府认定的基本公共服务的概念范畴之内。这正符合布坎南对于公共服务的概念的理解，在布坎南的财政理论中，公共物品和服务的范围并不是完全由其经济属性所决定的，而是更多取决于其政治属性。即是说，"公共服务的数量和范围决定于个人购买它们的集体意愿。服务会被扩展，只要总收益超过成本。"（Buchanan, 1949, p.499）于是，"任何集团或社团因为任何原因决定通过集体组织提供的商品或服务，都将定义为公共商品或服务。这一范围很广的范畴可以包括萨缪尔森和其他经济学家已经确定的'纯集体'商品，但也可以包括'公共性'程度从0到100%的其他一些商品或服务。"（布坎南，2002，第20页）于是，公共物品和服务

---

① 哈耶克可能会认为把他所意图施加于政府的财政约束称为"宪法"是不合适的，因为"宪法"在哈耶克看来属于"公法"，"公法"具有建构色彩，不符合哈耶克的自生自发规则的标准。但是布坎南认为，"哈耶克的'普遍性法律'似乎与我们的'宪法原则'相同"，"都是为了保证从宪政而不是非宪政角度看待征税规则"（布伦南、布坎南，2004a，第225—226页）。

的范围就不仅包括纯公共品，也包括准公共品甚至经济意义上的某些私人物品。布坎南喜欢讨论的"俱乐部物品"（club goods）恰好可以包括公共性从0—100%的所有物品。

在当前我国的政治体制下，中国共产党是唯一合法的执政党。虽然与西方的政党轮替的政治体制有本质的差异，但在中国共产党的坚强领导下，尤其是在改革开放后，我国在财政立宪方面有了较为显著的进展。比如，1995年颁布实施的《中华人民共和国中国人民银行法》禁止了中央银行借款对政府财政透支，不允许地方政府、各级政府向中央银行借款，在法律层面从根本上杜绝了通货膨胀的财政根源。再如1994年颁布2015年修改后实施《中华人民共和国预算法》，对于政府的收支行为做了规范，强化了财政预算约束。

虽然我国的财政立法仍然有不尽如人意之处，但是我们可能更需要先解释，为什么在不存在显性的政治竞争的情况下，我国政府仍然愿意逐步加强对自身财政行为的法律约束。实际上，这类似于在面对塞壬女妖时尤利西斯的自缚行为，从一时一刻看似乎束手束脚，但从长期看却会让自缚者受益。

根据财政立宪理论，在西方民主制的背景下，很多偏离了效率和公平的财政行为的发生都是源于选民和/或执政者的短视，而这一短视很多时候又是民主体制本身的选举和轮替规则所造成的。于是，布坎南反复强调要回到"不确定性之幕"的背后，按照长期利益的视野进行财政立宪选择，从而可以通过财政宪法约束后立宪阶段必然出现的短视。短视的，即歧视性财政行为从长期看必然对经济增长和社会和谐都有破坏性，从而损害政府的执政合法性，这一点无论是在何种政治体制下都是成立的。在西方民主制下，合法性受损可能导致在位的政府下台，但即使如此也未见得会有效推动财政立宪，因为西方政客在乎的只是短期利益，其视野顶多是一到两个任期的时间。

在我国，政府的执政地位不会动摇，但百姓对财政活动的不满难免会增加政府的执政的交易成本。更何况，中国共产党的长期执政有利于中国的政治家们对于未来形成稳定的乐观预期，从而不是基于短期而是基于长期的视角来看待财政改革。这实际上颇为符合奥尔森（2005）对于"经济增长的暗路"和施莱弗等（2004）对于威权政府为什么会自我限制"掠夺之手"（grabbing hand）的解释。于是，我国的政府有自我激励去通过立法手段进行财政体制的改革，包括建立现代财政制度，因为这样做符合执政者的长远利益。只是这种财政立法的改革必然是渐进式的，因为改革是在既有的政治宪法框架稳定的前提下进行的，并且中央政府作为最高仲裁者必须协调平衡不同利益团体的利益，以避免过于激进的改革造成反弹，反而削弱自身的执政合法性。接下来的问题是渐进式的财政改革应该如何在宪法和法律的层面构建，这既是一个规范问题也是一个实证问题。说其是一个规范问题，是因为我们可以在"不确定性之幕"之类的设置下探索财政宪法的理想模式，并作为立法的基准参照系；说它是一个实证问题，是因为我们的任何财政改革，当然包括财政立法，都需要从现实的经济、政治、社会的基础出发，否则只能是一种乌托邦式的改革呼吁。[①]

从规范的角度看，财政立宪朝着彻底的普遍性的方向改革显然最符合"不确定性之幕"的推论。彻底的普遍性意味着，从公共服务的需求—受益的角度说，政府所提供的基本公共服务全部都要能产生普遍利益，即让所有人都受益，且受益程度最好是均等的；从公共服务的供给—成本的角度说，要求基本公共服务的资金来自于每个人都按照支付能力所缴纳的比例税。但是，这种朝着彻底的普遍性的财政改革会面临现实的经济、政治和伦理上的困难。

从现实的经济层面看，基本公共服务的外延要比纯公共品宽泛得多。就是说，基本公共服务即包括行使资源配置职能的纯公共品（如安全、环保），也包括行使再分配职能的准公共品（如教育、医疗、养老）和发挥经济建设作用的准公共品（如基础设施）。从普遍性受益的角度看，只有纯公共品勉强符合要求。但是显然，因为不符合普遍性原则而取消所有的准公共品的政府提供古今中外皆无耳闻，谁能说教育、医疗和基础设施建设对于中国经济过去、现在和将来的增长没有助益呢？从公共服务的供给成本的分担的普遍性看，不仅等额的人头税在经济上无法实现，就连按照支付能力征收比例税也有实际的困难。如果要国家财政的税收收入总额不变，那么比例税意味着中低收入者面对的税率和缴纳的税款都会提高（马斯格雷夫，1997），[②]从而可用于消费的可支配收入减

---

① 布坎南从奈特那里继承了这种现实主义的改革思路，并称之为"相对绝对的绝对"（relatively absolute absolutes）。

② 除了公共服务领域外，马斯格雷夫用一个数字例子证明了在转移支付问题上，普遍性原则也会导致税率提高——原因不是因为从累进税改为比例税导致低收入者税率提高，而是普遍性原则要求转移支付的成本所有人都需承担。假设三个人 P, M, R，各自的收入是 10，50，100。转移支付的目标是保证最低收入为15。在通常情况下，M 和 R 需要缴税，税基为150，税率只需要为 3.33% 时就可以筹得 5 元的转移支付资金给 P。按照普遍性原则，P、M 和 R 都需要缴税，税基为160。为了给 P 留下 15 元，需要 18.46 元（会在转移支付时平均分给所有人）的税收收入，要求税率为 11.56%（马斯格雷夫，1997，第49页）。

少。根据消费倾向的边际递减规律，这一后果将使得拉动内需更为困难，从而妨碍经济发展方式的转变。

从现实的政治层面看，基本公共服务均等化绝不是一个单纯的经济问题，其更是一个政治问题，关系到执政者的合法性。我们很难说，配置型公共服务、分配型公共服务和支持动态经济增长的公共服务，哪一项对于维护政府的合法性作用更大。在中国经济进入新常态阶段，而人口老龄化又加剧了对医疗和养老的要求的情况下，因为不符合普遍受益原则而压缩后两种公共服务显然政治风险太大。在公共服务的供给中贯彻普遍性原则的政治压力更大。在我国目前存在收入差距的背景下，不仅人头税在政治上不可接受，符合普遍性的比例税也会引起中低收入者在政治上的反感。短视的百姓看到的只是富人的税收牺牲减低了，而自己的税收牺牲提高了，普遍性带来的长远利益似乎与他们无关，因为他们看不到社会流动的远景（或许这一远景确实并不存在）。

从现实的伦理层面看，基本公共服务的内容恰恰与普通百姓，尤其是社会弱势群体的生活联系最紧密。这些弱势群体可能不关心公共服务的资源配置职能，因为他们也许就是市场竞争的失利者；他们可能也不关注增长型的公共服务，因为经济增长的"涓滴效应"（trickle-down effect）可能并不存在或过程特别漫长。所以对社会弱势群体来说，只有再分配型的公共服务才是他们所关心的。然而，恰恰是这种公共服务最为不符合受益的普遍性原则。如果因此就压缩分配型公共服务（比如减少老年人和残疾人在医疗上的优惠），在伦理直觉上很难接受。在分配型公共服务的供给成本上贯彻普遍性原则会带来更多的伦理困惑，社会弱势群体本来是要进行财政补贴—转移支付的对象，或者说应该给予他们负所得税。因此，虽然普遍性原则作为一种法律原则或政治原则在伦理上是合理的，该原则体现了"所有游戏参与者在规则面前人人平等"和"人们将享受到平等的自由"（布坎南，2015，第90页），并被罗尔斯、哈耶克和布坎南所共同肯定。但是，将普遍性原则运用于向社会弱势群体如何征税的问题上时，该原则就暴露了伦理上的弱点，社会弱势群体恰恰是森（2002）所定义的"实质自由"（substantive freedom）享受最少的人群。阿玛蒂亚·森的自由概念既包括消极自由也包括积极自由的部分，这可能会引起政治哲学的争议（如哈耶克、布坎南等就认为自由应该只包括消极含义），但让社会中的一部分人自由得一无所有的社会肯定无法称得上是一个实现了全面小康的社会主义和谐社会。

所以，马斯格雷夫（2000）在普遍性原则问题上对布坎南所提出的批评是有道理的，在多数情况下，"情况相同的人应该受到相同的对待，这是一个值得追求的目标"，但在另一些情况下，"情况不同的人则应该受到适当的区别对待……也是一个值得追求的目标"（布坎南、马斯格雷夫，2000，第176页）。

与其好高骛远地追求彻底的普遍性，不如脚踏实地实现有差别的普遍性。否则，难道我们要对生活不能自理的老人和残疾人实施无差别待遇吗？情况不同的个人在目的和手段之间有两个差异的来源，一个是彼此的目的不同，人们持有不同的善观念（conceptions of good）；另一个是个人将资源转换为能力（capability），即实现既定目的时的转化率（convert ability）的差异（汪毅霖，2013）。在这一问题上，布坎南和罗尔斯一样在标准的"无知之幕/不确定性"的设置下只考虑了代表性个体的目的差异（且通过幕布把这一差异的影响抹消掉了），而忽略了人际间的转化率的差异。罗尔斯（2011）打算将这一问题放在后立宪阶段讨论，[①] 布坎南则完全忽视了这一问题，从而都偏离了以财政立宪约束后立宪的具体政策问题的宗旨。

无论是对于老年人还是残疾人，也无论标的物是"基本物品"（primary goods）还是基本公共服务，他们以相应手段实现目的——无论是效用、能力还是人的自由全面发展——的转化率都要比正常的成年人低，对于健康状况不佳的老年人或重度残疾人来说甚至低很多。所以，个体转换率的问题并不是只存在于少数极端情况，人际间在把基本物品变为他们想过的生活时的转换率的差异实际上无处无时不在。至少存在三类会影响将资源转换为个人的以能力定义的自由的因素（Robeyns, 2008）：个人转换因素，如新陈代谢、生理状况、性别、阅读技巧、智力；社会转换因素，如公共政策、社会和宗教规范、性别分工、社会层级、权力关系；环境转换因素，如气候、基础设施。如果我们在基本公共服务均等化的过程中不考虑人际间转化率差异因素，一味强推彻底的普遍原则，那么就是对现实中的明显的"非正义"（unjustice）的视而不见。

接下来的问题是，既然在财政立宪中要贯彻的是有差别的普遍性，那么，这种有差别的普遍性的边界应该划在何处呢？即是说，有差别的普遍性必然要求基本公共服

---

① 即是说，罗尔斯从原初状态进行的论证在开始时"把具有这样严重社会缺陷的人作为极端情况加以抛开"（罗尔斯，2011，第279页），并没有考虑"公民需要医疗照顾方面所存在的差别"（罗尔斯，2011，第281页）。

务领域的选择性倾向或者叫作选择性"歧视"（discrimination），那么这种歧视的前提和限度是什么。实际上，布坎南在自己晚年的最后一本专著中也主张"建设性歧视"（constructive discrimination）（布坎南，2015，第 23 页），虽然这种歧视的特指是恐怖主义分子，但由此可以得出一个合理的推论——普遍性是可以有程度区分的，并不是一个非此即彼的 0-1 选项。

仿照布坎南和塔洛克（2000）的思路，我们可以把普遍性限度的问题还原为一个总成本最小化的问题。无歧视的彻底普遍性是我们追求的目标，普遍性的削弱会增加一个社会的部分群体由于受财政剥削而形成的激励成本（例如税收对生产激励的扭曲等）；但是，含歧视的有差别的普遍性也是我们追求的目标，普遍性的削弱可以通过辅助弱势群体降低一个社会的维持稳定的成本。所谓的有差别的普遍性的理论界限，就是两种成本之和的最小值所对应的普遍性程度（见图 1）。

在图 1 中，我们设横轴为普遍性的水平（0—100%）；纵轴为社会成本；MIC 是受普遍性影响的边际激励成本；MSC 是受普遍性影响的边际稳定成本。根据总成本最小化的原则，显然均衡点为 E 点，E 点在横轴上所对应的普遍性程度就是理论上理想的有差别的普遍性水平。

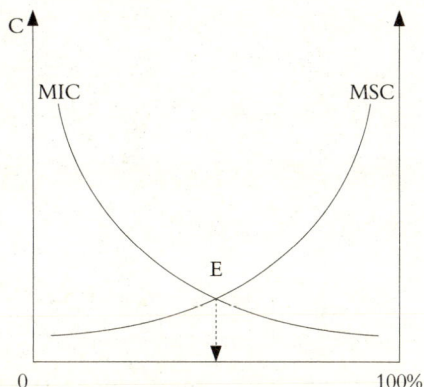

图 1　两类成本与普遍性的边界

图 1 的讨论给出了一个理论上的标准，但在实践中，更大的困难是如何令实际的政策真正朝着理论上的总成本最小化的目标靠近，并且使得稳定和发展这两大目标不仅在静态上可实现，而且在动态上可持续。

布坎南始终认为，民主政府存在一种两难困境，因为政府需要对公民的两种相反的要求做出回应，"一是扩大国家的服务（和转移），二是降低税率。困境来自于私人行为与政府行为这两组行为在时间视野上的差异"（布伦南、布坎南，2004b，第 96 页）。实际上，任何一个政府想要维持自己的合法性，都会面对这种两难之局，中国也不例外。现实的情况是，伴随着人口老龄化和农业人口市民化所产生的越来越高的对社会福利需求正在与新常态背景下的经济增长减速进行赛跑，如果是前者跑赢了后者，那么我国就可能过早地进入福利国家^①的轨道，其对经济发展和社会稳定的影响将是负面的——希腊主权债务危机正历历在目，"二战"后阿根廷从发达国家沦落为发展中国家的悲剧也实在殷鉴不远。

对于我国来说，最理想的结果是在有限的时间内，抓住改革的窗口期，^②把经济发展方式真正转变到创新驱动上来（Acemoglu & Robinson, 2015; Fukuyama, 2012; Acemoglu & Robinson, 2012）。^③这意味着我们需要把基本公共服务的资源主要投入到教育、医疗等领域，尤其是中西部地区和广大农村的相关领域，提高人口素质，把人口数量红利变成人口质量红利。由于教育、医疗和养老等产业的基础性部分是劳动密集型的（或者说人力对资本有较大的可替代性），按照我国目前的财政能力是完全可以实现更高水平的普惠式服务的。方如此，中国才能打破"中等收入陷阱"，实现社会福利体系完善和经济持续发展的正向循环（汪丁丁，2013）。

六、结　　论

在本文中，我们从基本原理、方法论原则、理论含义、财政职能等方面梳理了财政立宪理论的脉络，其与主流财政学的差异见表 2。

---

① 布坎南极为反对福利国家政策，认为福利国家政策导致了财政行为的扭曲。他给出的"福利国家"定义是："福利国家对由私人所有、市场导向的经济的运行，实行一套通过集体决定的、强制的收入与财产的转移。"（布坎南，1989，第 255 页）

② 窗口不会永远对改革者开放，晚清的教训就是例证。当改革已经错过了最佳时机后，改革的尝试（如清末"预备立宪"）反而可能让危机更严重和爆发得更快。

③ 中国的渐进改革模式一直以来都不乏质疑之声，最新的权威质疑来自新一代的政治经济学学术领袖阿西莫格鲁（Daron Acemoglu）。阿西莫格鲁等认为中国目前的增长方式是不可持续的。因为中国的政治制度仍然是汲取性（extractive）制度，虽然经济制度已经有了向包容性（inclusive）制度转型的倾向。阿西莫格鲁等坚持，这种政治制度和经济制度间的不一致，会使改革无法带来长期的经济增长。因为在达到一定的经济水平后，推动持续增长的动力将是经济体内部发生的创新，即熊彼特（Joseph Schumpeter）式的"创造性破坏"（creative destruction）。但是，创新会改变经济利益格局，即动了汲取性政治制度下的政治既得利益集体的奶酪，这会导致经济创新被政治势力所扼杀。为了坚持自己的观点，阿西莫格鲁等还与福山（Francis Fukuyama）订下了一个意味深长的赌局——如果中国能够依靠现有的制度，令按照可比价格计算的人均国民收入达到西班牙和葡萄牙的水平，那么就承认阿西莫格鲁等的理论失效。

表 2　财政立宪理论与主流财政学的对比

		财政立宪理论	主流财政学
核心概念		一致同意；无知之幕／不确定性；普遍性	社会福利函数
方法论准则		交易—协调范式；方法论个人主义；经济人假设	配置—极大化范式；有机体国家观
福利含义		通过自愿交易让个人的福利显示和实现；政治上可达成的交易意味着卡尔多—希克斯改善；政治上一致同意意味着经济上帕累托改善	财政活动的目的是实现社会福利的最大化；社会福利函数的具体形式是外生的价值观所赋予的
政治含义		对投票民主的政府和利维坦政府的财政行为都要从宪法层面加以约束；有市场失灵，也有政府失灵	假设政府是仁慈和全知全能的，可以由政府来纠正任何市场失灵
财政职能	配置	对公共品的需求和供给都要有立宪约束	应该由政府负责公共品的提供，从而可实现社会福利的最大化
	分配	无知之幕／不确定性背后所允诺的再分配是有限的，且会受到普遍性原则的约束	现有的分配格局一定是非正义的，再分配以外在的正义观念为准则，然后考虑调整的成本
	宏观	选民和政客都是短视的，应该在宪法层面恢复平衡预算原则	主张功能财政，通过发行债券来维持赤字预算

　　显然，无论是内涵还是外延，概念还是方法，理论含义还是政策含义，财政立宪理论与主流财政学都有根本的不同。

　　从理论回到现实，通过对于基本公共服务均等化问题的相关讨论，我们其实可以发现，财政立宪理论并不是所谓的唯一"真理"（truth）（霍恩，2012），[①] 彻底的普遍性原则在我国的基本公共服务均等化领域并不适用，有差别的普遍性反而比较现实。只有把有差别的普遍性原则正确运用于能够同时改善民生和积累人力资本的公共服务领域，中国才可能避免从发展中国家过早迈入福利国家。

　　所以，财政立宪理论和主流财政学理论都是认识世界的不同窗口，前者更多体现了现实性的一面，而后者更愿意展现理想化的一面。由于国情的特殊性和现实的复杂性，

---

　　① 同其导师奈特一样，布坎南也非常反对绝对的"真理"观念，他认为真理即使存在，也不可能被获得，至多是能够通过努力而相对接近。值得注意的是，在多元抑或一元真理观上，后期的罗尔斯在《政治自由主义》和其他文献中的观点与布坎南已经比较接近。罗尔斯承认，存在多元且皆具合理性的统合性正义原则，于是只能追求在政治领域获得重叠共识（overlapping consensus）。但是，正义原则和真理的多元性和开放性对于布坎南来说是其始终坚持的学术信念，而对于罗尔斯来说只是在面临现实约束和理论批评后不得不做出的退让。

任何理论都只能借鉴而不能照搬。在现代财政制度和基本公共服务均等化的建设中，不存在先验最优的唯一模式（Sen, 2009），即先验制度主义（transcendental institutionalism）不能成立。可行的路径是结合国情不断地改善政策，底线是拒绝明显的非正义。在这一集体选择问题上，不需要一致同意的完备序（complete ordering），而仅需要以"交集"（intersection）——相关各方共享的信念——为基础的"局部非完备排序"（partial incomplete ordering）。清楚地说，就是要在左与右，传统与现代，保守与激进，自由主义与福利国家等多样化的思想和利益取向之间谋求"最大公约数"。这是一场关系国运的集体选择"过程"（procedure），其结果将充满不确定性。

参考文献

［1］阿马蒂亚·森，2002，《以自由看待发展》，任赜、于真译，北京：中国人民大学出版社。

［2］阿耶·希尔曼，2006，《公共财政与公共政策——政府的责任与局限》，王国华译，北京：中国社会科学出版社。

［3］安德烈·施莱弗、罗伯特·维什尼，2004，《掠夺之手——政府病及其治疗》，北京：中信出版社。

［4］达龙·阿西莫格鲁、詹姆斯·罗宾逊，2015，《国家为什么会失败》，李增刚译，长沙：湖南科学技术出版社。

［5］冯杨、李炜光，2014，"赤字财政，公债货币化与税收国家的危机"，《南方经济》，第4期，第1—8页。

［6］弗里德里希·哈耶克，1999，《自由秩序原理》（下），邓正来译，北京：生活·读书·新知三联书店。

［7］高培勇，2014，"论国家治理现代化框架下的财政基础理论建设"，《中国社会科学》，第12期，第102—122页。

［8］高培勇，2015，"论完善税收制度的新阶段"，《经济研究》，第2期，第4—15页。

［9］戈登·塔洛克，1999，《寻租：对寻租活动的经济学分析》，李政军译，成都：西南财经大学出版社。

［10］杰弗瑞·布伦南、詹姆斯·布坎南，2004a，《征税权——财政宪法的分析基础》，选自《宪政经济学》，冯克利、秋风、王代、魏志梅等译，北京：中国社会科学出版社。

［11］杰弗瑞·布伦南、詹姆斯·布坎南，2004b，《规则的理由——宪政的政治经济学》，选自《宪政经济学》，冯克利、秋风、王代、魏志梅等译，北京：中国社会科学出版社。

［12］卡伦·霍恩，2012，《通往智慧之路：对话10位诺贝尔经济学奖得主》，陈小白译，北京：华夏出版社。

［13］李俊生，2014，"盎格鲁－撒克逊学派财政理论的破产与科学财政理论的重建——反思当代主流财政理论"，《经济学动态》，第4期，第117—130页。

［14］李炜光，2012，"从维克赛尔到布坎南：公共财政理论的蹊径演进"，《读书》，第4期，第3—13页。

［15］理查德·马斯格雷夫，1997，"评论关于詹姆斯·布坎南教授《福利民主政体中的财政危机及其对公共投资的影响》"，王桂娟译，《财政研究》，第12期，第46—49页。

［16］理查德·马斯格雷夫，2001，"社会科学、道德和公平部门的作用"，选自迈克尔·曾伯格编《经济学大师的人生哲学》，侯玲、欧阳俊、王荣军译，北京：商务印书馆。

［17］罗伯特斯·基德尔斯基，2006，《凯恩斯传》，相蓝欣、储英译，北京：生活·读书·新知三联书店。

［18］马珺，2015，"财政学研究的不同范式及其方法论基础"，《财贸经济》，第7期，第15—28页。

[19]　曼瑟·奥尔森，2005，《权力与繁荣》，苏长和、嵇飞译，上海：上海人民出版社。

[20]　汪丁丁，2013，《新政治经济学讲义：在中国思索正义、效率与公共选择》，上海：上海人民出版社。

[21]　汪毅霖，2013，《基于能力方法的福利经济学——一个超功利主义的研究纲领》，北京：经济管理出版社。

[22]　汪毅霖、罗影，2015a，"布坎南论阿罗不可能定理和民主的本质：兼及对民主转型问题的启示"，《新政治经济学评论》，第28期，第122—140页，上海：上海人民出版社。

[23]　汪毅霖、罗影，2015b，"布坎南混合型经济学研究纲领的演变——从契约理论到知识理论"，《学术月刊》，第4期，第79—94页。

[24]　亚当·斯密，1974，《国民财富的性质和原因的研究》，郭大力、王亚南译，北京：商务印书馆。

[25]　伊斯雷尔·柯兹纳，2012，《市场过程的含义》，冯兴元、景朝亮、檀学文、朱海就译，北京：中国社会科学出版社。

[26]　约翰·凯恩斯，1999，《就业、利息与货币通论》（重译本），高鸿业译，北京：商务印书馆。

[27]　约翰·罗尔斯，2011，《作为公平的正义：正义新论》，姚大志译，北京：中国社会科学出版社。

[28]　詹姆斯·布坎南，1989，《自由、市场与国家——80年代的政治经济学》，平新乔、莫扶民译，上海：上海三联书店。

[29]　詹姆斯·布坎南，1993，《民主财政论》，穆怀朋译，北京：商务印书馆。

[30]　詹姆斯·布坎南，1999，《我成为经济学者的演化之路》，选自伯烈特·史宾斯编：《诺贝尔之路：十三位经济学奖得主的故事》，黄进发译，成都：西南财经大学出版社。

[31]　詹姆斯·布坎南，2001，《由内观外》，选自迈克尔·曾伯格编：《经济学大师的人生哲学》，侯玲、欧阳俊、王荣军译，北京：商务印书馆。

[32]　詹姆斯·布坎南，2008，《宪法秩序的经济学与伦理学》，朱泱、毕红海、李广乾译，北京：商务印书馆。

[33]　詹姆斯·布坎南，2009，《公共物品的需求与供给》，马珺译，上海：上海人民出版社。

[34]　詹姆斯·布坎南，2015，《为什么我也不是保守派：古典自由主义的典型看法》，麻勇爱译，北京：机械工业出版社。

[35]　詹姆斯·布坎南、戈登·塔洛克，1999，《同意的计算：立宪民主的逻辑基础》，陈光金译，北京：中国社会科学出版社。

[36]　詹姆斯·布坎南、理查德·马斯格雷夫，2000，《公共财政与公共选择：两种截然不同的国家观》，类承曜译，北京：中国财政经济出版社。

[37]　詹姆斯·布坎南、理查德·瓦格纳，1988，《赤字中的民主——凯恩斯勋爵的政治遗产》，刘廷安、罗光译，北京：北京经济学院出版社。

[38]　詹姆斯·布坎南、罗杰·康格尔顿，2004，《原则政治，而非利益政治——通向非歧视性民主》，张定淮、何志平译，北京：社会科学文献出版社。

[39]　张琦，2014，"布坎南与公共物品研究新范式"，《经济学动态》，第4期，第131—140页。

[40]　Acemoglu, Daron and James Robinson, 2012, "Response to Fukuyama's Review", http://whynationsfail.com/blog/2012/4/30/response-to-fukuyamas-review.html.

[41]　Arrow, Kenneth, 1951/1963, *Social Choice and Individual Values* (2nd ed.), New Haven: Yale University Press.

[42]　Buchanan, James, 1949, "The Pure Theory of Government Finance: A Suggested Approach", *Journal of Political Economy*, 57(6): 496-505.

[43]　Buchanan, James, 1952, "Wicksell on Fiscal Reform: Comment", *American Economic Review*, 42(4): 599-602.

[44]　Buchanan, James, 1959, "Positive Economics, Welfare Economics, and Political Economy", *Journal of Law and Economics*, 2(1): 124-138.

[45]　Buchanan, James, 1998, "Agreement and Efficiency: Response to Guttman", *European Journal of Political*

Economy, 14(2): 209-213.

[46] Fukuyama, Francis, 2012, "Acemoglu and Robinson on Why Nations Fail", http://www.the-american-interest. com/2012/03/26/acemoglu-and-robinson-on-why-nations-fail/.

[47] Hansjürgens, Bernd, 2000, "The Influence of Knut Wicksell on Richard Musgrave and James Buchanan", *Public Choice*, 103(1/2): 95-116.

[48] Musgrave, Richard, 1939, "The Voluntary Exchange Theory of Public Economy", *Quaterly Journal of Economics*, 53(2): 213-237.

[49] Musgrave, Richard, 1959, *The Theory of Public Finance: A Study in Public Economy*, New York: McGraw-Hill.

[50] Robeyns, Ingrid, 2008, "Justice as Fairness and the Capability Approach", In Basu, Kaushik, and Ravi Kanbur (eds.), *Arguments for a Better World: Essays in Honor of Amartya Sen: Volume I: Ethics, Welfare, and Measurement*, Oxford: Oxford University Press, pp.397-413.

[51] Samuelson, Paul, 1954, "The Pure Theory of Public Expenditure", *Review of Economics and Statistics*, 36(4): 387-389.

[52] Samuelson, Paul, 1955, "Diagrammatic Exposition of a Theory of Public Expenditure", *Review of Economics and Statistics*, 37(4): 350-356.

[53] Sen, Amartya, 2009, *The Idea of Justice*, London: Penguin Books.

解释民主转型的三大理论路径

包刚升[*]

摘要: 20世纪90年代以来, 民主转型研究已成为比较政治学最有产出的领域之一。如何解释民主转型? 现有文献基本可以归入三大理论路径, 即经济社会条件理论、政治制度理论与政治精英行为理论, 它们分别强调经济社会条件的改善、合理的政治制度安排以及政治精英的信念、行为与互动对民主转型的关键作用。目前, 民主转型研究的现状呈现三个悖论, 即单因素理论与多因素理论的竞争、结构理论与能动理论之间的张力, 以及案例研究扩展与社会科学理论"贫困"的并存。因此, 这一领域或许需要新的研究范式突破。

关键词: 民主转型; 社会条件; 政治制度; 政治精英

———————

* 包刚升, 复旦大学国际关系与公共事务学院。地址: 上海市杨浦区邯郸路220号文科楼国务学院812, 邮编: 200433。电子邮件: baogangsheng@hotmail.com。致谢: 感谢景跃进教授对初稿提出的修改意见。

Three Theoretical Approaches to Democratization

Bao Gangsheng

（School of International Relations and Public Affairs, Fudan University）

Abstract: The research on democratization has become one of the most productive areas of comparative politics since 1990s. How to explain democratization? The existing literatures can be classified as three major theoretical approaches, that is the theory of economic and social conditions, political institution theory and political elite theory. These three approaches respectively emphasize the key role of improvement of economic and social conditions, reasonable design of political institutions, and belief, behavior and interaction of political elites in the process of democratization. In the present, the status of the research on democratization has three paradoxes: competition between univariate theory and multivariate theory, tension between structure theory and agency theory, and coexistence of amplification of case studies and poverty of social science theories. Therefore we are looking forward to a new breakthrough in the research paradigm in this area.

Keywords: democratization; social conditions; political institutions; political elites

JEL Classification: P00; N10; N40

为什么一些国家实现了民主转型而另一些国家则没有？这是最近二三十年比较政治研究的热门议题。无疑，决定一国能否实现民主转型的原因是多种多样的。按照塞缪尔·亨廷顿 1991 年的统计，仅仅用以解释 1974 年以来第三波民主化的变量就高达 27 个（亨廷顿，2013，第 34—35 页）。时隔 24 年之后，这一解释变量的名单无疑又大大加长了。那么，决定民主转型的逻辑到底是什么？对这一问题的解释，构成了近期政治学研究发展最快的学术领域之一。

本文不追求理论创新，而是希望基于严格的问题意识与文献分析，对解释民主转型的理论做一个梳理，结合民主转型的实际经验，介绍理论的进展并探讨可能的趋势。本文第一部分是介绍民主转型的历史与经验，第二、三、四部分依次评述三大理论路径——经济社会条件理论、政治制度理论与政治精英行为理论，第五部分则是一个简要的结语和对未来的展望。借助对三大理论路径的评析，作者希望能够为国内政治学界深入把握这一领域的理论与议题、理解民主转型研究的趋势提供启示。

一、民主转型的历史与经验

据有文字记载以来的历史，人类最早的民主实践起源于古希腊城邦，雅典城邦则是古典民主的杰出代表。当时，公民大会是雅典的最高权力机构，由 10 个部落代表组成的 500 人议事会则负责提出和执行公共决策，由普通公民组成的陪审法庭负责对案件进行判决，行政官员则由抽签和选举两种办法（以抽签为主）产生。此外，雅典还有其他辅助性的制度安排，比如针对潜在"危险人物"的陶片放逐法以及公民参加公共事务的支薪制度，等等（赫尔德，1998，第 15—45 页）。

尽管古希腊城邦是人类民主实践的最早起源，但它与近现代兴起的民主政体并无历史的传承。人类近现代民主政体的源头是英国。在英格兰，公元 1215 年签署的《大宪章》被视为人类历史上第一份明确限制国王权力的文件。它还规定，贵族可以以团体方式监督国王恪守《大宪章》，并在国王违反时可以进行合法的反抗。1258 年的《牛津条约》则规定，由 15 名男爵组成的贵族会议可以监督国王的行为，国王的重要决定需得到该贵族会议的同意（霍尔特，2010）。这样，尽管国王与贵族之间仍然纷争不断，但从 1215 年《大宪章》到 1688 年"光荣革命"，英格兰逐渐确立了立宪政治与议会主权的原则。从 17 世纪晚期到 18 世纪，国王继续去行政化并演变为虚位元首，政党政治勃兴，责任内阁制逐渐成形。尽管如此，到 1832 年，英国大约仅有 40 万财产较多的成年男子拥有选举权。此后，英国经历了多次议会与选举改革——从逐步降低男性选民的财产资格，到完全取消男性选民的财产资格，再到所有女性公民与男性公民获得同等的选举权，到 1928 年终于完成完全的民主化改革。

按照塞缪尔·亨廷顿的看法，人类自 19 世纪以来经历了三波民主化浪潮。"一波民主化是指在一个特定的时间期限内发生的一组由非民主政权向民主政权的转型，并且在这一时段内，这种转型在数量上明显超过反向转型的数量。"亨廷顿把美国半数成年男子获得选举权的 1828 年视为第一波民主化的起点，从 1828 年到 1926 年人类经历了第一次民主化长波；随后是 1922—1942 年的第一次民主化回潮；第二次民主化短波出现在 1943—1962 年，这是与第二次世界大战胜利和亚非国家去殖民化有关的一波民主化浪潮；1958—1975 年则遭遇了第二次民主化回潮；从 1974 年开始，以葡萄牙的民主革命为起点，第三波民主化浪潮开始启动，直到亨廷顿出版该书的 1991 年并未终结（亨廷顿，2013，第 9—20 页）。尽管亨廷顿关于三波民主化浪潮的划分引起了严肃的批评——比如瑞思克·道伦斯皮里特认为三波民主化浪潮的划分并不严谨（Doorenspleet, 2000），但总体而言，这部著作不仅产生了巨大的学术影响，而且使"第三波民主化"成为该领域最流行的学术概念。

美国学者托马斯·卡罗瑟斯这样总结 1974 年在南欧启动的第三波民主化浪潮："在 20 世纪最后四分之一的时间里，七个不同地区的趋势合起来改变了世界政治的图景：（1）20 世纪 70 年代中期南欧右翼威权主义政体的倒台；（2）从 70 年代后期到 80 年代后期拉丁美洲的军人独裁政权为民选政府所取代；（3）80 年代中期开始部分东亚和南亚国家威权统治的衰亡;（4）80 年代末东欧共产主义政体的崩溃;（5）1991 年苏联的解体和 15 个后苏联时代共和国的建立;（6）90 年代上半叶撒哈拉以南非洲地区很多国家一党制政体的衰亡;（7）90 年代一些中东国家出现的尽管微弱但确实存在的自由化趋势。"（Carothers, 2002）此后，就在学术界感叹中东北非地区的特殊性时，以 2010 年底突尼斯一个小贩的意外死亡为导火索，一场被称为"阿拉伯之春"的政治运动席卷了这一地区，导致多国政体发生重大变动。尽管如此，中东北非地区的民主转型前景并不乐观（Brown, 2013; Brownlee etc., 2013）。

当然，总体而言，从 1974 年至今的 40 年间，全球总共有超过 100 个国家和地区卷入了第三波民主化，自由民主政体的数量在全球范围内也大幅增长。按照国际评级机构"自由之家"发布的报告，从 1972 到 2014 年，"自由国家"数量从 44 个增至 88 个，"部分自由国家"从 38 个增至 59 个，"不自由国家"从 69 个减至 48 个。另外，在自由之家 2015 年发布的全球自由评估中，195 个国家与政治体有 125 个达到了选举民主（electoral democracy）标准，比例已达 64.1%（Freedom House, 2015）。

然而，令国际学界担忧的是，最近十年第三波民主化似乎正面临着某种困顿。美国《民主》杂志 2015 年第 1 期以"民主是否正在衰退？"为题刊发了一系列论文。弗朗西斯·福山撰文认为，2014 年民主政体在全球范围内绩效不佳，关键问题是:"无法建立起一个现代的、治理优良的国家已经成为近期民主转型的'阿喀琉斯之踵'"（Fukuyama, 2015）。拉里·戴蒙德则指出，2006 年以来已经出现民主衰退，主要现象包括民主崩溃的加速、新兴民主政体稳定性不高、全球威权主义力量得到强化以及老牌民主国家绩效欠佳，等等（Diamond, 2015）。当然，也有学者不认同这种"民主衰退论"。斯蒂文·列维茨基及其合作者认为，尽管民主在部分国家遭遇挫折，但关于民主衰退的说法整体上是一个"神话"。他们指出，"泰国、委内瑞拉，或许还有匈牙利，正在遭受民主衰退。但是，全球民主下滑的论点缺少经验证据的基础"（Levitsky & Way, 2015）。但是，无论怎样，不同国家在第三波民主化过程中出现了转型结果与治理绩效的显著分化，却是不争的事实。

总的来说，19 世纪以来全球民主演进的基本趋势可以总结为三大特征。第一，总体数量上，半数以上国家卷入了民主化进程，超过四成国家经历了从不民主到不完全民主再到完全民主的演进，全球范围内民主政体的数量与比重均呈大幅增长。第二，时间上，民主化浪潮与民主退潮时常交替出现，民主化的长期进展与短期受挫并存，这意味着民主转型的过程并非一帆风顺。第三，空间上，民主在全球的整体推进与在部分国家的受挫并存，不同国家的民主转型结果往往呈现严重的分化，亦即民主转型的成功率在地理分布上并不均衡。

那么，如何解释民主转型呢？尽管现有研究观点各异，但大致可以归入三大理论路径：一是经济社会条件理论，强调的是一个国家经济社会条件的差异决定了能否启动与实现民主转型；二是政治制度理论，强调的是一个国家政治制度选择的不同决定了民主转型的结果；三是政治精英行为论，强调的是一个国家政治精英的信念、行为与选择以及彼此的政治博弈决定了民主转型的成败。接下来的第二、三、四节将依次介绍和评析这三种主要的理论路径。

二、经济社会条件理论

政体内嵌于社会之中。一个国家的基础性社会条件构成了政治变迁的情境（context）。从更宽泛的意义上讲，一个国家的政治清明，可能是因为该国的基础性社会条件较为有利；反之，可能是因为基础性社会条件比较不利。就政体变更而言，如果一个国家的基础性社会条件较好，就更有可能实现民主转型；否则，就更难实现民主转型。那么，一个国家的哪些基础性社会条件会影响民主转型呢？现有文献主要关注经济发展水平、阶级与族群结构、政治文化与宗教传统以及国际格局与对外关系等因素。

经济发展水平影响民主转型的观点由来已久。影响巨大的"李普塞特假说"认为："一个国家越富有，它越有可能维持民主制度。"换言之，民主与否通常跟一个国家的经济发展水平有关（Lipset, 1959）。这一假说被称为民主的现代化理论，即当一个社会的现代化程度提高时，它就更有机会成为一个民主国家，原因包括经济发展推动了富裕程度的提高、社会结构的变迁、教育普及与公民意识的觉醒以及公民社会的发育，等等。罗伯特·巴罗 1999 年的一项定量研究发现，"如果其他国家变得跟经济发达国家一样富裕，它们就很有可能会成为政治上民主的国家"（Barro, 1999）。拉里·戴蒙德的研究指出，以人类发展指数（Human Development Index, HDI）来衡量，50 个最发达国家——除了新加坡和 5 个小型石油国家以外——都是民主国家（Diamond, 2008: 96）。当然，民主的现代化理论也遭到过有力的挑战。早在 20 世纪 60—70 年代，塞缪尔·亨廷顿（1968）和吉列尔莫·奥唐奈（1973）的研究就指出：在一定条件下，一国经济发展水平越高，就越难以维系民主政体（亨廷顿，2008；奥唐奈，2008）。另一个实质性的挑战是，全球范围内存在着为数不少的挑战"李普塞特假说"的反例。比如，普沃斯基及其合作者在 2000 年的研究就罗列了新加坡等 25 个中、高收入非民主国家的特例（Przeworski et al., 2000）。实际上，李普塞特本人后来也认为，社会经济条件以外的其他变量——包括政治文化、宗教传统、制度设计、公民社会、法治、政治精英的行为等等——对民主转型具有同样重要的作用（Lipset, 1994）。所以，尽管主流文献倾向于认为较高的经济发展水平更有利于民主维系或民主转型，但这并非铁律。

"没有资产阶级，就没有民主。"这个观点出自巴林顿·摩尔，但他的完整见解要复杂得多。他在 1966 年出版的《专制与民主的社会起源》中认为，土地贵族、农民和资产阶级在政治舞台上扮演的不同角色和力量，决定了政治发展的不同道路，而只有资产阶级强大的国家才有可能建成民主（摩尔，2012）。主张阶级结构决定民主的观点，今天仍然有很大的市场，这也跟很多人把欧美近现代的民主视为资产阶级革命的结果这一常识相符。但是，有学者对此提出质疑。比如约翰·斯蒂芬斯认为工人阶级或有组织的工人才是民主转型的关键——特别是对从有选举资格限制的不完全民主向落实普选权的完全民主过程而言（Stephens, 1989）。鲁思·科利尔则干脆认为，工人阶级是民主化过程的核心力量。尽管工人阶级和劳工运动在不同时期、不同地区的作用不一，但在 20 世纪后半叶南欧和拉美的民主转型中，劳工运动是极重要的支持民主的组织化力量（Collier, 1999）。另一个代表性观点是强大的中产阶级有利于民主转型与巩固。在塞缪尔·亨廷顿看来，除了个别国家，"第三波民主化运动不是由地主、农民或产业工人（除了波兰）所领导的。实际上，每个国家民主化的最积极的支持者都是来自城市中产阶级。……相比之下，在城市中产阶级相对弱小的国家……要么民主化是以失败而告终，要么是民主政治动荡不安"（亨廷顿，2013，第 61—62 页）。除了充当民主转型的直接推动力量，中产阶级的强大往往还意味着社会贫富差距比较小。正是由于强大的中产阶级充当了富人与穷人之间关于再分配斗争的政治缓冲器，民主政体才得以维系（阿塞莫格鲁、罗宾逊，2005）。除了阶级结构，族群结构与宗教结构现在受到越来越多的关注。有学者认为，如果不同的族群或宗教集团之间存在着严重的政治分歧，就难以拥有稳定的民主政体；或者说，多族群与多宗教社会启动民主转型，可能会引发严重的族群或宗教冲突，反过来会妨碍该国民主转型的完成（Horowitz, 1985；Lijphart, 1999；Mousseau, 2001；包刚升，2014a）。

民主可以移植吗？这是一个经久不衰的争论，通常会涉及政治文化与民主转型之间的关系。早在1835年，托克维尔就认为："美国之能维护民主制度，应归功于地理环境、法制和民情"，"自然环境不如法制，而法制又不如民情"（托克维尔，2008，第354—358页）。这里的民情，就是政治文化。到了1963年，阿尔蒙德及其合作者认为："一个稳定的和有效率的民主政府，不光是依靠政府结构和政治结构；它依靠人民所具有的对政治过程的取向——即政治文化。除非政治文化能够支持民主系统，否则，这种系统获得成功的机会将是渺茫的。"（阿尔蒙德等，2008，第443页）在他们看来，公民文化——就是村民文化、臣民文化和参与者文化三者的融合——更有利于民主政体的维系。政治文化领域的集大成者罗纳德·英格尔哈特的研究则揭示，不同的政治文化有着重要的政治后果，特别是与民主制度生存的可能性密切相关，而且与经济因素相比其影响力通常更为持久（Inglehart, 1988）。几位政治学者深入研究发展中地区后认为，对一个稳定而有效的民主政体而言，如下政治文化是非常重要的："对民主合法性的信仰；对对立党派、对立信仰和对立立场的宽容；跟政治对手妥协的意愿，以及妥协意愿背后的实用主义和灵活性；对政治环境的信任，以及互相合作，尤其是在政治竞争者之间的合作；政治立场和党派立场的温和倾向；政治沟通的礼节；基于政治平等的政治效能和政治参与。"（Diamond, Linz & Lipset, 1995:19）此外，与政治文化关系密切的是一个社会的宗教传统。现在比较流行但争论不休的论点包括：基督教新教与民主转型的关系较为密切；伊斯兰教或许对民主转型构成阻力因素；天主教在20世纪60年代的变革有助于推动南欧与拉美的民主转型；儒家文化则构成东亚国家与地区民主化的约束条件，等等（亨廷顿，2013，第66—77页；Fukuyama, 2005；Filali-Ansary, 2005）。当然，对于不同宗教与民主转型之间的关系，学术界并没有充分的共识。

国际环境是否会影响一国国内的民主转型呢？在全球化时代，国际因素无疑在变得越来越重要。劳伦斯·怀特海德认为，如今的多数民主国家或者起源于英国的殖民统治，或者起源于"二战"中盟军的胜利，或者是由于跟西方世界的良好关系（Whitehead, 2001: 3-4）。芭芭拉·魏奈特对影响民主的国内和国际因素作了跨越两个世纪的量化研究，结果发现国际扩散因素是民主更有效的预测指标（Wejnert, 2005）。亨廷顿等人则非常关注国际体系中的主要大国——特别是民主大国与威权大国——和国际组织对其他国家民主转型的影响。除了主要大国与国际组织的影响，亨廷顿认为，还存在着第二种重要机制，就是邻近国家之间的示范效应或"滚雪球效应"（亨廷顿，2013，第77—90页）。戴蒙德、林茨和李普塞特等人认为，对于发展中国家的政治发展来说，"这些国家的政治体制和政体变迁受到一系列国际因素的影响，包括殖民统治、外国干预、文化扩散和国外的示范效应"（Diamond, Linz & Lipset, 1995: 48）。当然，有学者也提醒大家要恰当地评估国际因素对民主转型的影响，更多情况下，国内因素往往是一国能否实现民主转型的决定因素。比如，拉里·戴蒙德这样的学者尽管认为国际因素很重要，但同时认为不宜高估国际因素的影响（Diamond, 2008: 106）。

此外，最近二三十年的一个趋势是，很多学者还把现代国家或有效国家视为民主转型的基础性社会条件之一。丹克沃特·拉斯托在1970年发表的开创性论文《向民主转型：一个动态模型》中指出，民主能够产生的唯一前提条件是民族统一，意指国家本身应该是一个没有争议的政治共同体。这就提出了国家性（statehood）、国家构建与民主转型之间的关系问题（Rustow, 1970）。受此启发，胡安·林茨及其合作者则把现代国家视为民主转型的条件（林茨与斯特潘，2008，第16—39页）。沿袭国家理论的基本思路，国家能力或有效政府也成为了解释民主转型能否成功的重要变量。王绍光认为有效政府是民主的前提（王绍光，2002）。查尔斯·蒂利则根据政体民主与否和国家能力高低两个维度，区分了四种类型的国家，而只有高能力的民主国家才是理想类型，这也是强调有效国家或国家能力的重要性（蒂利，2009，第14—22页）。本文作者在研究民主政体崩溃时，发现国家能力低下是解释民主崩溃的重要一环（包刚升，2014a）。弗朗西斯·福山的最近研究则认为，国家本身的质量直接关系到民主的质量和民主转型的成败。他倾向于认为，在政治现代化的过程中，有效国家的建设要优先于问责制或民主制度的建设（Fukuyama, 2011/2014）。这些研究，都从不同维度强调了国家构建与国家能力等条件对于民主转型的重要性。

除了上述这些理论，公民社会、社会平等或不平等程度、市场经济等解释变量，也常常被用来作为解释民主转型的基础性社会条件，此处不再赘述。总而言之，这种理论路径强调的是一个国家的基础性社会条件。现有研究的基本共识是：如果一个社会的经济发展水平比较高、阶级冲突比较缓和、族群与宗教分裂程度较低、政治文化更现代化、国际环境比较有利、公民社会更加发达、社会不平等程度更低、市场化程度更高、现代国家构建完成得比较充分，就更可能维系民主或实现民主转型；反之，当上述这些基础性社会条件都不具备时，维系民主或实现民主转型的可能性就比较低。

这一理论路径的直接启示是：一个社会能否培育这些有利于民主的基础性社会条件，是能否实现民主转型的关键。由此，我们还可以得到这样的推论：对一个威权国家而言，如果它能够提高经济发展水平、缓和阶级矛盾、弱化族群或宗教冲突、提升文化教育的现代化程度、与民主大国维系良好关系、培育公民社会、降低社会不平等程度、促进市场化改革、推动现代国家构建和培育有效国家能力，那么它未来更有可能会实现成功的民主转型；反之，实现民主转型的成功率就比较低。

基于这一视角，很多发展中国家的最大挑战是陷入了政体转型与社会发展低水平均衡的困境。一方面，由于基础性社会条件比较薄弱，比如经济发展水平低、国内政治冲突严重、文化教育程度低等，就难以出现期待中的政治变迁，既无法塑造有效能的现代国家，又无法实现民主转型；另一方面，由于政治转型和政治建设方面无所作为，基本的政治状况与公共治理无法得以改善，也就难以促进经济发展、缓和国内政治冲突、提高文化教育水平。这样的发展中国家就很容易陷于这种政治发展与社会发展的低水平困境。简而言之，没有基本的经济社会发展水平，所以没有好的政治；没有好的政治，所以无法实现起码的经济社会发展。从历史经验来看，发展中国家的整体发展通常更需要以有效的政治领导作为先导，这也是打破政治与发展之间低水平均衡的关键，但很多国家都无力做到这一点。从全球范围看，非洲有很多国家陷入了这种政治与发展或民主与发展的低水平均衡而无力自拔，而部分东亚国家与地区则成了先实现发展、突破基础性社会条件限制而后再实现民主转型的成功样板。

三、政治制度理论

政治学研究的一个古老教义是强调政治制度的重要性。不同的政治制度，往往意味着不同的政治生活。亚里士多德所著的《政治学》与《雅典政制》是最早专门探讨政治制度的作品。亚里士多德的老师柏拉图比较欣赏融合了君主制、贵族制和民主制元素的混合政体,西塞罗等人则把罗马共和国视为混合政体的典范。文艺复兴之后,从洛克到孟德斯鸠的政治思想传统更强调限权和分权的重要性,即用政治制度限制政治权力,或者说要在政治体系内部构建一种权力分立制衡的制度机制。而在美国1787年的"立宪时刻",以联邦党人为代表的美国开国之父们一方面强调了共和制、联邦制、分权制衡等制度安排的重要性;另一方面则强调了塑造一个有效的联邦政府的必要性。实际上,他们试图在分权制衡与政府效能之间寻求某种微妙的平衡。

那么,对民主转型来说,政治制度扮演何种角色呢?现有研究认为,政治制度安排的不同会直接影响民主转型的成败。借鉴诺思对制度的定义,政治制度就是政治游戏的规则。游戏规则不同,游戏结果可能会大不一样。对新兴民主政体来说,政治制度安排可能尤为重要,甚至会决定新兴民主政体能否存续。此外,对很多存在高度的族群、宗教、语言与地区分裂的第三波民主国家来说,政治制度安排能否有效调和族群—宗教矛盾、弱化族群—宗教冲突,很大程度上影响着民主转型的前景。

现有研究强调政治制度对民主转型的影响,主要是两个层次的关注点。第一个关注点是重视具体制度的政治效应,第二个关注点是重视整体制度模式或制度组合的综合政治效应。就具体制度而论,国际学界主要关注四个层次的制度安排对民主转型的影响,分别是:(1)政府形式:狭义的政府形式是指行政权与立法权的关系;(2)选举制度;(3)政党体制;(4)央地关系或地方分权的制度模式(包刚升,2014b)。接下来,我们做一个简要的评析。

第一,政府形式的政治效应。行政权与立法权关系的不同,是否会影响一国的民主转型呢?基于政府形式的不同,全球民主政体可以分为议会制、总统制与半总统制三种。那么,何种政府形式更有利于民主转型呢?学术界对议会制的偏爱似乎由来已久。1990年,胡安·林茨在题为《总统制的危害》一文中论证,总统制下的总统和议会均由选举产生,可能导致双重合法性(dual legitimacy)的冲突,由此引发行政机关与立法机关之间的政治僵局。因此,总统制与议会制相比,更不利于民主的稳定(Linz,1990a/1990b)。阿尔弗雷德·斯泰潘及其合作者则强调,在新兴民主国家面对任务艰巨的经济与社会重构时,议会制政府具有更大的灵活性和更强的适应能力(Stepan & Skach, 1993)。按照约瑟·柴巴布的计算,1946—2002年采用议会制的民主国家平均每58年才出现一次民主崩溃,而总统制民主国家平均每24年就出现一次民主崩溃。因此,

"总统制民主比议会制民主要脆弱得多"（Cheibub, 2007: 136）。

尽管如此，林茨提出的观点也遭到不少批评。比如，唐纳德·霍洛维茨指出，林茨选择的总统制案例主要集中在拉丁美洲，因而存在地区偏差（Horowitz, 1990）。斯科特·梅因沃林的研究则为这场论战增加了新的变量：政党制度，总统制与多党制的结合容易导致不稳定，而总统制与两党制的结合则比较稳定（Mainwaring, 1993）。柴巴布认为，具有长期军人统治传统的国家更容易选择总统制，而这类国家本身就不容易完成民主转型（Cheibub, 2007: 136-164）。从第三波民主化的经验来看，最近一二十年中，稳定的总统制民主政体数目在提高。有学者认为，应该超越总统制与议会制的两种政府形式之争，而是应该去发掘更为具体的政治制度安排的重要性（Colomer & Negretto, 2005; Cheibub, Elkins & Ginsburg, 2013）。

此外，20世纪90年代以来，半总统制在世界范围内数目与比例呈现大幅增加（Elgie, 2011；吴玉山，2011）。过去学术界一般倾向于认为，半总统制存在诸多制度缺陷。但现有研究尚不能解释的是：为什么半总统制的扩展如此之快？（Moestrup, 2007）

第二，选举制度的政治效应。不同的选举制度是否会影响民主转型呢？选举制度的精细分类极为复杂，但大致可以归入三种主要类型：多数决定制、比例代表制以及混合型选举制度（Farell, 2011）。过去的传统观点认为，多数决定制是更优良的选举制度，一方面操作简便，另一方面有利于塑造更强的政治问责制与更好的政府效能。这一方面，采用简单多数决定制的英国，就是一个稳定而有效能的民主典范。霍洛维茨给族群或宗教高度分裂的社会推荐的选举制度是偏好性投票制（alternative vote）。他认为，这种选举制度能够为来自不同族群与宗教集团的政治家提供跨族群的政治激励，从而有利于缓和族群—宗教冲突。偏好性投票制，通常被视为多数决定制的一种类型（Horowitz, 1993）。但是，阿伦·利普哈特的观点恰恰相反，他认为比例代表制要优于多数决定制，对于因族群—宗教多样性而呈现高度分裂的社会就更是如此。利普哈特还为自己的观点提供了跨国数据定量研究的证据（Lijphart, 1999 & 2012）。从第三波民主化的实践来看，的确有较多数量的稳定新兴民主国家实行设有政党当选门槛的比例代表制。然而，利普哈特的观点也遭到很多批评。比如，乔尔·赛尔韦及其合作者的研究认为，比例代表制更容易导致族群冲突与政治暴力（Selway & Templeman, 2012）。20世纪90年代以来，那些实行选举改革的国家则更多地采用混合型选举制度。这些国家的政治改革者期待这种选举制度能够融合多数决定制与比例代表制的优点，从而促进民主政体的稳定与效能（Shugart & Wattenberg, 2001）。

另一类研究关注的是选举制度对政党体制的影响。这一问题上最有影响力的表述是"迪韦尔热定律"（Duverger's Law）："（1）比例代表制倾向于导致形成多个独立的政党……；（2）两轮绝对多数决定制倾向于导致形成多个彼此存在政治联盟关系的政党；（3）简单多数决定制倾向于导致两个政党的体制"（Duverger, 1986: 69-84）。雷伊的研究则放宽了迪韦尔热的边界条件，他认为不同的选举公式所塑造的非比例代表性（disproportionality）程度与政党数目存在着强相关性（Rae, 1967: 67-129）。塔格培拉和舒加特甚至还计算了两者的数量关系，即非比例性的程度会在多大程度上影响有效政党数目（effective number of political parties）（Taagcpera & Shugart, 1989: 142-155）。这些研究强调的是，选举制度会显著地影响政党体制，进而影响民主维系与民主稳定。当然，选举制度并非影响政党体制的唯一因素。

第三，政党体制的政治效应。政党体制也被视为影响民主转型成败的关键因素。乔万尼·萨托利把竞争性政党体制分为几种：主导党制、两党制、温和多党制与极化多党制（他定义的碎片化政党体制其实也是极化多党制的一种），而极化多党制不利于民主政体的稳定。比如，德国魏玛共和国和阿连德时代的智利都是极化多党制的典型，它们最终被非民主政体所取代（萨托利，2006，第284—397页）。历史经验是，在强大的政党和政党体制下——比如两党制或温和多党制，一个国家更有可能实现多数派政党或稳定的多数派政党联盟执政，因而有利于强化民主政体的稳定性；相反，在脆弱的政党和政党体制下——比如极化多党制，更有可能形成少数派政党执政或不稳定的少数派政党联盟执政，因而会弱化民主政体的稳定性。关于政党体制与政府稳定性，迈克尔·泰勒等人的早期研究就得出了三个相关结论：（1）议会中政党体制的碎裂（fractionalization）程度与政府稳定性呈现"显著的"负相关性，即政党体制碎裂程度越高，政府越不稳定；（2）一个主要政党执政的政府比多党联盟政府"极为显著地"更加稳定；（3）多数派政府比少数派政府"显著地"更稳定（Taylor & Herman, 1971）。而政府稳定性低下的国家，民主政体通常也比较脆弱。但这里的悖论在于，如果一直是一个强大主导政党支配的政治，新兴民主政体也面临着重新威权化的风险，或者容易沦为两不像政体或竞争性威权主义（Diamond, 2002; Levitsky & Way, 2010）。

尽管传统观点强调单一多数派政党执政的重要性，但后来以利普哈特为代表的一批学者则认为，以多党制与大型联合内阁为特征的民主模式在治理绩效方面更好（Lijphart, 1999 & 2012）。但利普哈特支持多党制与联合内阁的论点也存在很大争议。无论怎样，目前学界能够达成一个基本共识是：对第三波民主化国家来说，能否塑造有效的政党体制是影响民主转型的关键因素（Hicken, 2009）。

第四，地方分权的政治效应。对那些族群与宗教结构单一的民主国家来说，央地关系方面的政治制度安排通常不是什么大问题；但对那些族群、宗教、语言和地区分裂程度很高的社会来说，这一层次上的政治制度安排就至关重要。众所周知，现代国家的两个基本事实是：一方面必须实行某种程度的中央集权，否则就不成其为一个国家；另一方面必须实行某种程度的地方分权，否则就无法有效治理。过去，学术界一般比较重视联邦制和单一制的差异对中央政府权力与效能的影响。但联邦制和单一制无非是在"中央集权—地方分权"这个谱系中处于不同的位置。从政治实践来看，与联邦制、单一制这样的制度标签相比，中央和地方之间的实际政治权力配置更为重要（Norris, 2008: 157-185）。20世纪联邦制国家的一个趋势是中央权力的强化，比如美国就是一例。单一制国家的一个趋势是通过分权改革强化了地方政府的权力，比如英国的地区政治改革就是一例。另外，像印度这样宪法文本意义上的联邦制国家，其建国初期的尼赫鲁时代中央集权程度非常高，很多学者甚至都不把这一时期的印度视为联邦制国家（Thakur, 1995: 71-76）。所以，实际上中央和地方政府之间真正的政治分权安排更为关键。

对于新兴民主国家——特别是族群与宗教分裂程度较高的国家——来说，何种央地关系上的制度更有利于民主稳定？利普哈特认为，联邦制或权力分享的制度安排能够包容和适应族群、宗教与文化的多样性，从而提高政治适应能力（Lijphart, 1999 & 2012）。但是，霍洛维茨却指出"联邦主义会强化或激化族群冲突"，从而更容易弱化中央政府能力和诱发国家分裂（Horowitz, 1985: 603）。劳伦斯·安德森认为，联邦制会给予地区政治力量以更多资源去支持分离主义运动，会显著削弱中央政府对于地区政治的控制，从而"激发地区独立的渴望"（Anderson, 2004）。从现有的研究来看，央地关系上不同政治制度具有不同政治效应的逻辑似乎是清楚的，但不同学者提供了不同的经验证据，因而结论各异。

现有研究的第二个关注点则是重视整体制度模式或制度组合的综合政治效应。这意味着，不同的具体制度组合构成的模式可能会对民主转型产生重大影响。如果说资本主义多样性很重要，那么民主模式多样性也很重要。罗伯特·达尔根据选举制度和行政权—立法权关系的不同，区分了五种主要的模式：（1）英国模式，即议会制与简单多数决定制的组合；（2）欧陆模式，即议会制与比例代表制的组合；（3）美国模式，即总统制与简单多数决定制的组合；（4）拉美模式，即总统制与比例代表制的组合；（5）混合模式：即选用半总统制或混合型选举制度的不同组合的统称（达尔，2012，第109—119页）。这些分类都在某种程度上为我们展示了民主模式整体上的多样性。

　　那么，基于不同制度组合的民主模式是否存在优劣呢？对新兴民主国家来说，这种整体民主模式的不同是否会影响到民主转型或民主维系呢？一场著名论战发生在共识民主理论的支持者与反对者之间。该理论的著名倡导者阿伦·利普哈特认为，共识民主（consensus democracy）模式优于多数民主模式。早在1969年，阿伦·利普哈特就首次较为系统地阐发了协和型民主（consociational democracy）理论，他认为协和型民主有四个基本特征：（1）大型联合内阁；（2）局部自治；（3）比例代表制；（4）少数群体否决权（Lijphart, 1969/1977）。从1984年到1999年，利普哈特又把协和型民主理论发展成共识民主理论，并论证共识民主模式比多数民主模式具有更好的绩效（Lijphart, 1984/1999/2012）。尽管如此，国际学术界对协和型民主理论的批评就从未平息过，有不少学者对这种理论提出质疑和挑战。霍洛维茨从"制度安排—激励机制—精英行为"的逻辑出发，认为利普哈特的核心逻辑缺少微观基础的支持，忽略了激励机制的重要性。他的另一个批评是，利普哈特只关心选举之后的政治联盟机制，而完全忽略选举之前的政治联盟机制（Horowitz, 2002）。另一个不能回避的逻辑问题是共识民主机制对政府效能的影响。在权力分享与政府效能之间，利普哈特强调的是前者，但他可能没有充分考虑到政府效能的问题。萨托利指出，共识民主制度的每种优点"都对应着相当的或者甚至更大的缺点"。比如，大型联合内阁容易"模糊责任"和导致政治"僵局"，立法与行政之间、小型政党之间过度的权力分享会导致权力运行的困难，纯粹的比例代表制则完全难以运作，而"把少数派的否决权作为限制权力的主要的和常规的手段"也会导致严重的问题（Sartori, 1994: 71）。此外，本文作者则认为，利普哈特的共识民主理论在概念界定、研究设计、经验证据与因果机制等四个方面都存在瑕疵（包刚升，2014c）。

当然，关于整体民主制模式优劣的学术研究，不限于关于共识民主模式的争论。比如，约翰·格林等人通过定量研究认为向心型民主优于分权主义民主（Gerring & Thacker, 2008）。本文作者在一项关于民主政体为何崩溃的研究中指出，融合了总统制、纯粹比例代表制与高度分权的联邦制三层制度组合的"离心型民主政体"（centrifugal democracy）更容易导致民主崩溃（包刚升，2014a）。

总之，现有民主转型文献关于政治制度的研究和讨论，凸显出宪法设计与制度安排的重要性，政治制度规定了政治参与者的激励结构，因而对民主政治具有巨大的形塑作用。这类研究的直接启示是，采用合宜的宪法设计与制度安排，就能大大增进民主政体的稳定性和有效性。关于具体政治制度或制度组合模式如何影响实际政治运转的过程和机制，上面已经有充分的讨论和评析。

在这一方面，容易引起争议的是政治制度与其社会情境（context）——特别是政治势力结构——之间的关系。一种观点认为，政治制度并不是人们在制宪时刻自由选择的，因此过分强调政治制度的独特作用并不恰当。的确，宪法设计与制度安排通常都会受到当时政治势力的左右。很多时候，宪法设计反映的并非制宪者对于宪法条款的主观认知，而是制宪时刻国内政治势力的结构与平衡。比如，比例代表制作为一种选举制度在欧洲的兴起，很大程度上反映的是保守派与自由派力量试图以这种选举制度来制衡普选权时代工人政党的快速崛起（Rokkan, et al., 1970: 157）。这样的观点不能说没有道理。宪法与政治制度的诞生之初，一定是一个国家的特定政治势力结构的产物。但同样重要的是，政治制度往往又有其独立的作用。一方面，即便在相似的政治格局之下，人们完全可能采用不同的宪法设计与制度安排；另一方面，政治制度一旦形成，就会对其后的政治运作和政治格局产生重要的型塑。所以，正如詹姆士·马奇及其合作者所言，政治制度具有显著的独立作用，因而不能被忽视（March & Olsen, 1984）。

另一个问题是，政治制度本身固然很重要，但同样重要的是政治制度模式与一国社会结构之间的匹配性。特别是，对于因族群、宗教、语言和地区因素而呈现高度分裂的社会而言，具体社会结构的不同通常需要不同的宪法设计与制度安排。比如，一个族群主导的结构与两到三个主要族群并存的结构，不同宗教集团聚居的结构与不同宗教集团杂居的结构，以及历史上互相仇视的社会集团和不存在此种关系的社会集团，所需要的合宜的宪法设计与制度安排是不同的。一种社会结构下有效的宪法设计与制度安排，在另外一种社会结构下可能会导致更多问题。当然，这个问题非常复杂，不仅涉及政治制度的一般逻辑，而且涉及不同政治制度与特定社会结构匹配性的问题。

还需要说明的是，有学者试图发现一种有利于民主转型和民主稳定的最优政治制度模式。但是，世界上是否真的存在唯一的最优政治制度模式呢？实际上，这个问题恐怕不存在令人满意的答案。世界上似乎并不存在适合所有民主转型国家的最优制度模式的万灵药。退一步说，可能较有把握的或许是，现有研究至多能揭示：某些政治制度或制度组合在逻辑上更为可行，从而在较大概率上有利于民主政体的稳定与有效；某些政治制度或制度组合在逻辑上存在问题——特别是与某些特定的社会结构相匹配时，从而在较大概率上会导致民主政体的困境。比如，总统制或半总统制与纯粹比例代表制的组合，通常会导致民主政体的不稳定；如果在一个族群—地区维度呈现严重政治分裂的社会采用高度分权的制度模式，往往更容易导致民主治理的重大危机。

四、政治精英行为理论

政治是人的创造物，讨论政治自然离不开人，讨论民主政治自然也离不开人。政治的实际状况，取决于政治参与者的所作所为。或者说，从政治精英到普通大众的信念、行为与选择，在很大程度上决定了政治的实际状况。从这个视角出发，政治参与者——特别是在民主转型关头——的所作所为，往往决定着民主转型的前景。

上面业已介绍的政治制度理论，很大程度上是基于这样的逻辑——政治制度之所以重要乃在于它决定了政治参与者的激励与约束机制。换言之，政治制度通过塑造政治参与者的行为，决定了政治演进的结果。然而，上述理论视角把所有人都视为无差别的理性人，人的行为被视为政治制度的函数。由于人是理性的，所以当面临相似的激励结构时，人会做出相似的选择。这样，这种理论视角很大程度上排除了人政治决策与政治行为的个性因素或"非理性因素"，而仅把人视为一部根据外界刺激条件做出反应的"巴普洛夫式的智力机器"。但是，真实的情形却是，不同的政治参与者在相似的激励结构和政治情境中可能做出完全不同的选择，而这种选择又影响着后来的政治进程。因此，关注政治行为者本身的作用，是民主转型研究的另一个理论流派。当然，与普通大众相比，这种理论路径通常更强调政治精英的信念、行为和选择的影响。

　　古典政治学传统对人的因素的强调，与对制度因素的关注一样久远。古希腊的色诺芬著有《居鲁士的教育》一书，重点强调君主的领导力、个性与策略因素对实际政治的影响。柏拉图则认为，统治是一项专门的技艺，哲学王统治是构建理想政体不可或缺的要素。到了19、20世纪，政治精英的角色仍然是社会科学领域的一个重要关注点。比如，马克斯·韦伯在1895年的演讲中认为，德意志国家政治发展的一大挑战是缺少一个成熟的政治阶层（韦伯，1997）。此后半个世纪，德国政治与民主所经历的苦难似乎在某种程度上印证了韦伯的担忧。约瑟夫·熊彼特则认为，民主政治需要若干社会条件，其中第一个条件就是"人的政治素质——领导和管理政党机器的人，选出来进入议会和上升担任内阁职务的人——应该有足够优秀的水平"。他认为，挑选品质良好的政治家有很多方法，但"唯一有效的保证在于存在一个社会阶层，它本身是最严格选择过程的产物，又理所当然地一心一意从事政治"。令人悲观的是，在他看来，只有英国能完全满足这一条件。他进一步说，民主很可能"在一个反民主领袖手中遭遇彻底失败"（熊彼特，1999，第422—424页）。为了强调政治行为者的重要性，亚当·普沃斯基曾批评那种过分强调社会条件的理论，他说，"在这种论证中，结果是由条件单方面决定的，人们什么也不做，历史还是会这样发展"（普沃斯基，2005，第71页）。因此，他意在强调，政治是各种政治个体采取不同行为的结果。

　　对20世纪的新兴民主国家来说，缺少足够强大的民主派政治家是民主转型的巨大挑战。今天相当多的第三波民主国家，要么缺少令人尊敬的民主派政治家——比如，在2013—2014年的乌克兰危机中，既没有值得尊敬的执政派政治领袖，又没有值得尊敬的反对派政治领袖；要么拥有的是容易引发国内社会分裂和冲突的政治家——比如，在泰国，他信的崛起加剧了泰国社会的撕裂，加剧了两大政治派系之间的恶斗。这样，民主转型就难以成功，或无法实现民主巩固。

　　对民主转型来说，政治领导人与政治精英的信念是极为重要的。当他们具有更强的民主信念时，民主转型就更有可能成功。这里的民主信念不止是对民主政体的信仰与信心，还包括在政治参与和政治竞争过程中恪守一系列的行为准则。罗伯特·达尔这样说："政治多发生于我们的头脑之中。"政治精英和政治行为者对权力、政府、民主、政党、合法性、政治参与和政治竞争等方面的认知，很大程度上决定了一国能够拥有什么样的政治。这种视角跟上面提到的政治文化理论高度相关，但这里强调的是政治精英的角色。对发展中国家来说，政治精英阶层的政治信念甚至尤其重要，他们由于收入、职业、教育、对外交往等原因，通常与本国普通民众的政治信念差异会比较大。这样，政治领导人和政治精英的角色就更加关键。

当然，除了观念因素，这一理论路径还关注政治精英的行为、选择与互动。丹克沃特·拉斯托在其 1970 年的开创性论文中指出，社会经济条件并不能单方面决定政治，参与者的政治选择才是政治过程的核心问题。拉斯托认为，民主的产生实际上是一个动态政治过程的结果。政治家、军人和社会精英等不同的政治力量在此过程中进行政治博弈，做出政治选择和达成妥协，最终塑造了民主或不民主的政治均衡（Rustow, 1970）。林茨和斯泰潘 1978 年主编的《民主政体的崩溃》认为，结构性环境条件越是不利，民主的生存就越需要高超的、创造性的、富有勇气的和忠于民主的政治领导力（Linz & Stepan, 1978）。他们 1996 年的一项后续研究，也把政治精英视为民主转型与巩固问题的关键因素（林茨和斯泰潘，2008）。奥唐纳和施密特等人在 1986 年的研究《从威权统治转型》中把政治行为者分为四类：执政集团的保守派和改革派，反对阵营的温和派和激进派。他们通过"考察威权政体领导人和民主反对派之间的互动、协定和交易来关注民主化过程本身"。他们强调，"成功的转型取决于政治精英之间的协议"，因此，"高超的领导力"是成功民主转型的关键（O'Donnell & Schmitter, 1986）。

亨廷顿则延续了区分体制内外政治精英的研究传统，他根据执政派与反对派政治精英互动模式的不同，区分三种转型模式：改革（transformation）——执政联盟的改革派主导的民主转型；置换（replacement）——威权政体垮台后反对派主导的民主转型；移转（transplacement）——执政联盟被迫与反对派谈判启动的民主转型。这三种政治转型模式的逻辑不同，因而也会导致不同的转型结果（亨廷顿，2013，第 106—156 页）。在亨廷顿等人研究的基础上，杰拉尔多·默克和卡罗尔·莱福更为精细地区分了政治精英的互动模式。他们的分类基于两个维度：一是变革者的身份——变革者是谁？是在位精英还是反对派精英？或是在位精英与反对派精英的联合？二是变革者的战略——是对抗还是吸纳？或是对抗与吸纳的联合？在此基础上，作者根据南美和东欧国家的转型经验，总结出了类型更为复杂的不同转型模式。他们也认为，转型过程中精英互动模式的不同，很大程度上决定了民主转型的命运（Munck & Leff, 1997）。

另一位美国学者迈克尔·麦克福尔在研究后共产主义世界的民主转型时，采用的也是政治精英的视角。他关注的问题是：对原苏联与东欧地区来说，它们过去是同一政体，处在同一地区，又几乎同时启动转型，但为什么民主转型的结果迥异呢？——有的国家走向了民主，有的国家回到了威权，有的国家则处于两种政体之间。麦克福尔认为，关键在于转型过程中当权政治精英与反对派精英的力量和策略的差异（McFaul, 2002）。实际上，早在 20 世纪 90 年代末关于俄罗斯转型的研究中，这位作者就明确认为理解俄罗斯转型的重点应该放在行为体（也就是政治参与者）上而非结构因素上。他试图用政治精英互动的模式，来解释俄罗斯政治转型的绩效不佳（麦克福尔，2009）。这种基于政治精英行为来解释不同国家民主转型成败或治理绩效的国别与比较案例研究，也是目前比较流行的做法。

这一理论路径的直接启示是：好的民主首先需要好的民主派政治家。没有好的民主派政治家，很难会有好的民主。对新兴民主政体而言，政治精英的民主信念、规则意识和克制包容，更是有助于民主转型与民主巩固的重要品质。对这样的新兴民主政体，新的政治规则总是由具体的政治人物来制定和实践的，所以，政治家怎样做便决定了实际的新政治是怎样的。再进一步说，好的民主还需要政治精英的良性博弈。不少新兴民主政体的弊端是，政治家的博弈容易从一般的政治竞争走向政治恶斗。这样，政治精英们之间就只有斗争没有合作，就很容易滑向没有规则、毫无底线，甚至是你死我活的政治对抗，结果往往以损伤或败坏民主制度为代价。从转型经验来看，在这样的政治博弈过程中，处于优势的一方（比如胜选方）能否做到自我克制，处于劣势的一方（比如败选方）能否做到合法服从，对于维系新兴民主政体至关重要。

此外，这里还面临着一个上述三种理论路径互相竞争的问题。公允地说，政治精英通常都会受制于特定的经济社会条件，他们只能在既有社会结构的约束之下采取行动。但是，政治精英的视角强调的是，在相似的社会结构条件下，政治家仍然可以有不同的作为，而这种不同的作为会影响到政治的均衡与民主转型的前景。同样，政治制度也是一个重要因素。任何政治精英都不能逃避既有政治制度的约束。但是，政治精英不仅存在于特定的政治制度框架之中，而且有可能去改变政治制度——尤其是在一国转型的关头或制宪时刻。所以，强调政治精英行为的理论视角，通常不会否认经济社会条件或政治制度的重要性，但这一流派所强调的是民主转型过程中政治精英的角色不容被低估。

当然，必须承认的是，尽管政治精英的观念、行为与选择会影响民主转型，但社会科学在处理这样的议题时通常是比较薄弱的，原因在于政治家或政治精英的行为与选择通常难以进行结构优美的科学化处理。既然在同样的结构与制度约束下，不同的政治家与政治精英完全可能采取不同的策略与做法，并进而造成政治结果的不同，无疑就给试图基于因果关系解释的社会科学研究带来了巨大挑战。这是这一理论路径不能回避的问题。

五、结语：民主转型研究的未来

本文没有讨论研究方法，更多是基于解释变量的类型，探讨了解释民主转型的三大理论路径。20 世纪 90 年代以来，民主转型研究已成为比较政治学最有产出的研究领域。现有的研究文献可谓汗牛充栋，但大体上都可以归入本文介绍的三种主流理论路径，即社会条件理论、政治制度理论和政治精英行为理论。社会条件理论强调的是经济发展水平、阶级结构与族群—宗教结构、政治文化、国际格局、公民社会、市场经济模式以及现代国家构建等基础性社会条件，这一流派认为民主转型关键在于一国基础性经济社会条件的改善。政治制度理论强调的是民主转型过程中宪法设计与政治制度安排——特别是政府形式、选举制度、政党体制与央地关系——的重要性，这一流派认为民主转型关键在于选择合宜的宪法或政治制度模式组合。政治精英行为理论强调的是政治精英的观念、行为和选择在民主转型过程中扮演的角色，这一流派认为民主转型关键在于出现强大的民主派政治精英以及政治精英们在民主宪法与规则共识之上的良性博弈。

综合来看，民主转型的现有研究呈现出三个悖论。第一，单因素理论与多因素理论的孰优孰劣？过去的社会科学更强调用单一变量和单一因果机制来解释民主转型。比如，李普塞特、摩尔等人的著名研究，都是强调单一变量的重要性。但后来，单一变量的理论路径受到越来越多的挑战。比如，亨廷顿的研究就认为解释第三波民主化的变量主要有五种。这意味着在亨廷顿看来，单一变量和单一因果机制的理论很难恰当地解释第三波民主化为何发生。一般来说，单一变量框架的优势是核心逻辑清晰、理论简洁，缺点则是这类框架所提供的解释注定不那么全面和完整。多变量框架则在很大程度上弥补了单一变量框架的此种不足，但缺点则是由于解释变量过多，可能会弱化核心的因果机制。比如，戴蒙德的《民主的精神》试图对第三波民主化在全球的进展进行评估与分析，他对诸问题的解释基本都是多因素的，几乎涉及本文所列的所有重要变量（Diamond, 2008）。这一做法的优势与缺点都是很明显的。总体而言，如今国际学术界对用单一变量理论来解释民主转型并没有多少信心，某种多因素解释框架的引入似乎是一个基本趋势。当然，这种趋势也反映了当代社会科学研究的一个困境。

第二，结构理论与能动理论之间的张力。在民主转型研究中，结构理论强调的是那些长期稳定的社会条件的重要性，而能动理论强调的则是政治参与者（特别是政治精英）的行为与选择的重要性。从经验上看，结构因素和能动因素对于一国民主转型当然都是重要的。过去认为，社会科学更擅长的是结构理论，因为结构理论处理的是长期中较为稳定的变量，更容易理论化，也更具有可预测性，但缺陷则是忽视人的角色、无法解释时机（timing）等。由于这些原因，能动理论在民主转型研究中似乎越来越流行，它直接强调政治行为者的行为与互动，这样就直指政治转型过程的核心，但其缺陷是很难理论化——社会科学的理论工具往往难以很好地处理政治精英的行为选择问题。比如说，如果民主转型的成败，是由关键政治人物做什么或不做什么决定的，而政治人物在转型关头的行为模式又很难预测，那么如何将这种解释框架理论化呢？对能动理论来说，这就是一个很大的问题。现在的常见做法是试图在结构与能力之间的张力中寻求妥协。一个永远正确但未必有用的说法是：结构因素与能动因素通常共同起作用且互相影响——结构因素是长期的约束性条件，而能动因素则在结构因素约束条件下起作用。当然，过分讲求两者平衡的另一种风险是，如果既强调结构因素又强调能动因素，往往会被视为是一项面面俱到但理论化较弱的研究，甚至就弱化为对政治现象与过程的描述。

第三，案例研究大幅扩展与社会科学理论"贫困"的并存。这些年以来，民主转型研究领域涌现了大量案例研究与区域研究成果。在享有盛誉的《剑桥比较政治书系》中，较重要的民主转型大国几乎都有相应的研究专著入选。这通常意味着，学术界又提供了许多与民主转型案例有关的具体知识。民主转型研究的繁荣往往也与这种国别研究、区域研究的深入有关。但问题是，在民主转型案例研究走向深入、具体国别和区域知识变得越来越丰富的同时，关于民主转型的社会科学理论21世纪以来并没有迎来大繁荣的局面；相反，民主转型研究某种程度上已经陷入"理论的贫困"。既有的理论"丛林"似乎已经枝繁叶茂，而解释力仍有很大不足，但问题在于，新的社会科学理论并未应运而生或趁势崛起。这也构成了一对矛盾。

　　面对这样的局面，很多人关心的是：民主转型研究未来会向何处去？民主转型研究是否会呈现新的理论图景？这些问题现在并没有答案。比较明确的是：一方面，民主转型研究已成为最有生产性的领域之一，贡献了大量有价值的著作与论文；另一方面，关于民主转型的社会科学理论研究似乎处在某种困顿中，难以实现有效的突破。如果借鉴库恩的说法，这一领域或许正在期待出现新的研究范式的革命（库恩，2012）。当理论研究呈现"高位盘整"的态势时，新范式的突破或许正在酝酿之中。

参考文献

[1]　G. 萨托利，2006，《政党与政党体制》，王明进译，北京：商务印书馆。

[2]　巴林顿·摩尔，2012，《专制与民主的社会起源：现代世界形成过程中的地主与农民》，王茁、顾洁译，上海：上海译文出版社。

[3]　包刚升，2014a，《民主崩溃的政治学》，北京：商务印书馆。

[4]　包刚升，2014b，"民主转型中的宪法工程学：一个理论框架"，《开放时代》，第 5 期，第 111—128 页。

[5]　包刚升，2014c，"共识民主理论有'共识'吗？对利普哈特研究方法的学术批评"，《经济社会体制比较》，第 5 期，第 195—205 页。

[6]　查尔斯·蒂利，2009，《民主》，魏洪钟译，上海：上海人民出版社。

[7]　达龙·阿西莫格鲁、詹姆斯·A. 罗宾逊，2008，《政治发展的经济分析：专制和民主的经济起源》，马春文译，上海：上海财经大学出版社。

[8]　戴维·赫尔德，1998，《民主的模式》，燕继荣等译，北京：中央编译出版社。

[9]　胡安·林茨、阿尔弗莱德·斯泰潘，2008，《民主转型与巩固的问题：南欧、南美和后共产主义欧洲》，孙龙等译，杭州：浙江人民出版社。

[10]　吉列尔莫·奥唐奈，2008，《现代化和官僚威权主义：南美政治研究》，王欢、申明民译，北京：北京大学出版社。

[11]　加布里埃尔·阿尔蒙德、西德尼·维巴，2008，《公民文化：五个国家的政治态度与民主制》，徐湘林等译，北京：东方出版社。

[12]　罗伯特·达尔，2012，《论民主》，李风华译，北京：中国人民大学出版社。

[13]　马克斯·韦伯，1997，《民族国家与经济政策》，甘阳等译，北京：生活·读书·新知三联书店。

[14]　迈克尔·麦克福尔，2009，《俄罗斯未竟的革命：从戈尔巴乔夫到普京的政治变迁》，唐贤兴、庄辉、郑飞译，上海：上海人民出版社。

[15]　塞缪尔·亨廷顿，2008，《变化社会中的政治秩序》，王冠华、刘为译，上海：上海人民出版社。

[16]　塞缪尔·亨廷顿，2013，《第三波：20 世纪后期的民主化浪潮》，欧阳景根译，北京：中国人民大学出版社。

[17]　托克维尔，2008，《论美国的民主》，董果良译，北京：商务印书馆。

[18]　托马斯·库恩，2012，《科学结构的结构》，金吾伦、胡新和译，北京：北京大学出版社。

[19]　王绍光，2002 "有效政府与民主"，《战略与管理》，第 6 期，第 89—101 页。

[20]　吴玉山，2011，"半总统制：全球发展与研究议程"，《政治科学论丛》（台湾大学政治学系学术期刊），第 47 期，第 1—32 页。

[21]　亚当·普沃斯基，2005，《民主与市场：东欧与拉丁美洲的政治经济改革》，包雅钧等译，北京：北京

66

大学出版社。

[22] 约瑟夫·熊彼特，1999，《资本主义、社会主义与民主》，吴良健译，北京：商务印书馆。

[23] 詹姆斯·C. 霍尔特，2010，《大宪章》，毕竞悦等译，北京：北京大学出版社。

[24] Anderson, Lawrence M., 2004, "Exploring the Paradox of Autonomy: Federalism and Secession in North America", *Regional and Federal Studies*, Vol. 14: 89‑112.

[24] Barro, Robert J., 1999, "Determinants of Democracy", *The Journal of Political Economy*, Vol. 107, No. 6: 158‑183.

[25] Brown, Nathan J., 2013, "Egypt's Failed Transition", *Journal of Democracy*, Vol. 24, No. 4: 45‑58.

[26] Brownlee, Jason, Tarek Masoud, and Andrew Reynolds, 2013, "Why the Modest Harvest?", *Journal of Democracy*, Vol. 24, No. 4: 29‑44.

[27] Carothers, Thomas, 2002, "The End of Transition Paradigm", *Journal of Democracy*, Vol. 13, No. 1: 5‑21.

[28] Cheibub, Jose Antonio, 2007, *Presidentialism, Parliamentarism, and Democracy*, Cambridge: Cambridge University Press.

[29] Cheibub, José Antonio, Zachary Elkins, and Tom Ginsburg, 2013, "Beyond Presidentialism and Parliamentarism", *British Journal of Political Science*, Vol. 44, No. 3: 515‑544.

[30] Collier, Ruth Berins, 1999, *Paths toward Democracy: the Working Class and Elites in Western Europe and South America*, Cambridge: Cambridge University Press, 1999.

[31] Colomer, Josep M. and Gabriel L. Negretto, 2005, "Can Presidentialism Work Like Parliamentarism?", *Government and Opposition*, Vol. 40, No. 1: 60‑89.

[32] Diamond, Larry, 2002, "Elections Without Democracy: Thinking about Hybrid Regimes", *Journal of Democracy*, Vol. 13, No. 2: 21‑35.

[33] Diamond, Larry, 2008, *The Spirit of Democracy: the Struggle to Build Free Societies Throughout the World*, New York: Times Books.

[34] Diamond, Larry, Juan Linz, and Seymour Martin Lipset, 1995, "Introdution: What Makes for Democracy?", in Larry Diamond, Juan Linz, and Seymour Martin Lipset eds., *Politics in Developing Countries: Comparing Experiences with Democracy*, Boulder: Lynne Rienner Publishers.

[35] Diamond, Larry, 2015, "Facing up to the Democratic Recession", *Journal of Democracy*, Vol. 26, No. 1: 141‑155.

[36] Doorenspleet, Renske, 2000, "Reassessing the Three Waves of Democratization", *World Politics*, Vol. 52, No. 3: 384‑406.

[37] Duverger, Maurice, 1986, "Duverger's Law: Forty Years Later", in Bernard Grofman and Arend Lijphart, eds., *Electoral Laws and Their Political Consequences,* New York: Agathon Press.

[38] Elgie, Robert, 2011, *Semi-presidentialism: Subtypes and Democratic Performance,* Oxford: Oxford University Press.

[39] Farrell, David, 2011, *Electoral Systems: A Comparative Introduction*, 2nd Edition, Palgrave Macmillan.

[40] Filali-Ansary, Abdou, 1999, "Muslims and Democracy", *Journal of Democracy,* Vol. 10, No. 3: 18‑32.

[41] Freedom House, 2015, *Freedom in the World 2015.* "自由之家 2015 年年度报告" 请见链接: https://freedomhouse.org/sites/default/files/01152015_FIW_2015_final.pdf .

[42] Fukuyama, Francis, 2011, *The Origins of Political Order: from the Prehumen Times to the French Revolution,* New York: Farrar, Straus and Giroux.

[43] Fukuyama, Francis, 1995, "Confucianism and Democracy", *Journal of Democracy* Vol. 6, No. 2: 20‑33.

[44] Fukuyama, Francis, 2014, *Political Order and Political Decay: from the Industrial Revolution to the Globalization of Democracy*, New York: Farrar, Straus and Giroux.

[45] Fukuyama, Francis, 2015, "Why is Democracy Performing so Poorly?", *Journal of Democracy*, Vol. 26, No. 1: 11‑20.

[46]　Gerring, John and Strom C. Thacker, 2008, *A Centripetal Theory of Democratic Governance*, Cambridge: Cambridge University Press.

[47]　Hicken, Allen, 2009, *Building Party Systems in Developing Democracies*, New York: Cambridge University Press.

[48]　Horowitz, Donald L., 1985, *Ethnic Groups in Conflict*, Berkeley: University of California Press.

[49]　Horowitz, Donald L., 1990, "Comparing Democratic Systems", *Journal of Democracy*, Vol. 1, No. 4: 73-79.

[50]　Horowitz, Donald L., 1993, "Democracy in Divided Societies", *Journal of Democracy*, Vol. 4, No. 4: 18-38.

[51]　Horowitz, Donald L., 2002, "Constitutional Design: Proposals versus Processes", in Andrew Reynolds, eds., *The Architecture of Democracy: Constitutional Design, Conflict Management, and Democracy*, Oxford: Oxford University Press, pp. 19-25.

[52]　Inglehart, Ronald, 1988, "The Renaissance of Political Culture", *American Political Science Review*, Vol. 82, No. 4: 1203-1230.

[53]　Levitsky, Steven and Lucan A. Way, 2010, *Competitive Authoritarianism: Hybrid Regimes after the Cold War*, Cambridge: Cambridge University Press.

[54]　Levitsky, Steven and Lucan Way, 2015, "The Myth of Democratic Recession" , *Journal of Democracy*, Vol. 26, No. 1: 45-58.

[55]　Lijphart, Arend, 2012, *Patterns of Democracy: Government Forms and Performance in Thirty-Six Countries*, 2nd edition, New Haven and London: Yale University Press.

[56]　Lijphart, Arend, 1999, *Patterns of Democracy: Government Forms and Performance in Thirty-Six Countries*, New Haven: Yale University Press.

[57]　Linz, Juan J. and Alfred Stepan, eds., 1978, *The Breakdown of Democratic Regimes*, Baltimore: The Johns Hopkins University Press.

[58]　Linz, Juan J.,1990a, "The Perils of Presidentialism", *Journal of Democracy,* Vol. 1, No. 1: 51-69.

[59]　Linz, Juan J.,1990b, "The Virtues of Parliamentarism", *Journal of Democracy*, Vol. 1, No. 4: 84-91.

[60]　Lipset, Seymour Martin, 1959, "Some Social Requisites of Democracy: Economic Development and Political Legitimacy", *American Political Science Review*, Vol. 53, No. 1: 69-105.

[61]　Lipset, Seymour Martin, 1994, "The Social Requisites of Democracy Revisited: 1993 Presidential Address", *American Sociological Review*, Vol.59, No.1: 1-24.

[62]　Mainwaring, Scott, 1993, "Presidentialism, Multiparty Systems, and Democracy: The Difficult Equation" , *Comparative Political Studies*, Vol.26, No.2: 198-228.

[63]　March, James G. and Johan P. Olsen, 1984, "The New Institutionalism: Organizational Factors in Political Life", *American Political Science Review,* Vol. 78, No. 3: 734-749.

[64]　McFaul, Michael, 2002, "The Fourth Wave of Democracy and Dictatorship: Noncooperative Transitions in the Postcommunist World", *World Politics*, Vol. 54, No. 2: 212-244.

[65]　Moestrup, Sophia, 2007, "Semi-presidentialism in Young Democracies: Help or Hindrance?", in Robert Elgie and Sophia Moestrup, eds., *Semi-presidentialism Outside Europe: A Comparative Study*, Routledge, pp. 33-55.

[66]　Mousseau, Demet Yalcin, 2001, "Democratizing with Ethnic Divisions: A Source of Conflict?", *Journal of Peace Research*, Vol. 38, No. 5: 547-567.

[67]　Munck, Gerardo L. and Carol Skalnik Leff, 1997, "Modes of Transition and Democratization: South America and Eastern Europe in Comparative Perspective", *Comparative Politics*, Vol. 29, No. 3: 343-362.

[68]　Norris, Pippa, 2008, *Driving Democracy: Do Power-Sharing Institutions Work?*, Cambridge: Cambridge University Press.

[69]　O'Donnell, Guillermo and Philippe Schmitter, 1986, *Transitions from Authoritarian Rule: Tentative Conclusion about Uncertain Democracies*, Baltimore: The Johns Hopkins University Press.

[70]　Przeworski, Adam, Michael E. Alvarez, Jose Antonio Cheibub, and Fernando Limongi, 2000, *Democracy*

and Development: Political Institutions and Well-Being in the World, 1950-1990, Cambridge: Cambridge University Press.

[71] Rae, Douglas W., 1967, *The Political Consequences of Electoral Laws*, New Haven: Yale University Press, pp. 67-129.

[72] Rokkan, Stein, Angus Campbell, Per Torsvik, and Henry Valen, 1970, *Citizens, Elections, Parties: Approaches to the Comparative Study of the Processes of Development*, New York: David McKay Co..

[73] Rustow, Dankwart A., 1970, "Transitions to Democracy: Towards a Dynamic Model", *Comparative Politics*, Vol. 2, No. 3: 337-363.

[74] Selway, Joel and Kharis Templeman, 2012, "The Myth of Consociationalism? Conflict Reduction in Divided Societies" , *Comparative Political Studies*, Vol.45, No.12: 1542 -1571.

[75] Shugart, Matthew Soberg and Martin P. Wattenberg, eds., 2001, *Mixed-Member Electoral Systems: The Best of Both Worlds?*, Oxford: Oxford University Press.

[76] Stepan, Alfred and Cindy Skach, 1993, "Constitutional Frameworks and Democratic Consolidation: Parliamentarism versus Presidentialism", *World Politics*, Vol.46, No.1: 1-22.

[77] Stephens, John D.,1989, "Democratic Transitions and Breakdown in Western Europe, 1870-1939: A Test of the Moore Thesis", *American Journal of Sociology*, Vol. 94, No. 5: 1019-1077.

[78] Taagepera, Rein and Matthew Soberg Shugart, 1989, *Seats and Votes: the Effects and Determinants of Electoral Systems*, New Haven: Yale University Press.

[79] Taagepera, Rein, 1999, "The Number of Parties as a Function of Heterogeneity and Electoral System", *Comparative Political Studies,* Vol. 32, No. 5: 531-548.

[80] Taylor, Michael and V. M. Herman, 1971, "Party Systems and Government Stability", *The American Political Science Review*, Vol. 65, No. 1: 28-37.

[81] Thakur, Ramesh, 1995, *The Government and Politics of India*, New York: St. Martin's Press.

[82] Wejnert, Barbara, 2005, "Diffusion, Development, and Democracy, 1800-1999", *American Sociological Review*, Vol. 70, No. 1: 53-81.

[83] Whitehead, Laurence, 2001, "Chapter 1. Three International Dimensions of Democratization", in Laurence Whitehead ed., *The International Dimensions of Democratization*, Oxford: Oxford University Press.

降薪还是限权？

——来自垄断央企、非垄断央企和中小板企业高管薪酬变动"尺蠖效应"的比较检验

唐志军　姜军　谌莹[*]

摘要：本文首先以 Nash 讨价还价模型阐释了权力结构影响收入分配的机理；然后选取高管薪酬变动"尺蠖效应"作为验证权力结构影响企业内部收入分配的替代性量度工具，再用 2004 年至 2012 年全部 244 家央企上市公司和 703 家中小板上市公司作为样本，借鉴方军雄（2011）的模型，对垄断央企、非垄断央企和中小板企业的高管薪酬变动"尺蠖效应"进行了比较检验。结果发现：三类企业里都存在高管薪酬变动"尺蠖效应"，但比较而言，垄断央企里的薪酬变动"尺蠖效应"系数最大，非垄断央企次之，中小板企业最小。这说明，垄断央企的内部权力结构最失衡，非垄断央企次之，中小板企业的内部权力结构相对更均衡。在此基础上，本文阐释了，在当前的国企改革中，应该在降低高管薪酬的同时，对国企及其高管进行限权和削权，加快形成合理的国企内外部权力结构。

关键词：权力结构；薪酬变动尺蠖效应；限权；比较检验

＊ 唐志军：湖南科技大学商学院、"两型"社会改革建设协同创新中心。地址：湖南省湘潭市湖南科技大学商学院。邮编：411201。电话：15116403996。传真：0731-58290306。电子邮件：tanghan12345@126.com。姜军：湖南科技大学商学院。地址：湖南省湘潭市湖南科技大学商学院。邮编：411201。谌莹：湖南科技大学商学院、"两型"社会改革建设协同创新中心。地址：湖南省湘潭市湖南科技大学商学院。邮编：411201。电话：15200366625。电子邮件：838614649@qq.com。本文获得湖南省社科基金项目"权力结构及其变迁对中国长期经济增长的影响研究——基于历史和比较的视角"（12YBA131）资助。

Cutting Payment or Limitting Power?
— Comparitive Test of the Executive Compensation-Changing "Geometrid Effect" from the Monopoly Central-SOEs, the Non Monopoly Central-SOEs and the Small & Medium-sized Listing Corporations

（Tang Zhijun, Jiang Jun, Shen Ying）

（Business School, Hunan University of Science and Technology）

Abstract: This paper first uses the Nash bargaining model to explain the influence mechanism of the power structure to the income distribution; then select executive compensation-changing "geometrid effect" as a proxy measuring instrument to test the how power structure influence the income distribution in enterprises, and then use all 244 central-SOEs of listing corporations and 703 board small & medium-sized listing corporations as samples from from 2004 to 2012 year, using Fang Junxiong (2011) model, comparatively tests the compensation-changing "geometrid effect" of monopoly central-SOEs, the non monopoly central-SOEs and the small & medium-sized listing Corporations.Results show: there are executive compensation-changing "geometrid effect" in all three kinds of corporations, but relatively speaking, the coefficients are biggest in the monopoly central-SOEs, the non monopoly central-SOEs is smaller, and the small & medium-sized listing corporations is minimum. This shows, the power structure within the monopoly central-SOEs is the most imbalance, the non monopoly central-SOEs is in the middle, the small & medium-sized listing corporations of relatively more balanced. On this basis, this paper explains, in the current central-SOEs'reform, we should reduce executive pay, at the same time, limit and cut the power of the SOEs and their executives to form a reasonable inside-&-outside power structure of the SOEs.

Keywords: power structure; compensation-changing "geometrid effect" ; limits the power ; comparatively tests

JEL Classification: D31; E64

一、引　言

　　收入分配不公是当前我国经济社会发展中所面临的一个突出问题。自 20 世纪 90 年代初以来，除了行业、地区和所有制等方面的收入分配差距持续扩大外，同一企业内部不同阶层人员之间的收入分配差距问题也日益凸显。统计显示，相对于高管们快速增长的收入，普通职工的工资收入增长可谓是鹅行鸭步。1998 年，我国上市公司管理层的最高年薪均值约为 5 万多元；到 2001 年，其均值暴涨到 12 万多元；到 2006 年，则已经涨为 35 万多元；到 2012 年，则高达 50 万元以上。而且，在同一时间，高管们的年薪均值为职工平均收入的倍数约分别为 7、12、17、12 倍。尤其是在 2006 年，国有上市公司管理层里最高年薪开始高于民营上市公司，约为职工收入的 20 倍。即便在 2009 年，人社部制定了国企薪酬总规范，要求国企高管与职工工资差不能超过 12 倍；国资委也出台了多个文件，要求控制国企高管和普通职工的收入差。但事实是，这些举措的收效并不理想，在大多数国有企业里，高管与普通职工的工资收入差仍然超过了 12 倍。而在非国有上市公司里，高管与一般员工的薪酬差也呈持续扩大之态。企业内部过大的高管与普通员工薪酬差距，有违企业治理及收入分配的公平、公正的诉求，不仅损害了企业的经营绩效，还会引发一系列社会问题（张正堂，2008）。对于国有企业来讲，分配不公，不仅会直接抑制了员工的积极性，也容易为某些管理层侵吞国有资产和进行贪腐提供一个借口；对于非国有企业，则很容易导致经营者侵犯工人权利和利益，造成劳方与资方、管理方之间的矛盾，导致企业的生产经营的不稳定性。因此，如何规范企业内部的收入分配，尤其是如何规范国有企业高管的薪酬，已引起党和政府的关注和重视。2014年8月18日，中央全面深化改革领导小组第四次会议审议《中央管理企业主要负责人薪酬制度改革方案》。其后，媒体报道称，该方案一个主要建议是，央企、国有金融企业主要负责人的薪酬将削减到现有薪酬的30%左右，削减后年薪不能超过60万元。2014年8月29日，中央政治局会议通过《中央管理企业负责人薪酬制度改革方案》。会议认为，深化中央企业负责人薪酬制度改革是中央企业建立现代企业制度、深化收入分配体制改革的重要组成部分，对促进企业持续健康发展和形成合理有序收入分配格局具有重要意义。会议提出，深化中央管理企业负责人薪酬制度改革，要从我国社会主义初级阶段基本国情出发，适应国有资产管理体制和国有企业改革进程，逐步规范企业收入分配秩序，实现薪酬水平适当、结构合理、管理规范、监督有效，对不合理的偏高、过高收入进行调整。推进这项改革要坚持国有企业完善现代企业制度的方向，健全中央管理企业负责人薪酬分配的激励和约束机制，强化中央管理企业负责人的责任，增强企业发展活力；坚持分类分级管理，建立与中央企业负责人选任方式相匹配、与企业功能性质相适应的差异化薪酬分配办法，严格规范中央管理企业负责人薪酬分配；坚持统筹兼顾，形成中央管理企业负责人与企业职工之间的合理工资收入分配关系，合理调节不同行业企业负责人之间的薪酬差距，促进社会公平正义；坚持政府监管和企业自律相结合，完善中央企业薪酬监管体制机制，规范收入分配秩序。

与此同时，企业内部高管与普通员工的薪酬差距也引起了学者的极大关注（卢锐，2007；张正堂，2008；方军雄，2011）。其中，一些学者研究了企业内部的收入分配差距状况。吴清军（2010）认为企业内的收入差距主要体现在三个方面：第一，是普通职工相对于专业技术人员和经营管理人员收入偏低；第二，是农民工和城镇职工之间的收入差距扩大；第三，劳务派遣职工与企业正式员工间收入差距明显。刘星等（2012）发现：（1）政府管制导致国有企业高管薪酬不仅具有向下的刚性，也具有向上的刚性，并且政府薪酬管制导致国有企业高管薪酬业绩敏感性下降。（2）国有企业高管利用手中权力影响了自身薪酬契约，导致其薪酬具有向下的刚性和向上的弹性；薪酬业绩敏感性存在的不对称现象说明，高管具有利用手中权力获取私利的动机。（3）随着政府放松对国有企业的管制以及公司治理结构的逐渐完善，市场化程度较高的地区，国有企业高管薪酬业绩敏感性显著增强，薪酬刚性现象也有所缓解。石子砚（2007）发现，企业薪酬中存在"尺蠖效应"①，并且，"尺蠖效应"可能是导致中国企业高管与普通员工薪酬差距不断扩大的原因。方军雄（2009a, 2011）研究得出，与企业内部收入差距扩大直接相关的，是普遍存在于我国企业中的薪酬"尺蠖效应"。

一些学者则着重分析了企业内部薪酬差距产生的原因，以及指出为什么会存在高管薪酬变动的"尺蠖效应"。大多数类似研究认为，是高管的权力影响了企业内部的薪酬分配。Joscow（1993）以高管的年龄及任职年限作为衡量高管权力变量研究了高管报酬与高管权力的相关关系，研究发现高管的年龄和任职年限与高管薪酬呈正相关关系，支持了高管权力影响薪酬的假设。James & Edward（1994）发现，CEO 权力越大，越不倾向于采用 LTIP（Long-term Incentive Plan）；然而 CEO 权力大的企业，CEO 能影响自身薪酬。Bebchuk（2002）等首次将管理者权力的影响与管理者薪酬联系起来，将管理者权力定义为高管层对企业董事会或薪酬委员会决定薪酬的决策产生影响的能力，认为管理者权力越大，高管层对薪酬的决策产生影响的能力越大；而管理者的权力的大小取决于董事会结构和公司股权结构的具体形态，由于董事会成员的自利行为和企业外部治理机制失灵，管理者实际左右了自身报酬的确定过程。并且，由于董事会不能完全控制管理层薪酬契约的设计，管理层有动机和能力影响自己的薪酬，使得企业不按业绩支付薪酬，最终导致"按绩效付酬"的经理薪酬计划蜕变为"无绩效付酬"的游戏，使运用权力寻租成为可能。黄惠青（1999）认为收入分配不公主要由权力的资本化，企业约束机制、国有资产管理、宏观调控机制不健全，职业、行业垄断，劳动力市场不成熟等决定。赖永添（2005）认为企业收入分配产生的原因有四个：首先是由于政企不分，政资相混，导致企业领导对企业收入分配没有决定权；其次是企业经营机制不健全，导致企业员工机会不均等，工资收入不能真实反映劳动力价格差异；再次，劳动力市场发育不

①　"尺蠖效应"最早由秦晖（2004）提出。在《美国的病因，中国的良药——破除两种尺蠖效应互动》一文中，秦晖认为："在某种情况下，统治者可能既用'左'手膨胀自己的权力，又用'右'手推卸自己的责任。或'左'或'右'都偏向统治者，就像一伸一缩都朝着一个方向的'尺蠖'，所以我谓之尺蠖效应。"在秦晖看来，所谓"尺蠖效应"，通常用来描述权责不对等的情况下，权势者对运作方式调整的结果：在任何运作方式的变更中体现出"选择性适应"功能，导致权责不对应状况在一次次变更中不断"循环放大"，无论"收"还是"放"都只偏向一方，就好像那以一伸一缩的方式向一个方向行走的"尺蠖"。后来，方军雄（2011）将这一概念引入企业管理学当中并在实证研究时提出了企业内存在薪酬"尺蠖效应"，指出：当企业提薪时，高管薪酬的增幅大于普通员工薪酬的增幅，而当企业业绩下降或其他情况而需要减薪时，高管没有被减薪或者其减薪幅度低于普通员工，甚至出现逆势增长的状况。也就是说，"尺蠖效应"这一概念，本身是用来描述在权力结构的作用下权势者收益的变化的。

健全，从而劳动者不能在选择适合自己专业特长的岗位；最后，现行税制与企业收入分配制度不配套，造成个人所得税分率累进计征的档次较多。王怀明（2009）研究发现：管理者权力越大的公司，其高管与员工之间的薪酬差距越大。张必武（2005）从董事会特征角度研究了管理层权力对高管薪酬和薪酬业绩敏感性的影响。王克敏（2007）研究了管理层权力对高管薪酬水平以及薪酬诱发的盈余管理程度的影响。李增泉等（2012）的研究涉及了在职消费问题，他们认为，在股东控制论下，管理层的货币薪酬与非货币薪酬应该负相关；而在管理层控制论下，管理层的货币薪酬与非货币薪酬应该正相关。为进一步解释我国企业内存在的薪酬"尺蠖效应"，卢锐（2006）首次从企业内部管理者权力的视角探讨了高管与普通员工薪酬差距的原因，他的研究发现，管理者权力是导致高管与普通员工薪酬差距的重要原因，企业管理者权力越大，其高管与员工之间的薪酬差距越大。卢锐（2008）进一步分析了管理层权力对高管团队内部货币薪酬差距的影响，认为，管理层权力大的企业与其他企业相比，高管的货币薪酬更大，但业绩并没有更好；而且，管理层薪酬与盈利业绩的敏感度更高，与亏损业绩的敏感度更低，部分企业出现薪酬业绩弱相关甚至不相关。方军雄（2009a, 2011）的研究也指出，正是企业内部的权力结构导致了薪酬变动的"尺蠖效应"。

然而，部分学者却认为在企业中拥有巨大权力的 CEO 对于自己的薪酬是无法随意操纵的，按照他们的分析，市场作为制约企业行为的主体会在一定程度上限制高管权力。Fama（1980）指出，市场能够有效地评价企业经营者行为以使企业经营者的薪酬不至于与市场认为合适的水平偏离太远。Ezzamel 等（1998）的研究支持了市场对经营者薪酬强有力的影响，但同时也指出市场的这种调节是滞后的。Bizjak 等（2008）发现，行业标杆公司的高管薪酬水平对其他公司 CEO 薪酬的变化和水平有着重要影响，行业标杆公司的薪酬水平是一种度量市场薪资的有效机制。

通观已有研究，我们认为还存在以下不足：一是未能透析企业内部权力结构影响收入分配的机理；二是未深入说明为什么"尺蠖效应"可以作为验证权力结构影响企业内部收入分配的替代变量之可行性；三是未比较验证我国不同类型企业内部的薪酬"尺蠖效应"；四是未从理论上回答，在当前状况下，对于国企尤其是央企来说，降薪与限权之间的关系。

鉴于此，本文在构建理论模型的基础上，比较实证了垄断央企、非垄断央企和中小板企业的薪酬"尺蠖效应"。具体地，我们以 Nash 讨价还价模型阐释了权力结构影响收入分配的机理；然后选取薪酬"尺蠖效应"作为验证企业内部权力结构影响收入分配的替代变量，用 2004 年至 2012 年全部 244 家央企上市公司和 703 家中小板上市公司作为样本，借鉴方军雄（2011）的薪酬变动"尺蠖效应"模型，对垄断央企、非垄断央企和中小板企业的薪酬"尺蠖效应"进行了比较检验，结果发现：三类企业里都存在高管薪酬变动"尺蠖效应"，但比较而言，垄断央企里的薪酬变动"尺蠖效应"系数最大，非垄断央企次之，中小板企业最小。这说明，垄断央企的内部权力结构最失衡，非垄断央企次之，中小板企业的内部权力结构相对更均衡。在此基础上，我们阐释了，在当前状态下，对于央企的改革而言，限制高管权力远比降低高管薪酬更为重要的原因。

本文的可能贡献如下：（1）构建了权力结构影响收入分配的模型，并阐释了以薪酬"尺蠖效应"作为验证企业内部权力结构影响收入分配的替代变量的可行性；（2）比较检验了垄断央企、非垄断央企和中小板企业的薪酬"尺蠖效应"，有助于丰富现有的研究成果；（3）阐释了当前状态下，央企改革中"降薪与限权"之间的优劣，为中国政策制定者更好地推动央企改革和调整央企高管薪酬等改革提供理论依据。

二、理论假说

（一）企业内部权力结构影响收入分配的理论模型

研究表明，权力结构[①]在收入分配中起着决定性作用（Acemoglu，2008；张屹山等，2010b）。Nash 讨价还价理论证明，在群体与群体的博弈中，一个群体所能获得的收入份额是由其讨价还价能力即权力所决定的。为理解企业内部权力结构是如何影响收入分配的，我们借鉴 Nash 讨价还价博弈模型来进行。

假设有企业内部有两个经济群体 1、2，1 代表企业高管群体，2 代表企业普通员工群体。拥有的资本（物质资本和人力资本的总和）分别为 K_1、K_2。如果他们不合作，用这些资本独立进行生产，可以获得 y_{10}、y_{20} 的净收益（y_{10}、y_{20} 又可称为保留收益）。为

---

① 权力是指"一个行为者或机构影响其他行为者或机构的态度或行为的能力"（《布莱克维尔政治学百科全书》，北京：中国政法大学出版社，1992 年，第 595 页）。巴泽尔则把权力定义为"把成本强加给他人的能力"（巴泽尔，《国家理论——经济权利、法律权利与国家范围》，上海：上海财经大学出版社，2006 年，第 26 页）。权力结构是指权力在不同群体间的配置状况。

研究方便，我们假设：

$$y_{10}=K_1 \quad , \quad y_{20}=K_2 \tag{1}$$

但如果他们合作，可获取来自合作的更大产出（合作对人类而言，是增加产出的最有效方式）。假设他们之间的权力是天然分配的，并且他们不会为权力而斗争[①]。此时，全部资本都用于生产，可以得到的产出为：

$$Y=A(K_1 + K_2) \tag{2}$$

其中 $A \geqslant 1$，表示来自合作的收益是增加的[②]。然而，一旦他们合作，就会面临一个合作收益如何分配的问题。用 S 表示双方经谈判或讨价还价后可能得到的分配向量（ u, v ）的集合，$(y_{10}, y_{20}) \in S$。并且，由 Nash 讨价还价理论，我们可以知道：如果主体 1、2 在合作中所拥有的权力分别为 λ、$1-\lambda$，[③] 那么，对每一个 $\lambda \in （0,1）$，纳什讨价还价解是以下问题的唯一解。

$$\max \quad (u - y_{10})^{\lambda}(v - y_{20})^{1-\lambda} \tag{3}$$
$$\text{s.t. } u \geq y_{10} \quad , \quad v \geq y_{20} \quad , \quad u+v=Y$$

也就是说，如果双方采取合作，最后的分配比例应该符合纳什讨价还价解。求解式（3），我们可以得到：

$$\frac{u - y_{10}}{v - y_{20}} = \frac{\lambda}{1-\lambda} \tag{4}$$

推论 1： 在企业合作生产中，权力结构决定了合作收益的最终分配，合作双方最终纯收益之比等于其权力大小之比。权力大的一方，得到的纯收益多；权力小的一方，得到的纯收益少；权力越失衡（即越不对等），收入分配差距就越大。

结合式（2）和式（4），我们可以求出主体 1 在合作中得到的收益：

[①] 为研究方便，这里假设高管群体和员工群体的权力分配是外生的。事实上，他们常常会为权力进行投资和斗争。

[②] $A \geqslant 1$ 是必然的，如果没有收益的增加，人类就不会进行合作了。

[③] 为简化问题，我们假设各主体拥有的权力——即讨价还价能力——是外生决定的。

$$u = y_{10} + \lambda(Y - y_{10} - y_{20}) \tag{5}$$

由式（5）看到：合作中，管理层的收益大小是由两部分组成的，即保留收益（y_{10}）和在合作带来的收益增加值中由其权力系数所决定的分配份额 $\lambda(Y - y_{10} - y_{20})$。保留收益越高，表示其参加合作的门槛越高，从而要求从合作收益中获得的分配份额越高，这样才能诱使其参与合作，即我们通常讲的参与约束。权力系数越大，表示其讨价还价能力越强，于是，从合作收益增加额中所能分配的份额也就越高。

由式（2），我们可知，如果按照要素的贡献来进行合作的收益分配的话，主体 1 可以获得的收入为：

$$u' = \frac{K_1}{K_1 + K_2} Y = AK_1 \tag{6}$$

由权力租金的定义可知，权力租金（τ）为（$u - u'$），即

$$\tau = u - u' = (A - 1)(\lambda K_1 + \lambda K_2 - K_1) \tag{7}$$

当 $\lambda K_1 + \lambda K_2 - K_1 = 0$，即 $\lambda = \dfrac{K_1}{K_1 + K_2}$ 时，$\tau = 0$；$\lambda > \dfrac{K_1}{K_1 + K_2}$ 时，$\tau > 0$；当 $\lambda < \dfrac{K_1}{K_1 + K_2}$ 时，$\tau < 0$。

推论 2：在企业内部，管理层所能获得权力租金的大小由其所拥有的权力系数与其在合作产出中的贡献比例所共同决定，只有在他们所拥有的相对权力大于其在合作中的产出贡献率时，他们才能获得权力租金。并且，权力越失衡，权力租金就越大。

（二）替代性量度的经济学含义

在劳动力市场，雇主常常无法直接测度应聘者的能力，此时，文凭就成为求职人向劳动力市场发送的一种信号，雇主可通过这种信号来判断和鉴别求职人的能力，决定是否雇佣，以及支付多少薪水（Spence, 1973）。大学里，人们无法直接观测一个教师的学术水准，此时，论文发表就成为一个替代性量度工具，用以衡量教师的学术能力。恋爱时，女方难以直接测度男方是否忠诚，此时，一个大钻戒就有可能成为衡量忠诚一个替

代性量度工具。买苹果时，要知道苹果的味道，最好是每个苹果都吃一口，但这样的量度成本太高。人们发现，苹果的味道与颜色有很强的关联，而颜色能够通过人们的肉眼加以观察。因此，人们就用可观察的颜色来考核不可观察的味道，颜色就成为苹果味道的一个替代性量度变量（巴泽尔，1996）……也就是说，在直接量度无法进行时，替代性量度（Proxy measurement）就成为一种低成本的量度方法。

就企业内部的权力结构而言，由于权力是一种造福或加害于他人的能力，而且，参与博弈的各方，常常会为争取更多的权力而进行策略性博弈，于是，对企业内部的权力结构及其动态变化进行直接量度往往不可能。即便我们设置一套评价体系，通过构建多种指标并进行赋值来进行量度，其量度效果也往往不尽如人意。此时，一种可行的办法，就是寻找替代性量度工具，从替代变量的变化中找出潜藏在背后的规律和趋势性东西。物理学里，我们可以通过光谱的外移来测度宇宙的膨胀、星系的形成和毁灭；生物学里，我们可以通过生物化石来推测地球气候和环境变化；类似的，我们可以用企业内部不同群体间收入的变化来量度其权力结构状况。

（三）"尺蠖效应"作为验证企业内部权力结构影响收入分配的替代变量的可行性

在经济学上，一种好的替代变量必须要满足两个条件：一是来自真实世界；二是符合逻辑要求。同样的，如果要把"尺蠖效应"作为验证企业内部权力结构影响收入分配的替代变量，它也必须满足这两个要求。而在逻辑和事实上，确确实实是权力结构的不对称造成了高管薪酬变动的"尺蠖效应"。在逻辑上，卢锐（2006）指出，管理者权力是导致高管与普通员工薪酬差距的重要原因，企业管理者权力越大，其高管与员工之间的薪酬差距越大。杨瑞龙等（2000）认为权力在市场上的讨价还价过程中表现为谈判力，按照企业契约理论，企业契约是当事人在签订契约前通过讨价还价确定的，各个签约人的"谈判力"决定了权益的分配；而企业高管拥有更大的权力，因此，他们不仅事前能获得更多的分配，而且在契约执行中，也能影响薪酬的变化。而方军雄（2011）等人指出，企业内部的薪酬"尺蠖效应"是权力结构失衡的作用结果，企业内部权力结构越失衡，"尺蠖效应"就越明显。在事实上，联系中国实际，随着市场化改革的深入，国有企业高管逐步获得了包括生产经营、投资、融资和人事方面的自主权，企业高管的管理者权力不断增大（Bebchuk et al., 2002；卢锐，2007），国有企业高管作为企业代理人的权威得以确立和不断增强（张军、王祺，2004）。而在民营上市公司当中，企业高管通常由民营股东或其家属担任，这使得民营上市公司高管天然享有极大的管理者权力或企业权威（Bebchuk et al.，2002）。企业管理者权力或企业权威的确立和增强，意味着作为股东代理人的高管掌握了企业内部大部分的资源配置权力（张军、王祺，2004），这决定了普通员工在薪酬谈判中处于不平等地位和弱势地位，进而使得普通员工只能成为薪酬方案的被动接受者（郭正模、李晓梅，2006），也使得薪酬"尺蠖"效应的存在有了制度基础（秦晖，2006；方军雄，2011）。唐志军（2012，2013）则指出，是企业内部的权力结构决定了企业内部的收入分配，有什么样的权力结构，就有什么样的收入分配结果；高管薪酬变动"尺蠖效应"恰恰就是高管权力的体现，也是企业内部权力结构不对称的体现。因此，以"尺蠖效应"作为验证企业内部权力结构影响收入分配的替代变量在逻辑和事实上都是可取的、可行的。

三、研究模型与样本描述

（一）实证模型

为比较检验权力结构对企业内部收入分配的影响，我们借鉴方军雄（2009a、2011）、Leone 等（2006）、辛清泉等（2007）的方法来进行。薪酬变动尺蠖效应的验证模型为：

$$
\begin{aligned}
\Delta \ln Pay_{i,t} = {} & \alpha + \beta_1 \times Dual_{i,t} + \beta_2 \times Indd_{i,t} + \beta_3 \times \ln Revenue_{i,t} + \beta_4 \times Lev_{i,t} + \\
& \beta_5 \times \ln Perfermance_{i,t} + \beta_6 \times Manger_{i,t} + \beta_7 \times D_{i,t} + \beta_8 \times D_{i,t} \times Manger_{i,t} + \\
& \beta_9 \times \sum Industry_{i,t} + \beta_{10} \times \sum Year_{i,t} + \varepsilon_{i,t}
\end{aligned} \tag{8}
$$

其中，被解释变量：$Pay_{i,t}$ 为薪酬，参考方军雄（2011）等人的做法，我们选择企业年报中的"薪酬最高的前三位高级管理人员"作为高管，用它们的平均现金薪酬的自然对数作为高管薪酬的考察指标。为增强稳健性，我们还选取年报中的"薪酬最高的前三位董事"和"现任公司董事、监事及高级管理人员"作为高管进行了研究，同样的，分别取其平均现金薪酬的自然对数作为高管薪酬的衡量指标。普通员工薪酬，则根据"应付职工薪酬"（减去"现任公司董事、监事及高级管理人员"的薪酬总额）与员工人数（减去"现任公司董事、监事及高级管理人员"）等信息计算得到。

解释变量：$lnPerformance_{i,t}$ 指公司业绩，是上市公司年度业绩的自然对数。借鉴方军雄（2011）、辛清泉等（2007）的做法，我们分别选取剔除非经常性损益后的净利润 $EBIT_{i,t}$ 和净利润 $NI_{i,t}$ 作为业绩的变量。这样做的目的是与我国上市公司所发布的股权激励计划和已经实施股权激励计划中的业绩参考相一致。$D_{i,t}$ 为业绩变量，企业业绩下降时，取 1，否则为 0。$Manger_{i,t}$ 为企业的权力变量，企业高管取 1，普通员工取 0。

此外我们还控制了以下变量：（1）企业的财务状况。$lnRevenue_{i,t}$ 为企业规模，取企业年度销售收入的自然对数；$Lev_{i,t}$ 为资产负债率，即用企业年末长期负债除以企业总资产。（2）公司的董事会特征。$Dual_{i,t}$ 表示两职分离，当董事长兼任总经理时，取 1，否则为 0；$Indd_{i,t}$ 表示董事会独立性，即独立董事在董事会的比重。此外，我们在模型中控制了行业虚拟变量和年度变量。

为验证不同性质企业内部的薪酬尺蠖效应，我们需要分别对业绩上升和业绩下降两种情形进行回归，如果业绩上升时 β_5 回归系数显著为正而业绩下降时 β_6 回归系数上不显著，则表明我国上市公司存在着弱薪酬变动的"尺蠖效应"；如果模型中 β_6 和 β_8 回归的系数都显著为正，说明企业业绩上升时，高管通过权力使得自身的薪酬增幅高于普通员工，而企业业绩下降时，高管又通过权力来使得自身的薪酬减少幅度少于普通员工，这意味着上市公司存在强薪酬变动"尺蠖效应"。某类企业的 β_6 和 β_8 的值越大，则说明该类型企业内部的薪酬"尺蠖效应"越显著，内部权力结构越失衡。

（二）数据来源与描述性统计

本文研究中的企业高管和员工的薪酬数据、公司特征数据均来自深圳国泰安信息技术有限公司开发的中国股票市场研究数据库，并抽样与上市公司发布的年度报告进行核对和更正。

考虑到中国上市公司高管薪酬信息披露从 2001 年开始逐渐规范以及研究的时效性等特点，我们先选取 2004 年至 2012 年全部 244 家央企上市公司作为研究的初始样本。初始样本数为 2196 个，然后按照如下标准逐步加以剔除：高管或员工薪酬数据缺失的央企上市公司；与年报信息不符合的央企上市公司，最后一共得到 2057 个样本。这就是本文央企研究的基础实证数据。

此外，参照其他学者对于我国垄断企业和垄断行业的研究，选择 15 个行业归入国有垄断行业的范围中。这 15 个行业大类分别是：电信和其他信息传输服务业；银行业；航空运输业；黑色金属冶炼及压延加工业；石油加工、炼焦及核原料加工业；铁路运输业；电力、热力的生产和供应业；地质勘查业燃气生产和供应业；炼焦及核原料加工业；水的生产和供应业；证券业；管道运输业；邮政业；石油和天然气开采业；烟草制品业。再从央企上市公司中选取这 15 个垄断行业的上市企业，一共有 97 家垄断型的央企上市企业，得到表 1。

表 1　垄断央企上市公司的相关变量的描述性统计结果

变量	样本数	均值	标准差	25%	中位数	75%
经理 $Pay_{i,t}$	825	593689.08	769098.04	214700	389600	678150.66
董事 $Pay_{i,t}$	756	444735.66	700662.08	126560	255587.18	516920
高管 $Pay_{i,t}$	801	217285.01	279316.72	74710.06	136300	247839.4
员工 $Pay_{i,t}$	801	184658.21	1520176.1	23784.25	48740	97156.55
$Dual_{i,t}$	812	0.91	0.29	0	1	1
$Indd_{i,t}$	813	40.35%	0.05	37.66%	37.66%	41.09%
$\ln Revenue_{i,t}$	794	24.67	1.95	23.36	24.33	25.74
$Lev_{i,t}$	817	59.84%	0.24	42.57%	59.82%	76.55%
$\ln NI_{i,t}$	722	21.54	2.35	19.89	21.33	23.02
$\ln EBIT_{i,t}$	650	21.46	2.37	19.81	21.19	22.96
$D_{i,t}$	817	0.44	0.54	0	0	1
$D_{i,t}1$	817	0.46	0.54	0	0	1

注：经理 $Pay_{i,t}$ 为"薪酬最高的前三位高级管理人员"的年度平均薪酬；董事 $Pay_{i,t}$ 为"薪酬最高的前三位董事"的年度平均薪酬；高管 $Pay_{i,t}$ 为"现任公司董事、监事及高级管理人员"的年度平均薪酬；$D_{i,t}$ 为扣除非经营性损益后的净利润，其下降为 1，否则为 0；$D_{i,t}1$ 为净利润，其下降为 1，否则为 0（下表同）。再从央企上市公司中选取非垄断央企上市公司，得到表 2。

表 2　非垄断央企上市公司的相关变量的描述性统计结果

变量	样本数	均值	标准差	25%	中位数	75%
经理 $Pay_{i,t}$	1216	479049.82	636253.84	172900	313768	546121.33
董事 $Pay_{i,t}$	1144	359760.02	579638.63	101920	205826.83	416279.5
高管 $Pay_{i,t}$	1213	175780.69	231071.11	60164.74	109548	199587.47
员工 $Pay_{i,t}$	1213	164079.36	1257596.09	19153.69	39252.41	78241.12

（续　表）

变量	样本数	均值	标准差	25%	中位数	75%
$Dual_{i,t}$	1222	0.94	0.24	0	1	1
$Indd_{i,t}$	1219	32.62%	0.05	30.33%	30.33%	33.37%
$\ln Revenue_{i,t}$	1204	19.96	1.61	18.8	19.59	20.73
$Lev_{i,t}$	1240	48.43%	0.2	0.34	0.48	0.62
$\ln NI_{i,t}$	1094	17.42	1.94	16.02	17.18	18.54
$\ln EBIT_{i,t}$	986	17.36	1.97	15.95	17.06	18.49
$D_{i,t}$	1240	0.39	0.46	0	0	1
$D_{i,t}1$	1240	0.36	0.46	0	0	1

然后，我们选取 2004 年至 2012 年全部 703 家中小板上市公司作为研究的初始样本。初始样本数为 2307 个，同样按照如下标准逐步加以剔除：高管或员工薪酬数据缺失的中小板上市公司；与年报信息不符合的中小板上市公司。最后一共得到 2307 个样本，这就是本文中小企业研究的基础实证数据（见表 3）。

表 3　中小板上市公司变量的描述性统计结果

变量	样本数	均值	标准差	25%	中位数	75%
经理 $Pay_{i,t}$	2307	395168.76	338762.42	190726.67	310833.33	493416.67
董事 $Pay_{i,t}$	2307	398393.95	328738.79	190850	306666.67	491930
高管 $Pay_{i,t}$	2293	163590.54	128007.87	83281.43	132010	204064.71
员工 $Pay_{i,t}$	2307	41081.95	283851.7	34552.18	48144.69	65269.3
$Dual_{i,t}$	2307	0.39	0.49	0	1	1
$Indd_{i,t}$	2293	36.88%	0.05	33.33%	33.33%	40%
$\ln Revenue_{i,t}$	2307	21.58	1	20.88	21.56	22.19
$Lev_{i,t}$	2307	34.40%	0.19	18.93%	32.72%	47.94%
$\ln NI_{i,t}$	2219	18.1	1.09	17.52	18.09	18.76
$\ln EBIT_{i,t}$	2154	17.99	1.11	17.41	17.99	18.67
$D_{i,t}$	2307	0.42	0.49	0	0	1
$D_{i,t}1$	2307	0.41	0.49	0	0	1

观察描述性数据，可以发现无论是垄断央企、非垄断央企还是中小板企业，其内部薪酬差距的基本趋势是一致的。但是对比可以发现：一是央企员工收入远高于中小板企业和社会平均水平。垄断央企和非垄断央企的员工平均薪酬远高于中小板企业员工的平均薪酬，央企员工的平均薪酬超过 16 万元，中小板企业员工的平均薪酬仅为 4.1 万元左右；而 2012 年，全国城镇非私营单位在岗职工年平均工资为 4.24 万元，城镇私营单位职工年均工资则仅为 2.88 万元。二是垄断央企里员工的平均薪酬为高管的 84.98%，非垄断央企里这一比值为 93.34%，而中小板企业里则为 25.11%。这说明，央企里高管和员工之间的薪酬差并不是很大，而中小板上市公司里，则相差比较大。不过，就中位数而言，垄断央企里员工薪酬为高管薪酬的 35.76%，非垄断央企这一数值为 35.83%，而中小板企业里则为 36.46%，这一数据和央企的却较为相近，这说明在中小企业，普通员工之间的薪酬差异更大。那么，我们能否就此得出：非垄断央企的内部权力结构更均衡，而中小板上市公司里的内部权力结构则存在较严重的失衡？为确认这个判断，我们需要进一步以这三种类型企业的高管薪酬变动"尺蠖效应"来进行比较验证。

四、实证结果与分析

参考方军雄（2011），我们首先进行了不同的定义下高管与普通员工薪酬变动的单变量统计检验结果。实证结果显示[①]，在三类企业里，无论是采取"薪酬最高的前三位高级管理人员""薪酬最高的前三位董事"，还是"现任董事、监事及高级管理人员"等定义下的高管，在业绩上升时，企业高管薪酬的增加幅度都显著高于普通员工的增加幅度。而在业绩下降的情况下，高管与普通员工的薪酬却仍然没有出现下降，这表明我国三类企业里的薪酬存在明显的整体刚性特征。不过，这不是本文的分析重点。我们的重点是比较验证三类企业里的薪酬"尺蠖效应"的存在与否，以及其程度如何。

因此，下一步，我们根据模型（8），分别在业绩上升和业绩下降两种情况来比较检验不同类型企业的内部的"尺蠖效应"。模仿方军雄（2011）的做法，我们分别以 $EBIT_{i,t}$

---

① 限于篇幅，这里不给出具体的实证结果表。感兴趣的读者，可以向作者索要。

和 $NI_{i,t}$ 作为业绩的变量，以薪酬最高的前三位董事和"现任公司董事、监事及高级管理人员"作为高管变量来展开比较实证分析。

（一）基于不同变量的比较实证结果

1. 以 $EBIT_{i,t}$ 为业绩变量的比较实证

表 4 显示，以 $EBIT_{i,t}$ 为业绩变量，在控制了其他影响薪酬变动的因素后，在业绩上升的情况下，三类企业的权力虚拟变量 $Manger_{i,t}$ 的回归系数 β_6 都明显大 0；而在业绩下降的情况下，权力虚拟变量 $Manger_{i,t}$ 回归系数符号为正，然而它在统计上并不显著；

表 4　以 $EBIT_{i,t}$ 为业绩变量的比较实证结果

变量	垄断央企			非垄断央企			中小板上市公司		
	业绩上升	业绩下降	综合	业绩上升	业绩下降	综合	业绩上升	业绩下降	综合
$Cons\,tant$	0.288	0.117	0.274	0.223	0.074	0.182	0.232	0.073	0.167
	(2.453**)	−0.854	(2.875**)	(2.037**)	−0.713	(2.362**)	(2.177**)	−0.758	(2.354**)
$Dual_{i,t}$	0.042	0.023	0.018	0.02	0.017	0.007	0.017	0.011	0.004
	−0.183	−0.856	−0.589	−0.157	−0.832	−0.551	−0.094	−0.653	−0.572
$Indd_{i,t}$	−0.019	−0.036	−0.031	−0.034	−0.046	−0.038	−0.046	−0.078	−0.069
	(−0.267)	(−0.418)	(−0.473)	(−0.347)	(−0.457)	(−0.516)	(−0.415)	(−0.592)	(−0.735)
$\ln Revenue_{i,t}$	−0.009	−0.007	−0.008	−0.014	−0.009	−0.013	−0.025	−0.037	−0.031
	(−1.741**)	(−1.764**)	(−2.347**)	(−2.315**)	(−1.933**)	(−2.576**)	(−2.81**)	(−2.171**)	(−2.916**)
$Lev_{i,t}$	−0.001	0	−0.001	−0.002	0	−0.001	−0.001	0	−0.001
	(−0.161)	−0.013	(−0.203)	(−0.217)	−0.008	(−0.256)	(−0.23)	−0.008	(−0.364)
$\ln Performance_{i,t}$	0.01	0.01	0.01	0.01	0.008	0.009	0.008	0.009	0.008
	−1.773	(1.852*)	(2.276**)	−1.483	(1.63*)	(2.045**)	−1.43	(1.53*)	(2.057**)
$Manger_{i,t}$	0.15	0.024	0.18	0.094	0.018	0.1	0.073	0.011	0.071
	(8.839***)	−1.223	(8.275***)	(8.215***)	−1.137	(8.126***)	(8.379***)	−1.033	(8.077***)
$D_{i,t}$	—	—	−0.003	—	—	−0.007	—	—	−0.007
			(−0.271)			(−0.436)			(−0.218)
$D_{i,t} \times Manger$	—	—	−0.057	—	—	−0.069	—	—	−0.088
			(−4.131**)			(−4.375**)			(−4.725***)
$Industry_{i,t}$	控制	控制	控制	控制	控制	控制	控制	控制	控制
$Year_{i,t}$	控制	控制	控制	控制	控制	控制	控制	控制	控制
$AdjR^2$	0.037	0.017	0.038	0.023	0.009	0.021	0.018	0.005	0.016
F	5.433***	2.348***	7.296***	5.187***	2.152***	7.074***	5.183***	2.019***	7.163***
N	653	411	1064	865	545	1410	1314	840	2154

交叉项 $D_{i,t} \times Manger_{i,t}$ 的回归系数显著为负。这表明业绩上升时高管的薪酬增幅比普通员工要更高，而在业绩下降时高管的薪酬增幅并没有比普通员工低，这说明三类企业都存在着弱薪酬变动"尺蠖效应"。对比三类企业的综合系数，在业绩出现波动1%时，垄断央企高管得到的薪酬增幅为39.4%，非垄断央企高管的增幅为20.6%，而中小板企业这一数值则为14.3%。[①] 很明显，垄断央企的薪酬"尺蠖效应"要高于非垄断央企，非垄断央企的"尺蠖效应"要远高于中小板企业。这表明，垄断央企的内部权力结构更失衡。

2. 以 $NI_{i,t}$ 为业绩变量的比较实证

表5显示，以 $NI_{i,t}$ 为业绩变量时，三类企业都存在着弱薪酬变动"尺蠖效应"。对

表5 以 $NI_{i,t}$ 为业绩变量的比较实证结果

变量	垄断央企			非垄断央企			中小板上市公司		
	业绩上升	业绩下降	综合	业绩上升	业绩下降	综合	业绩上升	业绩下降	综合
Cons tant	0.171	0.182	0.187	0.147	0.135	0.153	0.103	0.09	0.098
	(1.83*)	−1.266	(2.319**)	(1.526*)	(1.136*)	(2.146**)	(1.47*)	−1.127	(2.238**)
$Dual_{i,t}$	0	0	0	0	0	0.001	0	0	0
	−0.015	(−0.012)	−0.072	−0.013	(−0.012)	−0.058	−0.012	(−0.007)	−0.042
$Indd_{i,t}$	−0.015	−0.037	−0.029	−0.023	−0.047	−0.037	−0.052	−0.083	−0.047
	(−0.225)	(−0.436)	(−0.372)	(−0.256)	(−0.476)	(−0.482)	(−0.389)	(−0.618)	(−0.526)
ln $Revenue_{i,t}$	−0.012	−0.016	−0.013	−0.012	−0.022	−0.015	−0.027	−0.051	−0.038
	(−2.157**)	(−2.277**)	(−2.931**)	(−2.239**)	(−2.742**)	(−3.361**)	(−2.583**)	(−2.963**)	(−3.523**)
$Lev_{i,t}$	0.003	0.035	0.019	0.001	0.028	0.014	0.001	0.029	0.011
	−0.157	−1.369	−0.292	−0.128	−1.223	−0.285	−0.134	−1.125	−0.187
ln $Perfermance_{i,t}$	0.015	0.016	0.015	0.013	0.014	0.014	0.01	0.011	0.011
	(2.783***)	(2.452***)	(3.357***)	(2.473***)	(2.258***)	(3.117***)	(2.217***)	(2.132***)	(3.015***)
$Manger_{i,t}$	0.078	−0.007	0.076	0.068	−0.011	0.071	0.067	−0.011	0.071
	(9.245**)	(−0.802)	(9.457***)	(9.143***)	(−0.836)	(9.235***)	(8.214***)	(−0.873)	(9.171***)
$D_{i,t}$	—	—	0.007	—	—	0.005	—	—	0.004
			−0.438			−0.453			−0.327
$D_{i,t} \times Manger_{i,t}$	—	—	−0.084	—	—	−0.086	—	—	−0.113
			(−6.028***)			(−6.326***)			(−6.514***)
$Industry_{i,t}$	控制	控制	控制	控制	控制	控制	控制	控制	控制
$Year_{i,t}$	控制	控制	控制	控制	控制	控制	控制	控制	控制
$AdjR^2$	0.023	0.012	0.026	0.014	0.008	0.013	0.015	0.008	0.016
F	5.742***	2.218***	7.803***	5.572***	2.147***	7.633***	5.543***	2.137***	7.533***
N	655	407	1062	965	600	1565	1314	868	2209

① 计算过程为：0.274+0.18−0.003−0.057=0.394（垄断央企），0.182+0.1−0.007−0.069=0.206（非垄断央企），0.167+0.071−0.007−0.088=0.143（中小板企业）。

比三类企业的综合系数，在业绩出现波动 1% 时，垄断央企高管的薪酬增幅为 18.6%，非垄断为 14.3%，而中小板企业仅为 6%。很明显，垄断央企的薪酬"尺蠖效应"要高于非垄断央企和中小板企业。这表明，以 $NI_{i,t}$ 为业绩变量衡量的垄断央企内部权力结构也更为失衡。

3. 以薪酬最高的前三位董事作为高管变量的比较实证

表 6 的结果与表 4、表 5 基本一致，表明三类企业里都存在薪酬"尺蠖效应"。对比分析显示，业绩波动 1% 时，中小板企业前三位董事的薪酬增幅为 20.6%，垄断央企为 34.8%，非垄断央企为 25.2%。这表明，在垄断央企里薪酬最高的前三位董事相对权力最大，非垄断央企次之，中小板企业为最小。

表 6　以薪酬最高的前三位董事作为高管变量的比较实证结果

变量	垄断央企			非垄断央企			中小板上市公司		
	业绩上升	业绩下降	综合	业绩上升	业绩下降	综合	业绩上升	业绩下降	综合
Cons tan$t$	0.338	0.145	0.315	0.307	0.124	0.248	0.298	0.123	0.236
	(2.625**)	−0.875	(3.219***)	(2.457**)	−0.843	(3.136***)	(2.433**)	−0.754	(2.832***)
$Dual_{i,t}$	−4.02E−05	0.023	0.007	−4.23E−05	0.016	0.004	−4.74E−05	0.015	0.003
	(−0.016)	−0.083	−0.548	(−0.024)	−0.069	−0.379	(−0.036)	−1.12	−0.425
$Indd_{i,t}$	−0.133	−0.086	−0.11	−0.189	−0.117	−0.148	−0.231	−0.156	−0.162
	(−1.138)	(−0.711)	(−1.265*)	(−1.653)	(−0.847)	(−1.457*)	(−1.875)	(−0.914)	(−1.983*)
ln $Revenue_{i,t}$	−0.014	−0.009	−0.011	−0.017	−0.011	−0.014	−0.019	−0.011	−0.016
	(−2.031***)	(−1.279)	(−1.892***)	(−2.133***)	(−1.453)	(−2.176***)	(−2.137***)	(−1.729)	(−2.774***)
$Lev_{i,t}$	0.135	0.014	0.068	0.089	0.011	0.049	0.097	0.011	0.051
	(3.237***)	−0.496	(2.573***)	(3.057***)	−0.345	(2.329***)	(3.136***)	−0.376	(2.358***)
ln $Perfermance_{i,t}$	0.013	0.007	0.011	0.01	0.004	0.007	0.01	0.005	0.009
	(1.946**)	−1.139	(2.233**)	(1.756**)	−1.074	(2.139**)	(2.031**)	−1.024	(2.137**)
$Manger_{i,t}$	0.073	0.009	0.072	0.057	0.005	0.055	0.053	0.006	0.052
	(6.357***)	−0.459	(6.538***)	(6.156***)	−0.437	(6.241***)	(6.218***)	−0.445	(6.357***)
$D_{i,t}$	—	—	0.013	—	—	0.007	—	—	0.003
			−0.865			−0.734			−0.311
$D_{i,t} \times Manger_{i,t}$	—	—	−0.052	—	—	−0.058	—	—	−0.085
			(−3.116***)			(−3.367***)			(−3.973***)
$Industry_{i,t}$	控制	控制	控制	控制	控制	控制	控制	控制	控制
$Year_{i,t}$	控制	控制	控制	控制	控制	控制	控制	控制	控制
$AdjR^2$	0.023	0.025	0.024	0.011	0.01	0.011	0.011	0.009	0.012
F	3.425***	2.187***	4.836***	3.147***	2.031***	4.645***	3.255***	2.124***	5.082***
N	605	380	985	915	575	1490	1844	1160	3004

4. 以现任公司董事、监事及高级管理人员作为高管变量的比较实证

表7的结果与表4、表5、表6基本一致，表明三类企业里都存在薪酬"尺蠖效应"。同时，对比分析显示，业绩波动1%时，中小板企业里现任公司董事、监事及高级管理人员等高管的薪酬增幅为18.6%，垄断央企为25.7%，非垄断央企为21.4%。这同样表明，垄断央企的内部权力结构更失衡，中小板企业的失衡程度相对较轻，非垄断央企则介于二者之间。

表7　以现任公司董事、监事及高级管理人员作为高管变量的比较实证结果

变量	垄断央企			非垄断央企			中小板上市公司		
	业绩上升	业绩下降	综合	业绩上升	业绩下降	综合	业绩上升	业绩下降	综合
$\text{Cons tan}t$	0.243	0.134	0.259	0.214	0.115	0.232	0.217	0.117	0.233
	(2.357**)	-0.862	(2.861**)	(2.149**)	-0.879	(2.531**)	(2.115**)	-0.754	(2.635***)
$Dual_{i,t}$	-0.001	0.032	0.013	-0.003	0.023	0.011	-0.001	0.026	0.008
	(-0.068)	-1.425	-0.757	(-0.089)	-1.257	-0.713	(-0.153)	-1.258	-0.531
$Indd_{i,t}$	-0.098	-0.024	-0.047	-0.112	-0.045	-0.064	-0.142	-0.074	-0.127
	(-1.408)	(-0.391)	(-1.005)	(-1.673)	(-0.438)	(-1.102)	(-1.26)	(-0.645)	(-1.814)
$\ln Revenue_{i,t}$	-0.013	-0.005	-0.006	-0.016	-0.009	-0.011	-0.021	-0.01	-0.017
	(-2.149***)	(-1.197)	(-2.164***)	(-2.375***)	(-1.359)	(-2.426***)	(-2.33***)	(-1.835)	(-2.643***)
$Lev_{i,t}$	0.127	0.009	0.059	0.097	0.004	0.047	0.097	0.005	0.047
	(3.282***)	-0.284	(2.975***)	(3.238***)	-0.243	(2.756***)	(3.491***)	-0.252	(3.025***)
$\ln Perfermance_{it}$	0.012	0.002	0.006	0.01	0.001	0.004	0.007	0.001	0.004
	(1.943***)	-0.275	(1.427*)	(1.836***)	-0.248	(1.356*)	(1.925***)	-0.297	(1.182*)
$Manger_{i,t}$	0.042	-0.015	0.036	0.035	-0.024	0.033	0.028	-0.017	0.036
	(4.356***)	(-1.432***)	(4.458***)	(4.248***)	(-1.573***)	(4.253***)	(4.259***)	(-2.147***)	(4.317***)
$D_{i,t}$	—	—	0	—	—	0			0
			-0.093			-0.083			-0.013
$D_{i,t} \times Manger_{i,t}$	—	—	-0.038	—	—	-0.051			-0.083
			(-3.574***)			(-3.769***)			(-4.727***)
$Industry_{i,t}$	控制	控制	控制	控制	控制	控制	控制	控制	控制
$Year_{i,t}$	控制	控制	控制	控制	控制	控制	控制	控制	控制
$AdjR^2$	0.018	0.013	0.015	0.014	0.011	0.013	0.013	0.008	0.015
F	3.982***	2.217***	6.253***	3.795***	2.157***	5.758***	4.238***	2.146***	6.073***
N	662	410	1072	973	603	1576	1850	1148	2998

（二）对比较实证结果的解释

第三部分的统计描述发现，垄断央企里员工的平均薪酬为高管的 84.98%，非垄断央企里这一比值为 93.34%，而中小板企业里则仅为 25.11%。从收入差距的绝对值看，似乎表明，中小板企业的内部权力最为失衡，非垄断央企的内部权力最为均衡。然而，第四部的比较实证结果却表明，垄断央企的内部权力结构更失衡，中小板企业的失衡程度相对较轻，非垄断央企则介于二者之间。这两种结论间似乎存在矛盾！我们到底应该取哪一种结论，并给出可信的解释呢？

根据已有研究（方军雄，2009a，2011；辛清泉、谭伟强，2009）和前文所述，我们应该以企业内部的薪酬"尺蠖效应"而非薪酬的绝对值差作为判别企业内部权力结构的标准和替代量度指标。这是因为：

一是垄断央企和非垄断央企内部薪酬绝对值差受历史和外部制度影响较大，而中小板企业内部薪酬绝对值差则主要是由劳动力市场供求状况等因素所决定，它们更多是外部力量作用而非内部权力博弈的结果。作为国有企业，垄断央企和非垄断央企的高管薪酬主要是由国资委来确定，高管们很难依仗自己的权力为自己定一个远高于员工的薪酬；而且，国资委也一直强调要缩小普通员工与高管的薪酬差，并出台了多项限制高管薪酬、抑制企业内部薪酬差的制度举措；同时，由于历史原因，员工相对于高管的薪酬起点并不低，加上国企内部的劳动力市场并没有完全市场化，其薪酬制定也在某种程度上有着"不患寡而患不均"的计划体制遗留。作为中小板企业，高管和普通员工的薪酬主要由市场供求关系所决定，其绝对值相差大更多地是体现了高管群体的稀缺性和边际贡献大、普通员工群体的过剩和边际贡献小这一事实。[①]

二是"尺蠖效应"所体现的是一种相对的、趋势性的薪酬变化：当企业提薪时，高管薪酬的增幅大于普通员工薪酬的增幅，而当企业业绩下降或其他情况而需要减薪时，高管没有被减薪或者其减薪幅度低于普通员工，甚至出现逆势增长的状况。这就说明，在企业内部的博弈中，高管掌握了企业内部大部分的资源配置权力（张军、王祺，2004），从而决定了普通员工在薪酬谈判中处于不平等地位和弱势地位，进而使得普通员工只能成为薪酬方案的被动接受者，在薪酬变动时，处于弱势地位（郭正模等，

---

① 事实是，在我国，民营企业里的打工者等普通员工，由于供大于求，其薪酬在很长时间里几乎没有增长；不过，2008 年后，由于供求关系的逆转，打工者等普通员工的薪酬有着较快的增长。

2006）。因此，"尺蠖效应"所刻画的相对的、趋势性的薪酬变化状况正是企业内部权力结构的反映：高管权力越大，越有能力推动薪酬向着有利于自己的方向分配。所以，我们可以判断，垄断央企的薪酬"尺蠖效应"最大、中小板企业的薪酬"尺蠖效应"最小，恰好就说明垄断央企的内部权力结构不对称程度最高、中小板企业相对最低。

三是就薪酬收入而言，它是普通员工的主要收入来源，但只是高管们收入的一部分。比较垄断央企、非垄断央企和中小板企业，我们可以发现，垄断央企的高管们享有远高于非垄断央企和中小板企业的非薪酬性收入。这是因为，中小板企业多数是市场化的企业，它们所掌握的垄断性资源较少，而且私人性的股东也不允许其高管们利用权力自肥。然而，对垄断央企而言，其高管们掌握着巨大的资源性和经营性权力，加之对国企的监督又非常困难，因此，他们常常可以将权力租金化和变现化；非垄断央企则介于两者之间，既有市场化的因素，又患有国企难以监督之病。[1]因此，三类企业里，员工和高管间的薪酬绝对差并不是一个能很好地刻画他们之间真实收入差和权力结构状况的有效变量。而薪酬变动的"尺蠖效应"和非薪酬性的"灰色收入"却可以很好地作为高管权力的替代性量度指标（王小鲁，2008）。

五、降薪的局限和作用

2014年8月，中央政治局会议通过《中央管理企业负责人薪酬制度改革方案》，部署央企主要负责人薪酬制度改革。此后，有关报道称央企、国有金融企业主要负责人的薪酬将削减到现有薪酬的30%左右，削减后不能超过年薪60万元。这一决议及相关报道引发了社会的广泛关注和争论。然而，我们认为，基于以下理由，在当前形势下，单纯的降薪面临着多个方面的局限，更好的改革举措应该是降薪和限权同时展开：

一是央企高管的薪酬相对于民企高管来说，并不是太高。表1、表2和表3表明，在2004年至2012年间，垄断央企的经理、董事和高管的平均薪酬分别为593689元、444735元、217285元，非垄断央企分别为479049元、359760元、175780元，而中小板企业则为479049.82元、359760.02元、175780.69元，三类企业的高管薪酬差距不大。

---

① 国企高管们的巨额薪酬外收入，可以从王小鲁所发布的"灰色收入报告"以及反腐败中被查高管们的巨额财产中看出一二。

此外，对比央企和外资企业，也可以发现央企高管的平均薪酬要低很多。[1] 真正差距大的是三类企业里普通员工的薪酬，央企普通员工的平均薪酬是中小板企业普通员工平均薪酬的四五倍，也是社会城镇职工平均薪酬的四五倍。换言之，导致社会收入分配问题的核心根源在于央企与民企间普通员工的薪酬差！

二是央企高管与普通员工间的薪酬差相对于其他企业而言并不是很大。表1、表2和表3表明，垄断央企高管的平均薪酬是员工的 1.177 倍，非垄断央企这一数值是 1.071 倍，但中小板企业里则高达 3.982 倍。从这一点而言，对央企高管降薪以减少央企内部高管与普通员工之间的薪酬差，似乎作用不大。

三是权力结构是因，收入分配是果。央企里的最大问题是权力失衡和对高管监督不够。薪酬"尺蠖效应"的比较实证结果表明，垄断央企里的内部权力失衡程度最高，非垄断央企其次，中小板企业最低。而且，由于价值取向、监督主体、收入和支出的隐蔽性、委托代理、合谋等方面的问题，使得对央企，尤其是对垄断性央企的监督要远难于对中小板企业的监督（唐志军，2014）。[2] 正是其内部权力失衡和外部监督不够，导致央企高管们可以通过各种形式来攫取权力租金，如：在职消费（像中石化原总经理陈同海那样，每天的消费额不低于 10 万元），侵吞国资（像宋林等多位被查央企高管那样，大肆侵吞国资），收受贿赂（像中石油、中移动、中石化、中集集团等央企里的多位高管那样，大肆收受贿赂）……而这样的收入差距是无法反应在统计描述表的平均薪酬里的。而且，腐败高管的薪酬外收入要远远高于其薪酬收入。因此，靠降薪来消弭央企高管与普通员工间的收入差，可能作用有限。

四是在权力不受限制下，对央企高管们降薪会带来一系列的激励扭曲。理论研究表明，权力结构越失衡，权力租金则越大，高管们就越有激励和冲动去变现其权力租金，由此，腐败也就越严重。而且，权力有个特性，即只要存在权力租金，它总会寻找变现

---

① 根据法国统计局的数据，2009 年，法国私营企业和有政府参股企业高管平均年薪为 95666 欧元；据美国统计局资料，2010 年，美国上市公司里的高管平均年薪则超过 15 万美元；在中国的外资企业里，其高管的平均年薪也高达万元。

② 唐志军（2014）论证到，由于五个方面的原因，使得监督国企比监督政府更难：在价值取向上，相比政府，国有企业的经营目标更趋盈利性，而非公益性；在监督主体和制度上，相比政府，国有企业的监督主体更少、监督制度更不完善；在收入和支出上，相比政府，国有企业的收入和花钱方式更隐晦、更具操控性；在信息方面，相比政府，国有企业的委托代理链条更长，信息更容易被私利化；在合谋方面，相比政府，国有企业更容易俘获政府官员，组成利益联盟。这同样也是央企比民企更难监督高管的原因。

的方式。在央企里，如果高管们的权力不受制约，如果他们手上还依然掌握着巨额的资源、巨大的投资权，如果他们的权力行使不公开化透明化，此时，却要降低他们的薪酬，那他们就会另找渠道来变现其权力租金。这样一来，就会导致更严重的腐败、更大的资源浪费和更无效的项目投资；或者，迫使他们将更多的精力用于政治升迁之途，而非企业经营管理和业绩改善中；或者，迫使他们跳槽到外企和民企，导致人才流失。

所以，就中国当前的央企改革而言，最重要的是对央企及其高管限权，包括打破垄断、进一步推进市场化、建立严格透明的财务制度、严格项目审核、减少其资源控制量、严肃其用人和提拔纪律等等。然而，这样的改革，牵涉面太广、遇到的阻力很大。因此，改革的突破口、步骤、路线图和策略就非常重要。在当前的改革约束面前，降低央企高管的薪酬，虽然不是最优的选择，但也可能是一种次优中的最优选项。通过降薪，不仅可以减小收入分配不公，也有可能撬动改革、减小改革成本和引导改革预期，使后续的限权改革更容易推进。欣慰的是，中央已经认识到这一问题，在对央企高管限薪的同时，开始着手削减和限制他们的权力，包括出台《关于合理确定并严格规范中央企业负责人履职待遇、业务支出的意见》等。

六、结 论

权力结构决定着企业内部的收入分配，高管与普通员工间权力越失衡，其收入分配差距就越大。高管薪酬变动"尺蠖效应"是验证企业权力结构影响收入分配的有效替代量度工具。通过对比垄断央企、非垄断央企和中小板企业的高管薪酬"尺蠖效应"，我们可以发现，就企业内部的权力结构而言，垄断央企最失衡，中小板企业相对比较均衡，非垄断央企则介于两者之间。我们认为，限制和削减央企高管的权力，可能远比降低央企高管薪酬更好。因为降薪不仅会降低央企高管的工作积极性，也会带来一系列扭曲，而限权则不仅会从根本上改善央企内部的收入分配状况，也会抑制央企高管的腐败，更有助于消弭央企与其他类型企业间的薪酬差。但是，考虑到改革的阻力和可行性，在当前状态下，降薪作为限权的一部分和作为改革的突破口仍然具有很大意义。因此，我们建议中央政府，应在降薪的同时，加快改革央企的内外部权力结构，包括：加快央企的市场化改革，打破央企垄断，建立合理的外部权力结构；加快央企内部权力结构改革，削减高管权力，建立科学有效的内部权力制约机制。这样，我们才能得到一个既有市场效率和竞争力，又有内部清廉和公平性的央企。

参考文献

［1］　达龙·阿西莫格鲁，詹姆斯·罗宾逊，2008，《政治发展的经济分析——专制和民主的经济起源》，马春文译，上海：上海财经大学出版社。

［2］　方军雄，2009，"我国上市公司高管的薪酬存在粘性吗？"，《经济研究》，第3期。

［3］　方军雄，2011，"高管权力与企业薪酬变动的非对称性"，《经济研究》，第4期。

［4］　黄惠青，1999，"对个人收入分配不公问题的思考"，《当代财经》，第8期。

［5］　黄群慧，2006，"管理腐败新特征与国有企业改革新阶段"，《中国工业经济》，第11期。

［6］　赖永添，2005，"改革与完善企业职工收入分配制度"，《财务与会计》，第10期。

［7］　李增泉，刘凤委，于旭辉，2002，"制度环境、控制权私利与流通权价值——来自我国上市公司股权分置改革的证据"，《会计与经济研究》，第1期。

［8］　刘星，徐光伟，2012，"政府管制、管理层权力与国企高管薪酬刚性"，《经济科学》，第2期。

［9］　卢锐，2007，"管理层权力、薪酬差距与绩效"，《南方经济》，第7期。

［10］　卢锐，2008，"管理层权利、薪酬与业绩敏感性分析——来自上市公司的经验数据"，《当代财经》，第7期。

［11］　秦晖，2009，"美国的病因，中国的良药：破除两种尺蠖效应互动——全球经济危机的缘由及根本解决之道"，《南方周末》，4月30日。

［12］　秦晖，2004，"中国能否走出'尺蠖效应'的怪圈？——从'郎旋风'看国企改革的困境与经济学的窘境，爱思想网，http://www.aisixiang.com/data/4117.html。

［13］　秦晖，2008，"尺蠖效应与改革的调整"，《南方周末》，2月21日。

［14］　唐志军，谌莹，向国成，2013，"权力结构、强化市场型政府和中国市场化改革的异化"，《南方经济》，第10期。

［15］　唐志军，2013，"权力结构、租、权力斗争及其经济绩效"，中国经济学年会，成都。

［16］　王克敏，王志超，2007，"高管控制权、报酬与盈余管理——基于中国上市公司的实证研究"，《管理世界》，第7期。

［17］　王怀明，史晓明，2009，"高管—员工薪酬差距对企业绩效影响的实证分析"，《经济与管理研究》，第8期。

［18］　吴清军，2010，"国企改制中工人的内部分化及其行动策略"，《社会》，第11期。

［19］　辛清泉，谭伟强，2009，"市场化改革、企业业绩与国有企业经理薪酬"，《经济研究》，第11期。

［20］　杨瑞龙，周业安，2000，《企业的利益相关者理论及其应用》，北京：经济科学出版社。

［21］　约伦·巴泽尔，"考核费用与市场组织"，陈郁译，1996，《企业制度与市场组织：交易费用经济学文选》，上海：上海人民出版社。

［22］　张必武，石金涛，2005，"董事会特征、高管薪酬与薪绩敏感性——中国上市公司的经验分析"，《管理科学》，第8期。

［23］　张屹山，于维生，2010，"经济权力结构与生产要素最优配置"，《经济研究》，第6期。

［24］　张正堂，2008，"企业内部薪酬差距对组织未来绩效影响的实证研究"，《会计研究》，第9期。

［25］　中国统计年鉴，2000—2013。

［26］　Bebehuk, L. A. and J. M. Fried, 2004, *Pay Without Performance: The Unfulfilled Promise of Executive Compensation*, Cambridge: Harvard University Press, pp. 189-195.

94

[27] Bebehuk, L., Fried, J., and Walker, D., 2002, "Managerial Power and Rent Extraction in the Design of Executive Compensation", *University of Chicago Law Review*, 69(3): 751-846.

[28] Bizjak, J. M., M. L. Lemmon, and L. Naveen, 2008, "Does the Use of Peer Groups Contribute to Higher Pay and Less Efficient Compensation?", *Journal of Financial Economics*, 90 (2): 152-68.

[29] Ezzamel, M. and R. Wilson, 1998, "Market Compensation Earnings and Bidding-up of Executive Cash Compensation: Evidence from the U. K.", *Academy of Management Journal*, 41(2): 221-231.

[30] Fama, E. F., 1980, "Agency Problems and the Theory of the Firm", *Journal of Political Economy*, 188(2): 288-307.

[31] James, D. W. and J. Z. Edward, 1994, "Substance and Symbolism in CEOs' Long-term Incentive Plans", *Administrative Science Quarterly*, 39: 367-390.

[32] Joscow, P., Nancy, R., and Shepard, A., 1993, "Regulatory Constraints on CEO Compensation", *Brookings Papers on Economic Activity-Microeconomics*, Vol. 1: 1-58.

[33] Spence, A. M., 1987, "Job Market Signaling", *Quarterly Journal of Economics*, 87(3): 355-374.

综 述

"以价辨质"现象背后的经济学

——关于"质""价"关系研究的文献综述

徐 杰[*]

摘要:"以价辨质"是人们潜移默化惯用的判断法则,是市场长期形成的"常识"。本文围绕"以价辨质"的合理性及适用性展开,讨论在不完全信息下,维持"质""价"匹配均衡的条件。以理论研究为主,按照一定的逻辑脉络梳理前人重要研究,试图以更清晰的理论框架展示零散的研究成果,展示这一议题的难点、争论点、目前进展情况以及未来研究可能的发展方向。"质""价"关系的研究发展不仅对于构建一个更为丰满严谨的经济学理论体系有着重要的理论意义,还有许多潜在的应用价值。

关键词: 价格信号;不完全信息;分离均衡

* 徐杰,浙江大学经济学院。地址:福建省南平市延平区新城中心 6#506。电子邮件: xujie_0607@163.com。致谢:从选题、构思、查找并阅读相关文献到动笔直至论文完成,在这一过程中,我最想感谢的人是我的恩师,汪丁丁教授。对于研究经验尚浅的我,他不仅耐心引导我找到合适的研究问题,而且在繁重的工作中抽出时间一次次审阅我的论文,并提出富有启发性的修改意见。在论文写作的每个阶段都包含着他悉心的指导和耐心的教诲,论文才得以顺利完成。

The Economics Explanation of Phenomenon of "Judge Quality by Price" — Review of Literature on Relationship of "Price" and "Quality"

Xu jie

(School of Economics Zhejiang llniversity)

Abstract: The long-term formed rule of "judge quality by price" is used consciously and unconsciously in everyday life. This essay mainly discuss the rationality and applicability of the rule of "judge quality by price", in other words, it tries to find out the equilibrium conditions which can maintain "quality", "price" match in incomplete information environment. In this essay, mainly review previous key literatures of theoretical researches, attempts to show scattered research findings within a clearer theoretical framework, and demonstrates the difficulties, the arguments, current progress and the possible direction of future research on this issue. The development of researches about the relationship of "quality" and "price" is not only has a significant theoretical meaning for building a more plentiful rigorous system of economic theory, but also have many potential applications in our daily life.

Keywords: price signals; incomplete information; separating equilibrium

JEL Classification: D01; D8; L15

一、绪　　论

1945 年，美国著名的经济学家 Tibor Scitovsky 发表了一篇"短小但是有着深刻洞见的重要文章"（Stiglitz, 1987），文中指出在工业资本主义初期，物质匮乏，商品种类少，经济学假设消费者都能准确评估商品并做出最优选择，也许还较为合理，但随着经济发展，物质和商品种类极大丰富，人们不可能成为万能的专家，渐渐地人们习惯"以价辨质"并产生诸多影响。张五常也在《经济解释》中说道："当信息费用在物价比例上过高，不值得支付，所以按价格判断，这样的判断不一定对，但是对的机会很大。"确实，在现实生活，人们有意无意地使用着"以价辨质"的方法辅助进行购买决策，在某一程度上讲，是市场长期形成的"常识"：优质的产品可以更好地满足人们的需求，质优价高，似乎无可非议。"便宜没好货，好货不便宜"的观念深入人心。但是，生活中存在许多"质""价"不匹配的情况，Akerlof（1970）著名的二手车市场例子，描述的正是由于市场上"质""价"不匹配，最终导致市场崩溃的情形。那在什么样的条件下，价格信号可以有效地传递商品信息，正确引导人们进行决策，最终达到"质""价"匹配均衡，市场不出现缩小甚至崩溃的情形呢？

这一研究议题核心讨论的要素为"价"与"质"，在以"价""量"分析为主的现有经济学理论体系中，"质""价"关系的研究非常有限。在现实生活中，由于市场参与者行为具有多样性、复杂性及不确定性等，关于"以价辨质"现象或"质""价"关系的研究多是通过实证、实验方法展开，研究结果各异，并且很多研究结果无法得到合理的解释，理论基础较弱。目前，相关的理论研究零散，角度各异，假设和结论也不尽相同。所以，本文主要以理论研究为主，梳理前人重要文献，并在此基础上试图整理出一个清晰的逻辑脉络，将零散的文献嵌入一个更为完整的理论体系中，以求能够更为明晰地展示相关研究成果、目前进展情况，以及这一议题的难点、争论点和未来研究可能的发展方向。

"质""价"关系研究的推进，不仅仅有助于加深对"以价辨质"现象的认识，拥有丰富的潜在应用价值，同时，还是对现有以"价""量"为主的经济学研究体系的重要补充，对于建立一个更为丰满严谨的经济学理论体系，增强经济学的解释力和说服力有着重要意义。除此之外，对于现有理论的深化和完善也有一定帮助，例如，反向重新思考柠檬原理的适用性等。

二、"质"的概念与辨别

(一)"质"的概念描述

在探讨"质""价"匹配条件之前，首先来讨论这两个核心要素。"价"一直在经济学理论中占据着独一无二的地位，这里就不再累述。相较而言，关于"质"，至今还没有一个公认的定义，关于异质性的研究也还处在发展中。多数经济学模型都在"同质"的基础假设下展开，并非学者们没有意识到"质"这一要素对解释现实的重要性，而是"质"本身的特殊性，使其成为阻碍相关研究领域发展的主要原因。定义"质"的困难并不亚于定义"效用"，这些概念都与主观感受或是态度相联系。许多学者曾试图区分"客观质量"与"主观质量"来明晰"质"的概念（Dodds & Monroe, 1985 ; Garvin, 1983; Holbrook & Corfman, 1985; Jacoby & Olson, 1985, Parasuraman, Zeithaml & Berry, 1986），例如，Holbrook & Corfman（1985）认为客观质量是对事物、事件客观方面或特征的度量，而主观质量是主体对客观质量的感受、反应及评价。但是 Maynes（1976）认为即使具体特征的测量比主观感知准确，但是在具体选择某些特征进行测量时，对各种特征的重要性感受还是和主观相连，所以他认为根本就没有彻底的客观质量的存在。至今"质"概念依旧模糊，研究者大多按照自己的测度进行测量（McConnell, 1968; Jacoby, Olson & Haddock, 1971; Shapiro, 1973 ）。

（二）"质"的模型化

对于异质性的重要性感受一直刺激着学者尝试展开研究，除了实证和实验研究，将"质"纳入理论模型也是一个重大突破。早在 20 世纪初，F. V. Waugh（1928）就认识到单从数量维度来进行经济学分析，理论解释力会受到极大限制，他首次引入质量维度，用以分析美国蔬菜市场上蔬菜质量对蔬菜价格的影响。不久，A. T. Court（1939）提出"特征价格法"，在文中把"质"这一抽象概念具体化为商品内含特征（characteristics），具体来说，就是可以用于评价商品质量的不同指标，同时，这些内含特征是消费者购买商品的根本目的——获得效用的来源。之后，H. S. Houthakker（1952）试图构建纳入"质量"维度的理论模型。模型如下：

$$\max \quad u(x_1,\cdots,x_n,v_1,\cdots,v_n)$$
$$\text{s.t.}\sum_{i=1}^{n} x_i(a_i+b_iv_i) = M$$
$$x_i \geq 0$$
$$v_i^- \leq v_i \leq v_i^+$$
$$i = 1,\cdots,n$$

其中，x_i 是 i 种商品的数量，v_i 是 i 种商品的质量，v_i^+ v_i^- 是质量波动的上下限，a_i 和 b_i 分别是 i 种商品的数量价格和质量价格，M 为收入。

但 Houthakker 也指出此模型最大的缺憾是只分析了质量维度为一维的情况，直到 1966 年，K. J. Lancaster 构建了用于分析商品多特性（即质量向量）的原始模型，如下：

$$\max U = U(z)$$
$$\text{s.t}\sum_{j=1}^{n} p_jx_j \leq M$$
$$z = Bx$$

x 为 n 维向量，代表 n 种商品消费数量；B 为 $r \times n$ 维向量，B_{ij} 为第 j 种商品含有 i 种特征的数量；z 为 r 维向量，代表获得特征数量；P_j 为商品价格，M 为收入。

随后，Roger E. Alcaly & Alvin K. Klevorick（1970）将模型进一步完善，引入 z_p 商品特征价格，让它代表许多不能列举特征的代理特征。

除此，R.E. Hall（1969），Rosen（1974），Becker（1976），Tripliett & McDonald

（1977）, Borcherding & Silberberg（1978）, Dulberger（1989）等均进行了重要相关研究，将"质"特征化，纳入模型中进行分析讨论。

虽然"质"的概念抽象，定义困难，但是在理论研究中，化繁为简，将质量维度纳入研究框架中，大多学者都一致选择将"质"具体化为客观的商品内含特征进行分析，并假设特征量是均匀连续，且至少有一种商品特征可以区别"质"以作为变量。"质"变成了更微观层次上的"量"，不同于易于计数和测量的"量"，"质"是单位量内的"量"，通常不易观察和测量。

（三）"质"的辨别方法

正如 Marshall 在其著作《经济学原理》中所说，消费者消费的是效用。对于消费者而言，购买商品既然是为了获得商品的某些特征，以满足需要，那么"质"的辨别就与商品内含特征直接相关。在关注力、知识水平等有限的情况，如果要对"质"进行辨别，评价高低，为了使得辨别过程高效，参与者需要关注有限特征，甚至推至极致——单一特征，选择什么特征？

Maynes（1976）研究表明商品的选择和质量的评估是在消费者被激发的内在可选集中进行的。Russell（1912）、Austin（1964）、Olshavsky（1985）研究表明使用"质量"来指代某一商品的某一具体特征，长久就形成一种趋势：商品的这一特征和人们对质量的评估高度相关，与消费前的预期和消费时的体验反馈直接相关。这一观点也为主观质量和客观质量建立起联系。

理性人同时是社会人，受文化、阅历、知识、惯习等多方面影响，会将物品与有限的典型特征相联系，在这些典型特征中，有些特征是大多数人典型特征的交集，类似于共同知识，所以暂称为共识特征。当消费者有某一需求时，具体对应某些需求特征。当此人对某物的典型特征与需求特征越切合时（图 1 中阴影面积越大），此物越可能进入他的选择集，或是在偏好程度上体现。这些特征

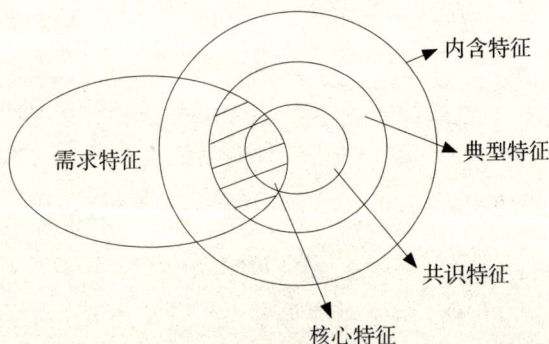

图 1　使用何标准比较"质"

将成为他评估"质"的重要特征。如果其中包括某些共识特征，那这些就是"质"的评估和有效交流的核心特征。以上讨论的都是商品的内含特征，是商品的物理组成，在不改变商品本身的情况下，不会发生改变，是效用来源的基础[①]。商品特征一般不易观察，根据核心内含特征辨别难易分为可直接观察和无法直接观察。无法直接观察的核心特征通常需要相关经验、专业知识、技术及设备等等辅助去获取关于"质"的相关信息，同时产生相应的信息费用，有些信息费用低，有些信息费用高，如珠宝、玉石鉴定。

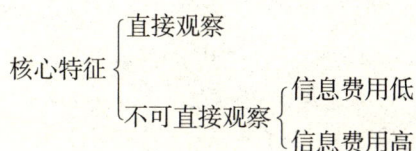

$$
核心特征
\begin{cases}
直接观察 \\
不可直接观察
\begin{cases}
信息费用低 \\
信息费用高
\end{cases}
\end{cases}
$$

当商品在市场上用于交易时，关于"质"的信息，尤其是无法观察且信息费用高的特征信息，不管是为了传递还是隐藏信息，都需要找到"委托"或是代理特征，这类特征通常是商品的外在特征，包括价格、品牌、商誉、广告等。其中，价格又是最特别的指标。首先，列举几种除价格之外的其他辨别质量及传递质量信息的方法。

表1所列方法，无一例外都最终与价格相关，价格影响不可剔除。例如，标价很可能会影响经验推断；品牌管理、物品包装、认证费用等等都最终转移到价格上；专家代购成本极高。同时，这些方法都具有较强的局限性，在特殊情况下可能会是更优的选择，但是就普适性、效率等综合观之，价格的地位独一无二。凡商品必有价，即使没有

表1　辨别质量的方法

方法	优点	缺点
经验推测 or 直觉判断（可测属性→不可测属性→质）	方便、成本低	对经验和技巧要求高；传承性差；结果不稳定
标签化（如：品牌、认证）	可信度高、有保障；稳定性；品牌除了传递质量信息还有个性信息、销售信息	费用高，尤其塑造品牌费用高昂且需要时间积淀
口碑及表面销售状况	成本低、有一定信息量	容易造假；容易出现瀑布博弈
请专家代购	能较好保障质量	信息费用高

---

① 在 Young & Feigen（1975）的"格雷价值链"中，最低基础层是商品特征，最高层次是效用和价值。

市价也有代价（成本），同时，价格直观、便于比较、易于调整和管理。在这里，价格不仅仅引导资源配置，同时传递信息，影响信念和行为。

关于"以价辨质"现象或"质""价"关系多是实证或是实验研究，研究结果各异，主要分为三类：第一类：质量和价格呈现明显正相关关系。Leavitt（1954）最早开始使用实证方法检验人们是否使用价格辨别质量，实证结果显著。McConnell（1968, 1970）假设质量评估是价格的函数，并进行了检验。实验结果表明：价格和质量的评估呈显著正相关。Shapiro（1968, 1970）通过多个实验发现：（a）价格是评估质量的一个重要指标；（b）"以价辨质"是普遍存在的习惯；（c）"以价辨质"的价格依赖程度因商品而异，在高风险、购买者低自信和缺乏其他代理特征的时候尤为明显。Newman & Becknell（1970）对耐用商品进行"质""价"关系的实证，研究表明耐用商品的质量和价格存在明显正相关关系。Andrews & Valenzi（1971）通过实证研究表明，所有的质量辨别指标中，价格是占主导的影响因素。Cohen（1977）研究表明不仅仅单变量检验中，价格和质量评估有显著正相关关系，当进行多种判别变量（价格、品牌、店员推荐等等）共同回归时，价格和品牌效用之间有彼此加强效果。第二类：价格和质量评估之间无显著的相关关系。Friedman（1967），Swan（1974）实证研究表明质价相关程度低。Peterson（1970），Enis & Stafford（1969），Jacoby et al.（1971），Gardner（1961, 1964, 1966, 1970）指出价格可能并不是主导性的质量评价指标。Peterson & Wilson（1985）认为价格和质量之间的关系并不像人们想象的那样普遍，同时，二者的关系并不一定是正相关。Gerstner（1985）对 145 种商品进行了"质""价"回归，回归结果表明两者相关关系很弱，但加入市场特征控制变量，价格质量呈正相关。第三类：使用价格作为质量判别指标随着商品使用情况、消费者特征、其他外在特征不同而不同。Kent B. Monroe（1973）认为价格在消费者消费选择中扮演着多重角色，消费者特征的不同，行为研究表明不能简单地去解释价格怎么影响人们的判断和行为。Akshay R. Rao & Kent B. Monroe（1997）实证研究表明：当消费者对一商品熟悉程度很高或是熟悉程度很低的时候，价格与质量呈显著正相关，当消费者对某商品熟悉程度居中时，价格和质量的相关程度下降。Lambert（1972），Shapiro（1968, 1973），Peterson & Wilson（1985）均认为当人们面临高风险或是敏感度高的时候，相较于价格，品牌在传递质量信息有着优势，消费者宁愿花更多钱买品牌商品（Olson, 1977）。当品牌、商誉形成时，价格就不是主导的质量代理特征，品牌是人们最关注的（Gardner, 1971; Jacoby, Olson & Haddock, 1973; Smith & Broome, 1966; Stokes, 1985）。

以上诸多实证研究结果表明，"以价辨质"是人们习以为常的习惯，但是价格是否是质量的良好代理特征却一直存在争论。进一步分析，"以价辨质"的信念和效果能否稳固或是更新取决于市场上"质""价"相匹配的情况，如果"质""价"不相匹配，"以价辨质"不仅不是一个好方法，消费者还将更新信念，改变自己的信念，市场也可能因为运行混乱导致萎缩。反之，若消费者使用"以价辨质"方法得到正反馈，信念加强，在这过程中消费者和厂商的行为都会受到影响。虽然实证研究结果各异，相关研究的理论基础较弱，但是争议和待解释现象的存在却是理论研究很好的出发点——在信息不完全的情况下，什么条件能够维持"质""价"相匹配的均衡。

三、"质""价"匹配均衡条件——生产成本

在探讨"质""价"匹配均衡条件时，一大讨论热点就是异质商品的生产成本。本人认为许多学者都关注生产成本，可能有几方面重要意义：第一，厂商进行生产销售是为了利润最大化，生产成本是影响利润的关键因素之一，所以，成本影响贯穿始终。第二，若从供给方角度出发，生产成本可能是研究"质""价"关系所必需的"桥梁"。在生产阶段，质量和生产成本是否有关，存在什么关系；在销售阶段，生产成本又将怎样影响厂商的定价策略。第三，作为理论基础假设之一，生产成本及组成对于不完美市场的均衡结果影响不可忽视。因此，在不完全信息情况下，讨论"质""价"匹配条件，生产成本是关键因素之一，对它的讨论具有深刻意义。

（一）异质商品的生产成本假设

在讨论质量的价格信号的模型中，不同学者对异质商品生产成本的假设并不一致。大部分文献假设高质高成本（Spence, 1975; Wolinsky, 1983; Ramsey, 1986; Ronnen, 1991; Bagwell & Riordan, 1991; Bagwell, 1992; Shieh, 1993; Claude Crampes & Abraham Hollander, 1995; Fluet & Garella, 2002; Daughety & Reinganum, 2008a 等）。但是，在质量提高所引起的成本归属问题上，这些学者内部有着较大争议。第一类，固定成本增加是质量提高所

引起高成本的主要原因。Spence（1975）认为，某些商品如果已经达到一定质量水平，还要提高质量则需要投入巨大研发费用、采购设备等，产生大量固定成本。Ronnen（1991），Bagwell & Riordan（1991）认为厂商决定生产何种质量的商品，生产前固定资产投入占成本比例大。此类模型一般假设，高低质商品生产成本分别为 C_H, C_L, 且 $C_H > C_L$；第二类，可变成本上升是高质量高成本的主要原因。Asher Wolinsky（1983）认为质量的提升会导致可变成本的增加，Crampes & Abraham Hollander（1995）进一步具体解释，根据质量标准，影响质量等级的主要是原材料、包含成分等等，多数应该归属于可变成本部分。此类模型一般假设成本为 $c(q)$，且 $c'(q) > 0$, $c''(q) > 0$，即质量越高成本越高，且边际成本递增。与此同时，也有少数学者认为质量并不和成本直接相关，高质量可能有着高成本也可能成本更低，因生产情况而定（Milgrom & Roberts, 1986a; Judd & Riordan, 1994; Daughety & Reinganum, 1995, 2008b）。其中，Judd & Riordan 则认为质量该以消费者主观评价为准，这样根本无法得到质量和成本的关系。

作为商品信息的一个重要维度，也是模型核心基础假设之一，不同生产成本设定会对最后均衡产生巨大影响。具体分析以下三个典型模型（表2），看成本设定如何影响均衡结果。

表 2　三个典型模型

模型	成本高低	成本归属
Wolinsky（1983）	高质高成本，低质低成本	可变成本
Bagwell & Riordan（1991）	高质高成本，低质低成本	固定成本
Milgrom & Roberts（1986）	成本和质量无必然关联	—

Wolinsky（1983）假设生产成本为 $C(x, q) = Z + xc(q)$, $\Delta c(q) > 0$，其中 Z 为固定成本，可变成本 c 是 q 的函数。经分析，Wolinsky 指出模型要存在稳定的"质""价"相匹配分离均衡需要满足：固定成本 Z 足够小，同时 $G(q) \leq p \leq u_j(q) - k$。其中 p 为定价，$G(q)$ 为能够促使公司生产 q 的最低价格，$u_j(q)$ 为消费者效用，k 为单位搜寻成本。这样的条件下，能够保证在质量为 q 的子市场不存在垄断的情况，竞争越激烈（Z 足够小），消费者离开威胁越可置信，厂商有动机保证自己的商品"质""价"匹配来获利。此时，可变成本部分（q 的函数）非常接近总成本，质量是引起成本差别的主要

原因。

　　Bagwell 和 Riordan 的模型中假设厂商可生产两种质量的商品 $q \in \{H, L\}$，与质量相关的成本主要是固定成本，成本分别为 0 和 c，分离均衡存在的条件为：$X > \bar{X}$ 或是 $X < \bar{X}$ 且 $\Delta(X) = P^{\dagger}(X) - \bar{P}(X)$ [①] 时分离均衡存在。当 X 足够大，即市场上知情消费者的比例足够大时，信息量足够大，存在分离均衡；当 X 很小时，市场上多数为无知消费者，这时候需要满足 P^L 或 c 足够大，即消费者保留价格足够高或是成本差 c 足够大，分离均衡才可能存在。前两个条件是为了让低质厂商的伪装行为无利可图，但是最后一个条件在性质上有本质差别，c 不仅仅是高质商品的生产成本，从本质上来说，c 是高低质商品的成本差，是高质厂商为"质"在生产阶段付出的代价。如果 c 足够大，高质商品的垄断市价更接近上限 $\bar{p}$，此时高质厂商提高定价所引起的损失比低质厂商小，这样的条件让高质厂商有足够的动机主动提高定价，用以区别自己产品的"质"。

　　与前二者相比，在关于成本假设方面，Milgrom & Roberts（1986）的模型进一步放松条件，只是假设高低质成本分别为 C_H，C_L，没有限定质量与成本的关系。Milgrom & Roberts 指出，高质商品的成本可能高于也可能低于低质商品，二者也可能非常接近。若高质商品生产非常昂贵，也只针对有限的高端市场，即使存在很高的边际支付意愿，大多数低质低成本的公司并不会将自己限制在有限的高端市场中，市场自动在两端分离；若新的高质商品成本非常低（可能由于技术改进、特殊工艺等等），主要针对大众市场，低质产品没有能力去模仿这样低的定价，市场出现"质""价"逆匹配，随后高质商品很可能将低质商品驱逐出市场。但 Milgrom & Roberts 指出，当质量引起的成本差足够大时，仅使用价格信号就能够有效地传递出商品质量信息，否则需要定价策略联合其他辅助手段才能够有效地传递商品质量信息。

（二）价格信号有效的基础——成本差异

　　在实际生活中，质量提高并不意味着生产成本增加，退一步，即使提高质量引起成本上升，可能是由于固定成本增加也可能是可变成本发生变化，亦或是两者都发生改变。不同的模型假设反映出现实表象的多样性，隐含反映一个更关键的实质。要使得价

---

　　① X 为知情消费与无知消费者的比例，$P^{\dagger}(X)$ 是 $\pi(H, 1, P) = \pi(H, 0, P^H)$ 得到的"无差异价格"。

格作为信号机制有效传递产品质量信息，存在稳定的"质""价"匹配的均衡，一个重要的前提条件："质"差别所带来的成本差足够大。上述的三个模型虽然在背景设定、基础假设、分析工具以及均衡条件中都有较大差异，但是，从分析结果可以发现：存在分离均衡，是两方力量博弈的结果，低质方是否有动机模仿高质方定价，高质方是否有动机区别自己的高质产品，足够大的成本差让低质方的模仿行为更可能无利可图，也让高质方有动机保护已经为"质"付出的代价。Levin, Peck & Ye（1998）和 Fishman & Hagerty（2003）也表示如果生产成本独立于质量，厂商不可能只通过价格信号向消费者传递关于质量的私人信息。Hertzendorf & Overgaard（2001b）和 Fluet & Garella（2002）讨论在寡头垄断市场上，所有公司都知道彼此的质量信息，且各公司产品生产有足够大的纵向差异，仅仅凭借价格就能够传递质量信息，否则需要借助其他手段。

（三）主观质量削弱成本差要求

值得注意，以上讨论及结论均是建立在产品质量以厂商质量评价体系评判，具体来说，就是厂商按某质量标准，通过单一或是几个客观维度的度量、比较，得出质量高低。但是，正如第二分部关于"质"的讨论，"质"的定义和评判是困难的。除了客观质量，一些学者（Maynes, 1976；Holbrook & Corfman, 1985）认为客观质量根本不存在，主观质量才是真正意义上的"质"，是综合性的感受和评价，更为真实，更具有实践意义，毕竟产品最终被消费者消费，用以满足相应需求，转化为效用。因此，从这个角度分析，上述关于成本假设的讨论是不全面的，如果仅仅站在厂商的角度上来定义"质"，以客观维度区分质，将消费者体验的"质"忽略，那只描述了整个图景的一部分，结论不能涵盖所有情形。Judd & Riordan（1994）的文章是一个重要的补充，给出了一个全新的视角来讨论"质""价"的关系，其中"质"的定义与先前许多重要的模型不同，定义为消费者的效用评价，即主观质量。在这样的假设下，厂商并不能准确知晓消费者体验的"质"。更不可能根据"质"与生产成本的关系进行定价决策，因为主观质量的特殊性，此时二者之间根本无法得到准确的相关关系。Judd & Riordan 最后指出，在以主观质量评价的信号模型中，即使缺乏成本信息，也存在稳定的分离均衡。

综上所述，如果从厂商视角出发，按照客观标准，选取特定商品特征度量评判质量，在这样的信号模型中，足够大的成本差是信号模型有效的前提条件；如果站在消费者立场思考，按照主观效用来评价质量，生产成本作为定价基础的作用大大削弱，消费者和厂商双方均有商品质量的私人信息，才是这场信息博弈能够展开的关键。

四、"质""价"匹配均衡条件——市场结构

在讨论完价格信号有效的基础假设后，在价格信号传递的过程中，市场结构怎样影响信息结构和商家的定价行为，对最后的均衡结果又会产生什么样的影响？"以价辨质"是不是具有市场智慧？本部分按照市场的竞争程度，梳理前人研究，试图找到上述问题的答案。

（一）竞争市场结构

在一个异质性市场上，何为竞争？在同质竞争市场上，随着竞争程度的加深（$N \to \infty$），每个参与者的市场力量越来越小，在完全竞争市场上，每个参与者都是价格接受者。但是，在异质性市场上，由于商品质量的差异，不可能达到完全竞争，此时，竞争可分为质量间竞争和质量内竞争。质量间竞争和质量内竞争分别会对市场参与者产生怎么样的影响，当一个竞争市场的主要竞争来源于质量间竞争时，和质量内竞争激烈的市场是否存在本质区别？在何种条件下，更容易达到"质""价"匹配的稳定均衡？

1. 质量间竞争模型——Asher Wolinsky（1983）

在研究"质""价"关系的模型中，以竞争性市场为背景的讨论很少。先前许多学者（Rogerson, 1980; Farrell, 1980；Klein & Leffler, 1981；Cooper & Ross, 1982；Shapiro, 1982）都从重复购买的角度提出，溢价定价是保证高质商品生产和销售的必要条件。Wolinsky 从全新的视角切入，较为完整地描绘了异质竞争市场上出现"质""价"稳定均衡的另一种情形，模型虽不能视为尽善尽美，但其中蕴含的洞见和思考，对研究异质性竞争市场上的"质""价"关系有着重要意义。以下简要介绍 Wolinsky（1983）的模型的三组基本假设和均衡结果。

模型有三组基本假设，分别针对公司、消费者以及均衡条件。

【公司】

· 每家公司（$f \in F$）选择价格—质量组合（p_f, q_f）。

·公司生产成本为 $C(x,q)=Z+xc(q)$, $\Delta c(q)>0$;

Z 为固定成本,可变成本 c 是 q 的函数,为保证进入生产环节,满足 $p_f-c(q_f)>0$。

·每家公司的价格 $P=(p_f)$ 能够被所有参与者知晓,质量 q_f 只有公司 f 知道,但关于质量的信息不能够完全隐蔽,一些不完美的信息会被想要购买的消费者获得。

·公司的销量取决于(a)它选择的价格—质量组合;(b)其他公司价格—质量组合;(c)消费者的选择。假设公司预期销量为 x_f,此时公司预期利润如下:

$$\Pi_f = [p_f - c(q_f)]x_f - Z$$

公司追求利润最大化,如果利润最大化时对应多个不同质量水平,那公司将会选择最高质量水平。

【消费者】

·每个消费者 $i \in I$ 都想要购买一单位的商品。

·根据消费者的质量支付愿意将消费者分为 m 种,I_j 为消费者集的子集—j 类消费者 $(j=1,\cdots,m)$,j 类消费者 $i \in I_j$ 消费 (p,q) 效用为 $u_j(q)-p$,$u_j(\cdot)$ 严格递增,$u_j(0)=0$。

·在购买过程中消费者可以得到关于质量的一些信息 d_f^i,假设对于所有 i,条件分布 d_f^i 相同。$D(t,q)$ 为 d_f^i 的分布函数:$D(t,q)=\text{prob}(d_f^i \leq t | q_f = q)$。假设有一个正概率 d_f^i 可以让消费者 i 确信 f 公司的质量不会高于 q_f。

·在购买前,消费者根据自己的喜好去多家公司,不管是否购买商品,都产生一笔小成本 $k < u_j(q+1)-u_j(q)$。

·消费的购买策略为序贯策略 s_i,所有消费者的策略集为 $S=(s_i)$,目的是收益最大化,消费者根据他的价格质量预期、价格信息以及公司价格质量之间的关系进行选择。如果消费者 i 去了 n 家公司,最后在 f 公司购买,消费者目标是最大化其最终收益 $u_j(q_f)-p_f-nk$。

·$q^e(p)$ 是根据价格信号预期的质量水平,消费者都认为公司要价 p,意味着它提供 q 质量水平的商品。

【均衡条件】

关于均衡的定义有很多，作者并没有详细讨论，此模型达到均衡时需要满足以下条件：

·公司期望利润最大化

$$对于所有 f \in \bar{F}, (\bar{p}_f, \bar{q}_f) 最大化 \Pi_f[p_f, q_f | \bar{S}, \bar{P}_{-f}, q^e(\cdot)]$$

$$对于所有 f \in \bar{F}, \Pi_f[p_f, q_f | \bar{S}, \bar{P}_{-f}, q^e(\cdot)] \geq 0$$

$$对于所有 h \notin \bar{F}, \Pi_h[p_h, q_h | \bar{S}, \bar{P}, q^e(\cdot)] < 0$$

·消费者期望收益最大化

对于 $i \in I_j$ 的消费者，在给定的 $\bar{P}, q^e(\cdot), \bar{s}^i$ 的情况下最大化 $u_j(q_f) - p_f - nk$

·消费者策略的可信度

假设公司 f 是消费者 i 去的第一家公司，消费者是否购买由 $\bar{s}^i$ 描述，在事件 $d_f^i < t[q^e(p_f)]$ 发生之后 $\bar{s}^i$ 仍然是最优策略。

·自我实现的预期

$$对于所有 f \in \bar{F}, \bar{q}_f = q^e(\bar{p}_f)$$

如图 2 所示，在质—价组合（p, q）的情况下存在分离均衡的条件是：固定成本 Z 足够小，$[G(q) - c(q)]|I_j| > 2Z$；定价满足 $G(q) \leq p \leq u_j(q) - k$。其中，$G$（$q$）为能够保证公司生产 q 的最低价格：

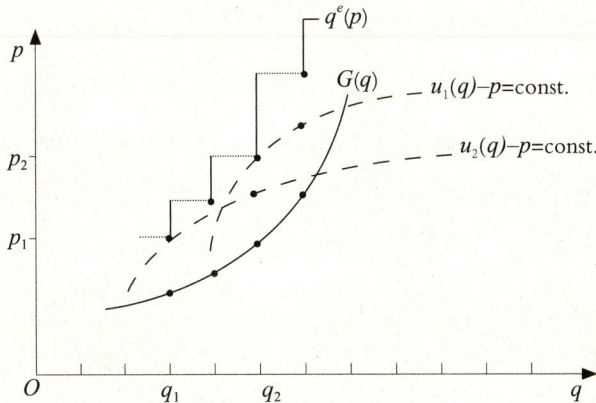

图 2　均衡条件

资料来源：Wolinsky, A., 1983, "Prices as Signals of Product Quality", *The Review of Economic Studies*, p. 652.

$$G(q) = \max_{\substack{q' < q \\ q' \in Q}} \left\{ c(q') + \frac{c(q) - c(q')}{D(t(q), q')} \right\}$$

此时，对于消费者 $i \in I_j$ 最优的策略是首先选择到一家提供 $p_f = p^j$ 的公司，如果 $d_f^i \geq t[q^e(p^j)]$ 就购买，否则去另一家定价为 p^j 的公司。在给定消费者行为的情况下，公司预期只能将产品销售给第一次访问他们的消费者，同时市场竞争让消费者离开成为可置信威胁，让公司保证质量并按质定价更有利。

总结：在 Wolinsky 的模型中，市场上商品质量等级多，这意味着质量间竞争程度大，同时，均衡条件中，固定成本 Z 足够小，以保证同质子市场上不出现垄断，存在一定程度的质量内竞争。模型从表面上看，主要竞争在于质量间竞争，但是最终得以达到稳定分离均衡是质量间和质量内竞争共同作用的结果。具体分析，质量差别分散了完全竞争市场的竞争力，将市场分散成无数个子市场，让厂商具有一定的市场力量，拥有一定的定价权。另一方面，由于信息不完全，模型假设消费者具有强烈的"质""价"预期，此时质量间竞争越激烈，厂商越有动机通过定价向消费者传递出自己商品质量的信息，以吸引偏好相应的消费者，所以，质量间竞争即给了厂商一定的定价权，又约束着厂商的定价策略。同时，约束厂商定价的另一个力量还来源于每个子市场内的竞争。在每一个小型的同质竞争市场，竞争越激烈，在此子市场内的厂商的市场力量越弱，偏离定价的动机越小。

Wolinsky 模型的价值不可否认，但是它也存在局限性。作者假设消费者完全不知道关于商品质量的信息，但有着非常强的质—价预期，不同类型的消费者有着强烈且不同的价格偏好，排斥以更低价格获得 $q^e(p_j)$，这是一个非常强的假设，使得模型成为一个自实现的过程。同时，消费者在寻找合适商品过程中得到质量信息定义 d_f^i 非常模糊，根本上，关于质量的信息是通过其他方法取得的，价格只是作为筛选标准，并不是最核心的信号要素。最后的均衡结果更多受消费者的强预期影响，竞争市场本身的作用并不突出，作者也没有过多地讨论。最近，Janssena & Roy（2010）构建了更具有一般性的模型，同样是讨论不完全信息竞争市场上的情形，但最大的不同在于 Janssena & Roy 只考虑两种质量等级，将竞争市场的竞争力影响主要集中于质量内部讨论，对比两个模型能够帮助我们更好地思考竞争市场上如何才能达到"质""价"匹配。

2. 质量内竞争模型——Janssena & Roy（2010）

Janssena & Roy（2010）讨论了在市场竞争程度高，价格竞争激烈时，公司依旧可以通过价格传递质量信息，并且竞争和随机的市场力量成为质量信息完全揭露的关键所在。作者运用D1均衡标准精炼均衡结果，剔除混合均衡，证明存在稳定的分离均衡结果。

Janssena & Roy通过分析发现在均衡集 Ω 中只有一种均衡情况符合 D1 法则精炼，唯一的完全显示完美贝叶斯均衡：出售不同质量商品的公司定价不同，$p_H \in [c_H, V_H]$，$p_L \in [\underline{p}_L, \overline{p}_L]$，低质公司的定价在区间 $[\underline{p}_L, \overline{p}_L]$ 上服从概率分布 F。其中，$\overline{p}_L = p_H - (V_H - V_L)$，消费者以 $\overline{p}_L$ 购买低质商品和购买高质商品无差异。

在任何对称的完全显示贝叶斯均衡中，高质公司定价为 P_H，低质公司服从概率分布 F 在区间 $[\underline{p}_L, \overline{p}_L]$ 定价。因为只要任一低质公司稍微降价就可以增加利润，所以不可能所有低质公司都在 $\overline{P}_L$ 处定价。因此，只有在其他公司都出售高质商品的时候，低质公司才可能以 $\overline{P}_L$ 出售商品，此时，消费者购买二者无差异，低质公司可能通过稍稍降价来获得市场份额增加利润。所以高质产品能够卖出只有一种情况：市场上都是高质商品。这个时候有两种情形：（Ⅰ）消费者以概率 1 在所有的定价为 P_H 的公司中选择一个购买；（Ⅱ）$P_H = V_H$，消费者购买或是不购买无差异。

第一种情形，两位作者分析了高低质公司有动力相互模仿的条件，得到如下结论：存在完全显示的完美贝叶斯均衡，P_H 需要满足如下条件：

$$P_H \in [c_H, V_H]$$

$$\theta_0 \equiv \max\left\{c_H, c_L + \frac{V_H - V_L}{(1 - 1/N)}\right\} \leq p_H \leq \min\left\{c_H + \frac{V_H - V_L}{(1 - 1/N)}, V_H\right\} \equiv \theta_1 \qquad (1)$$

简化得到：

$$\frac{V_L - c_L}{V_H - c_L} \geq \frac{1}{N}$$

第二种情形，同样分析得到如下结论：如果要达到贝叶斯均衡，当且仅当存在 $\eta \in [0,1)$，且满足如下条件：

$$\frac{V_L - c_H}{V_H - c_H} \geq \frac{1}{N} \qquad (2)$$

同质消费者市场存在分离均衡的条件和结果：如果式（1）成立，均衡时，高质商品定价落在$[\theta_0,\theta_1]$，所有消费者以概率1购买；如果式（1）不成立，均衡时，高质商品定价为$P_H=V_H$。进一步分析，当N越大，即竞争越激烈时，式（1）越容易成立，存在高质定价$P_H \in [c_H,V_H]$，能够满足分离均衡。当N并不是很大时，其他条件不变，式（1）可能不满足，但是，式（2）此时容易满足，高质定价为完全信息下垄断价格。在完全显示完美贝叶斯均衡中，低质商品模仿高质商品定价无利可图，以概率分布F在区间$[\underline{p}_L,\overline{p}_L]$定价。以上均衡成立的条件是市场上均为高质商品，一旦出现低质商品，此时，消费者虽然能够根据商品的定价区分出质量高低，但是都将购买低质商品。

作者指出以上均衡"奇怪"的原因在于：所有的讨论都是在消费者是同质的假设上展开的。作者随后讨论了异质性消费者的情况：假设有两类消费者，类型A比例为λ，他们对高质的评价为$\overline{V}_H$，消费者B他们对高质的评价为$\underline{V}_H$，两类消费者对于低质评价一致$\overline{V}_H > \underline{V}_H > \max\{V_L,c_H\}$。定价范围如下：

$$p_H \in [c_H,V_H],[\underline{p}_L,\overline{p}_L] \subset [c_L,V_L]$$

在异质消费者的情形下，高质公司定价依旧为P_H，低质公司仍然服从概率分布F在区间$[\underline{p}_L,\overline{p}_L]$定价，各自的定价能够完全揭示商品质量信息，高低商品均有自己的市场份额。

信息不完全的异质性竞争市场上，成本和质量正相关，只通过价格信号传递信息，存在完全信息显示的贝叶斯均衡。虽然关于质量的信息都能够通过不同的定价显示出来，但是市场结果会有很大不同。如果消费者没有明显区别，市场将不可能出现多均衡状态，除了开始时所有公司都出售高质商品的情况，高质公司能够平分整个市场，其他情况高质商品都将被驱逐出市场，尤其当竞争程度激烈，且消费者对商品质量预期低时（$N \to \infty,\alpha \to 0$），市场就接近完全竞争市场，低质商品定价为其成本。如果消费者异质，市场则会因为消费者的偏好不同被分离，出现稳定的多均衡情况，达到"质""价"匹配。

3. 小结

通过分析两个重要且具有代表性的模型，我们可知，在不完全信息的异质竞争市场中，质量信息的传递和价格竞争并不矛盾。不论是质量间竞争还是质量内竞争，都成为使用价格信号传递质量信息的必要力量。进一步分析，当信息不完全时，质量间的竞争让厂商更有动机去传递自身的质量信息，以获得额外的市场力量，这种市场力量对于信息揭露至关重要。如果说质量间竞争是从正面刺激厂商使用价格信号传递真实的质量信息，那质量内竞争则是从反面督促厂商不偏离准确定价，某种程度上说，是对市场力量的一种限制。市场在竞争和随机的市场力量的相互作用、彼此平衡制约中达到均衡。在信息传递的过程中，作为供求关系的另一方，消费者的偏好和预期也是一股强大的力量，不仅仅直接影响到厂商的定价动机和策略，最终市场所呈现的均衡状态也因此不同。但是，Wolinsky 和 Janssena & Roy 关于消费者偏好、对质量评价的假设都过于生硬。这不免让人感觉遗憾，是值得我们思考，有待改进的地方。

（二）寡头垄断市场

1. 研究现状

寡头垄断市场中每家公司都有着较强的市场力量，在信息不完全的情况下，相较于竞争性市场，每个寡头都有着更强的隐藏信息的能力。在这样的市场结构下，质量信息是否还能够通过价格揭示出来，并存在稳定的"质""价"匹配均衡？

关于不完全信息的寡头垄断市场的研究主要分为几类：第一类文献，在寡头垄断市场上，厂商有更强烈的动机隐瞒或是无动机主动传递质量信息。Mailath（1989）讨论了寡头垄断市场中两期博弈的情形，每家公司掌握自己的生产成本（边际成本为常数）和质量信息，消费者的需求函数是线性的。公司进行非合作性价格竞争。在第一期时，每家公司的产品定价能够传递关于边际成本的信息，这将影响对手下一期的定价行为，但消费者不关心边际成本，只关心价格。Mailath 发现每家公司最优的策略是在第一期商品定价高于"无信息传递基准价"，为得是让对手在第二期给出更高的定价。这样在第一期结束时，关于产品质量的信息没有一点改善。在第二期博弈开始前，"无知"消费者购买商品，通过消费体验得到质量信息。Mailath 模型中公司没有传递质量信息的动机，关于质量的信息是靠"消费"外生揭露出来。Daughety & Reinganum（2005）模型假设产品的质量是自然选择的，公司可以在知道自己质量信息之前选择使用披露质量的手段，但是在知道自己质量之后不能够使用披露手段，只能通过定价来传递质量信息。

权衡之后，公司更愿意隐藏质量信息。张五常在研究玉石市场时也有相似的发现，原石不切开剖白销售，只是开个水口，因为在信息不足的情况下，完全披露信息的收益在预期上会低于隐瞒信息，商家将可能面临的高风险与买家共担，不仅如此，在玉石交易时，讨价议价（多期）方法——无形之手也颇有意思，张老先生认为隐瞒信息是买家的意图，防止专家信息被免费利用，但是这样的议价方法，对于卖家也是有利，进一步通过防止价格泄露商品质量信息，来获得可能的更高收益。

第二类文献，寡头垄断厂商通过价格传递质量信息。Hertzendorf & Overgaard（2001b），Fluet & Garella（2002）讨论了在寡头垄断市场上，所有公司都知道彼此的质量信息，但是消费者对质量信息一无所知，如果各公司生产产品有较大的纵向差异，仅凭借价格就能够传递质量信息。除此之外，其他情况都需要其他手段介入（例如广告），向消费者传递关于质量的信息。Daughety & Reinganum（2007，2008a）构建的模型中仅仅通过价格就能传递商品质量信息，但是模型中公司类型是随机的，每家公司均不知道他人的质量情况，所以公司之间并不是竞争性的信号发出者，消费者对于一家公司产品的信念只与这家公司的价格信号相关。Fishman & Hagerty（2003），Daughety & Reinganum（2008b，2008c），Caldieraro, Shin & Stivers（2011）不仅仅使用价格信号，还辅助信使用息披露手段来传递质量信息。其中，Caldieraro, Shin & Stivers（2011）模型中单独使用价格信号也能够传递质量信息，存在分离均衡，但是辅助使用披露手段是一种有效的帕累托改善。

第三类文献，主要讨论不完全信息情况下，寡头垄断的市场有效性以及监管措施的效果。Besanko et al.（1987，1988），Champsaur & Rochet（1989）研究结果表明，与社会福利最大化的情况相比，垄断竞争不能提供最优的质量；Gal-Or（1983）研究表明公司质量水平对于竞争形式非常敏感。这样的研究结果也引发了大量研究探索是否存在相应的法规、有效的监管手段能够改善市场情况。Ronnen（1991）构建了相应的模型讨论采用"最低质量标准"的效果，研究表明，最低质量标准可以让所有消费者从中受益，因为实施这一标准能够缩小高低质商品间的质量差距，从而产生更激烈的价格竞争。但是Crampes & Hollander（1995）则认为"最低质量标准"可能增加社会整体福利，但是在某些情况下，反而会使得福利下降。研究结果表示，可能的均衡有两种：（Ⅰ）一种质量类型公司被驱逐出市场；（Ⅱ）两种质量类型的公司共存。如果能达到第二种均衡情况，两种类型的公司都能够获得更高的利润。在寡头垄断市场中，厂商占有市场优势，为了保证消费者权益，监管手段是必要的。Crampes 和 Hollander 也对监管手段和措施带来的影响进行了讨论，引入最低质量标准 $\hat{s} > s_l$，得到几个有趣的结论：（a）高质量公司的情况变差，而在最低质量标准稍微高于低质水平时，低质量公司情况反而变好；（b）当高质量公司对最低质量标准 $\hat{s}$ 的反应充分小时，所有消费者都将受益，反之，如果高质公司的反应大，那消费者都将受损；（c）当最低质量标准尽可能接近低质商品水平，$\mathrm{d}s_h / \mathrm{d}\hat{s} < 1$ 时，社会福利会增加。这样的结果适用于高质商品的质量水平已经很高，此时，高质量的厂商想要稍微提高质量水平就可能产生大量成本（多为沉没成本），所以公司更可能选择新成立一家公司而不是改变现有公司所生产产品的质量。

2. 小结

从前人的研究中，我们不难发现，不完全信息下，寡头垄断市场上情况最为复杂。由于介于竞争市场和垄断市场之间，与竞争市场相比，竞争影响力减弱，与垄断市场相比，每个供给者并没有绝对的市场力量，这两种主要支持揭露信息的力量的强弱会随着具体情况变化而变化，此时，模型均衡结果对于假设敏感。一般来说，此时厂商有能力也更有动机去隐瞒产品质量信息，其目的可能是争取市场份额，也可能是为了剥夺消费者剩余价值。如果厂商认为揭示商品质量信息有利可图时，将会在揭示方式上进行选择，直接披露信息和间接信号传递信息。价格信号作间接披露手段，有着成本低、方便快捷的特点，在一些特定的情况下通过定价就能够达到传递商品质量信息的目的，但是多数学者认为，更多时候需要通过定价和其他辅助手段（广告，信息披露等）联合起来能够更有效地传递质量信息，这一主题将会在第五部分进行讨论。

（三）垄断市场结构

与前两类市场结构相比，学者关于垄断市场上"质""价"关系讨论的争论较少。其中，最为经典的模型是 Bagwell 和 Riordan 在 1991 年提出的，后来许多模型都是以此为基础，进行拓展，深化讨论。

1. 经典模型——Bagwell & Riordan（1991）

Bagwell 和 Riordan 的模型描述了不完全信息垄断市场上，厂商如何使用定价策略传递商品质量信息，模型虽然简单，但清楚地描绘了从商品进入市场到最后达到稳定状态的动态过程。影响最终均衡结果的要素中，除了边际成本，消费者的信息更新，即市场上的信息量变化是一个核心要素。

Bagwell 和 Riordan 假设市场上有许多潜在消费者，数量为 M，每个消费者需要一单位商品，部分消费者知道商品质量，其他消费者不知道，两类消费者比例为 X：

$$X = \frac{N_{informed}}{N_{uninformed}}$$

"无知"消费者对商品质量为 H 的先验概率为 r，根据商家的定价更新信念，后验概率为 $b=b(P)$。同时，消费者的对低质商品的保留价格为 $P^L>0$，对高质商品有不同的保留价格，服从 $[P^L, P^L+1]$ 上均匀分布。消费者均追求利益最大化，可得：

"专家"消费者收益：$1+P^L-P$，$P \in [P^L, P^L+1]$，$q=H$

"无知"消费者收益：$1+(P_L-P)/b$，$P \in [P^L, P^L+b]$，$prob(q=H)=b$

厂商可生产两种质量的商品 $q \in \{H,L\}$，与质量相关的成本主要是固定成本，成本分别为 0 和 c。厂商定价为 $P \in [P^L, P^L+b]$，由此可得利润分别为：

$$\pi(L,b,P)=P[1+(P^L-P)/b]M/(1+X)$$
$$\pi(H,b,P)=(P-c)[(1+P^L-P)]X+(1+(P^L-P)/b)]M/(1+X)$$

在定义均衡时，作者使用"直觉标准"（Kreps, 1984），具体到本模型框架中，在均衡时，厂商生产高质商品和低质商品分别可获得收益 $\pi(H)$ 和 $\pi(L)$，当不存在价格 P' 使得：（a）$\pi(H, 1, P') > \pi(H)$；（b）$\pi(L, 1, P') > \pi(L)$ 时，系统达到均衡。

通过分析基础模型作者得到几个引理[1]：

ⅰ. 在任何均衡中，$P(q) \geqslant P^L$，$q \in \{H,L\}$。

ⅱ. 在任何分离均衡中，$P(H)>P^L$，$P(L)=P^L$。

ⅲ. 当 $X<\bar{X}$，在任何分离均衡中，$P(H) \geqslant \bar{P}(X)$ 或者 $P(H) \leqslant \underline{P}(X)$。

如图 3 所示，低质商品伪装高质定价 $P(H) > P_L$，可能盈利也可能亏损。在抛物

① 具体推断过程见 Bagwell, K.& Riordan, M. H., 1991, "High and Declining Prices Signal Product Quality", *The American Economic Review*, pp. 227-229。

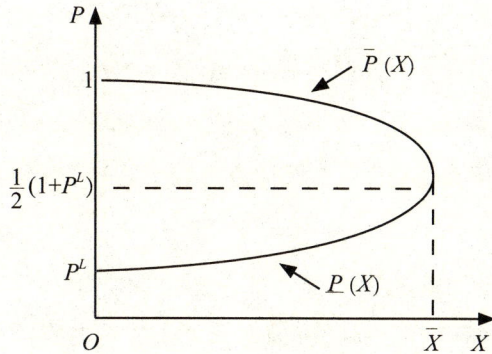

图 3　分离价格

资料来源: Bagwell, K., & Riordan, M. H., 1991, "High and Declining Prices Signal Product Quality", *The American Economic Review*, p. 228.

线内部低质商品以高定价伪装可盈利，抛物线外部分区域低质商品伪装将亏损。随着抛物线的下半支走，价格上升，伪装成高质商品的吸引力下降，高质商品的完全信息垄断价格是 $P^H = (1+P^L+c)/2$，因为存在 "无知" 消费者，高质商品的价格可能会被扭曲（价格上升）。作者进一步分析得到两个重要结论：

结论 1：$P(H) = \max\{\overline{P}(X), P^H\}$，$P(L) = P^L$ 是唯一满足 "直觉均衡" 的分离均衡价格（图 4）。当 $X=X^H$ 时，$P^H = \overline{P}(X)$。

结论 2：只有当 $X > \overline{X}$ 或是 $X < \overline{X}$ 且 $\Delta(X) = P^\dagger(X) - \overline{P}(X)$ 时，分离均衡存在。即，X 足够大，或是 X 小，P^L 或 c 足够大的时候才存在分离均衡。其中，$P^\dagger(X)$ 为 $X < X^H$ 时，$\pi(H,1,P) = \pi(H,0,P^H)$ 得到的 "无差异价格"。

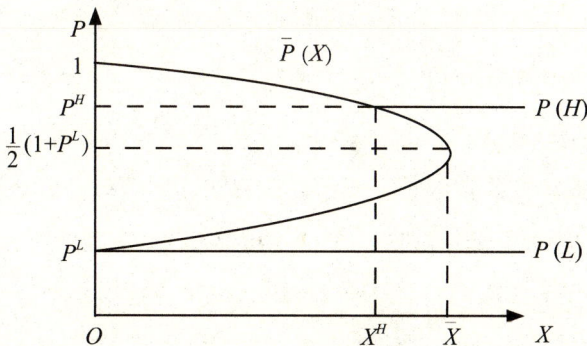

图 4　分离均衡价格

资料来源: Bagwell, K., & Riordan, M. H., 1991, "High and Declining Prices Signal Product Quality", *The American Economic Review*: pp. 229-230.

单期的基本模型是进行多期分析的基础。以简单的二期模型展开讨论，其他多期模型类似。作者只是简要讨论了三种市场上的均衡情形[①]：①无知消费者：只能观察到所处市场阶段和当前市场上商品价格；②困惑消费者：只能观察到当前市场价格，却不知道自己所处市场阶段；③高明消费者：不仅知道市场所处的市场阶段，还知晓现在和过去的价格信息。

2. 小结

在垄断市场上，厂商有着足够的市场力量，此时成本信息及市场信息量决定了定价高低。在不完全信息背景下，商品初入市场就以完全信息垄断价格定价并不是最佳选择，因为无知消费者无法判断商品质量，购买决定不确定，这直接影响销售情况，进而影响利润。当市场上信息极度匮乏的时候，无知消费者占大多数，此时，高质垄断厂商传递质量信息的动机增加，另一方面，使用价格信号的难度大。因此，垄断厂商进入新市场时，市场上关于此商品的信息量决定了高质商品定价溢价程度，高质商品溢价使得低质商品模仿定价无利可图，随着信息量的增加，模仿潜在的代价越来越大，所以高质商品的定价溢价逐渐减少。等到市场进入成熟期，市场越来越接近完全信息市场的情形。Bagwell & Riordan（1991）提供了一个经典的基础模型，简洁明了，意义深刻，但是两位作者对于多期情形的讨论并未完全展开，还留给后人很多思考和拓展的空间。

五、辅助定价传递信息方式

以上几个部分均是讨论在只使用价格信号的情况下，如何达到"质""价"匹配的分离均衡。但是，在很多情况下，单纯凭借价格信号传递质量信息，想要达到"质""价"相匹配的均衡非常困难。所以，学者们开始探讨，是否能有其他方式辅助定价，更为有效地传递商品质量信息。Olson（1977），Akshay R. Rao & Kent B. Monroe（1989）表明，在市场不成熟，即信息缺乏的时候，价格传递质量信息的作用重要，"以价辨质"现象明显，但是随着市场成熟（多期购买之后），关于质量信息扩散，价格不

[①] 具体的分析过程及均衡结果请参阅 Bagwell, K. & Riordan, M. H.（1991）原文第 233—237 页。

再是消费者所依赖进行判断的工具。由于价格在交易中有多重作用，在很多情况下，仅仅依靠价格来建立消费者对于质量的稳定预期很难实现，所以引入其他方法是必要的：在产品刚进入市场时，辅助价格传递商品质量信息，在市场成熟时，它有可以用来维持消费者稳定的质量预期。因此，本部分简要梳理相关研究，以求呈现一个更为全面的逻辑框架展示"质""价"关系的研究进展。

（一）广告

根据实际生活经验，除了价格，最常用于传递质量信息的方法就是广告。Nelson（1970, 1974, 1978）认为商家通过广告向"无知"的消费者传递质量信息，这一做法非常普遍，但是广告传递质量信息的本质并不是通过具体的广告内容，因为在没有实际消费前，所谓的高品质是无法验证的，没有强有力的惩罚机制，广告内容对于消费者是毫无意义的。但是广告本身的存在确能传递出重要信息：公司为了该产品推广投入巨额的广告费用。消费者有理由对广告做出积极的回应，因为如果是短视的一次性欺骗购买或是低质产品，广告的巨额投入对公司反而不利。但对于高质产品来说，高品质的良好体验更可能让消费进行重复性购买，所以吸引首次购买对于高质商家来说是有意义的，投入高额的广告费是值得的。随后，Milgrom & Roberts（1986）基于 Nelson 的思想，构建了价格和广告联合的信号传递模型，模型显示如果商家能使用价格传递质量信息，那么无须浪费巨额的广告费，但是价格信号失效时，广告就成为重要的信号，定价和广告结合使用能大大提高信息传递质量和效率。Milgrom & Roberts 分类讨论多种情况的均衡结果，在这一领域里做出了重大贡献。之后，Hertzendorf & Overgaard（2001b），Fluet & Garella（2002）也进行了相关研究，得到相似的结论，广告能够有效解决价格信号无法传递质量信息的情况。

Milgrom & Roberts 模型是一个重复购买模型，定价和广告都是传递质量信息的关键变量，也是厂商的决策变量，质量是外生给定。新产品实际质量为 q，厂商定价为 p，广告投入为 A，消费者认知质量为 Q，$\pi(P, q, Q)$ 为公司实际销售利润。存在分离均衡，当且仅当存在 $(P, A) \geq 0$，满足 $\pi(P,H,H) - \pi(P_L^H,H,L) \geq A \geq \pi(P,L,H) - \pi(P_L^L,L,L)$，同时，在任何分离均衡点 (P_H, A_H) 还满足：

$$\begin{cases} \max_{P,A} \pi(P,H,H) - A \\ \text{s.t} \quad \pi(P,L,H) - A \leq \pi(P_L^L,L,H), \end{cases} \quad P,A \geq 0 \tag{3}$$

式（3）的最优解 (P^*,A^*)，$A^* > 0$，P^* 满足

$$\begin{cases} \max_{P} \pi(P,H,H) - \pi(P,L,H) \\ \text{s.t} \quad \pi(P,L,H) - \pi(P_L^L,L,L) > 0 \end{cases} \tag{4}$$

结果分情况讨论，若（i）$P_H^H \notin (\underline{P},\overline{P})$，且 $P_H^H > \overline{P}$，或是（ii）$P_H^H \notin (\underline{P},\overline{P})$，且 $P_H^H < \underline{P}$。以上两种情况都不需要借助广告就能够凭借着定价自动分离高低质产品，但是市场上出现均衡结果完全不同，第一种情况是"质""价"匹配，分别针对不同消费群体。而第二种情况，开始可能出现"质""价"逆匹配，低价高质，高价反而低质，随着重复购买和消费者体验增加，最后高质商品会将低质产品驱逐出市场。

但是，如果 $P_H^H \in (\underline{P},\overline{P})$ 且 $P^T \in (\underline{P},\overline{P})$（如图5），其中，$(P^T,A^T)$ 为式（4）的解，高质公司需要使用广告才能将自己的产品区别。此时考虑利润差的凹凸性：若 $\pi(P,H,H) - \pi(P,L,H)$ 对于 P 是拟凹的，意味着当定价 P 远离 P_T 对于高质商品来说代价更小，但使用广告对于各种商家的代价都是一样的，此时，高质商家倾向使用广告而

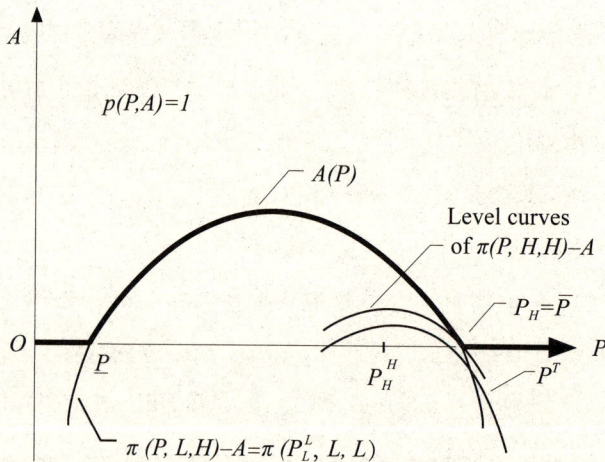

图 5 高质商品定价取到边际值

资料来源: Milgrom, P. & Roberts, J., 1986, "Price and Advertising Signals of Product Quality", *The Journal of Political Economy*, p. 809.

非调整定价来传递信息。相反，若 $\pi(P,H,H)-\pi(P,L,H)$ 对于 P 是拟凸的，则意味着远离 P_T 对于高质商家代价更小，调节定价成为首选。

　　Milgrom & Roberts 将 Nelson 的深刻洞见模型化，模型的适应性广，结果大体符合直觉。但在细微之处，模型结果和实际生活有些不同，按照 Milgrom & Roberts 的结论，只有在 P_T 点处，如果价格不足以传递出质量信息的情况下，才需要辅助使用广告，且在消费者进行首次购买之后，对商品质量有了实际体验，最优的策略是不再使用广告 $A=0$，可是现实生活中广告使用十分频繁，即使商品质量已经被人们所了解的情况下，广告也没有停止，很多知名品牌、奢侈品牌更是每年投入惊人的广告费用。分析可能的原因：广告不仅仅有推广新产品的作用，还是品牌塑造和管理的重要手段，高昂的广告费和良好的商品体验相结合，可以促进消费者对品牌产生稳定的质量预期，形成品牌忠诚，这一无形资产让公司长期受益，Hudson & Jone（2001）通过实证验证了这一结果，随着年龄的增长，消费者筛选和辨别各种质量信号的能力增强，通过品牌信号判断质量的人数比例最高（约 60% 左右）且在各个年龄段保持稳定。关于产品质量、广告及品牌的文献有许多，这里不做重点讨论。

（二）其他信息揭露方式

　　还有一类重要的文献提供了另外一种更为直接的解决方法——使用可靠手段直接披露质量信息，例如，权威部门认证，相关质量检测报告等等。定价、广告等信息传递手段与直接披露信息有着本质区别。对于质量信息传递，直接披露信息是价格信号非常重要的互补手段，因为如果公司主动或是被动地披露自己的质量信息，那么市场上的信息情况就会大大改善。

　　多数关于质量信息披露的文献都仅仅涉及信息披露模型，有着共同的假设：边际成本与质量无关，价格信号无法有效分离高低质产品。此时，不披露质量的商家，产品质量各异，但是定价相同（Viscusi, 1978; Grossman, 1981; Milgrom, 1981; Jovanovic, 1982; Matthews & Postlewaite, 1985; Cheong & Kim, 2004; Polinsky & Shavell, 2006, Board, 2009）。2003 年，Fishman & Hagerty 首次将质量信息披露与定价手段结合起来，但是二者不能相互替代。因为高低质产品有着相同的生产成本，不能单独使用定价手段，但两种手段结合起来可以有效传递质量信息。Caldieraro, Shin & Stivers（2008）构建的两阶段模型

122

中，只使用价格信号就能够将高低质商品区分，但是如果在使用价格信号前，披露信息能够极大减低使用价格信号过程中的利润损失。值得注意的是，不仅高质厂商有动机披露质量信息，低质厂商也将主动披露信息，改善自己的最终利润。最近的研究进展，Daughety & Reinganum（2008）认为价格信号和披露手段相互代替，在不同情况下，商家可以在二者间选择更加合适的方法有效地传递信息。Daughety & Reinganum 模型为使用定价手段传递质量信息提供了很重要的补充。与其他模型不同，此模型涉及消费者的主观质量感受，厂商和消费者之间存在"质量交流"，引入消费者感知质量 $\tilde{\theta}$，构建了消费者效用函数如下：

$$U(p,q,\tilde{\theta}) \equiv (\alpha - (1-\tilde{\theta})\delta)q - \beta(q)^2/2 + I - pq \qquad \alpha > \delta > 0，\beta > 0$$

其中，q 为购买数量，p 为价格，I 为收入，α 为单位满意质量带来的效用系数，$\alpha-\delta$ 为单位失望质量的效用系数。厂商可以通过两种方式影响消费者的感知质量：一是披露手段，一是价格。如果揭露商品信息，$\tilde{\theta} = \theta$，即感知质量就是实际质量，此时公司收取完全信息垄断价格 $P^f(\theta)$，得到垄断利润为 D，披露质量需要花费成本，所以公司得到的最终利润为：

$$\Pi^f(\theta) - D, \theta \in [\underline{\theta}, \overline{\theta}]$$

如果仅使用价格信号传递信息，达到精炼贝叶斯分离均衡时定价为 $P^s(\theta)$，利润为 $\Pi^s(\theta)$，模型通过分析得到两个重要结论：

结论一：分离均衡价格函数 $P^s(\theta)$ 随着质量增加而增加，并且均位于垄断价格之上（如图 6 所示）。$\Pi(\theta) = \Pi^f(\theta) - D$，$\theta \in [\theta^V, \overline{\theta}]$。

结论二：$\Pi^f(\theta) - \Pi^s(\theta)$ 随着 θ 严格递增，且当 $\theta(>,=,<)\theta^V \in [\underline{\theta}, \overline{\theta}]$，$\Pi^f(\theta) - D(>,=,<)\Pi^s(\theta)$，即当质量低于 θ^V 时，选择价格信号，而质量高于 θ^V 时，选择揭露手段（如图 7 所示）。

Daughety & Reinganum 模型为使用定价手段传递质量信息提供了很重要的补充。在均衡时，市场上出现如下几种情况：（1）如果揭露费用很高，$\Pi^f(\theta) - D < \Pi^s(\theta)$，$\theta \in [\underline{\theta}, \overline{\theta}]$，没有任何商家选择披露手段，此时，消费者可以根据定价大致判断商品质量。（2）揭露费用分离出两类商家，$\theta > \theta^V$ 的商家选择揭露质量信息，此时高质商家的定

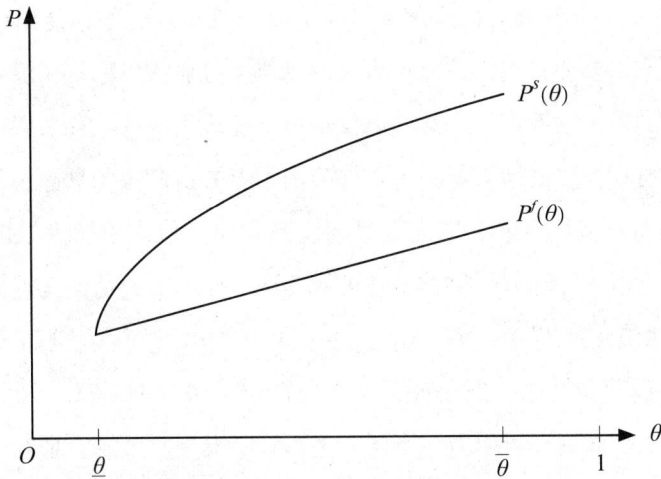

图 6　分离均衡价格与完全信息价格

资料来源: Daughety, A. F., & Reinganum, J. F., 2008, "Communicating Quality: A Unified Model of Disclosure and Signalling", *The RAND Journal of Economics*, 39(4): 980.

价溢价消失，同等价位下，揭示质量信息的高质商家将低质商家驱逐，形成 U 型的利润曲线让厂商分布两端：不揭露质量信息的低质低价商家和揭露信息的高质高价商家。

此模型的重要性体现在如下几个方面。首先，模型给出了一种"以价辨质"的解

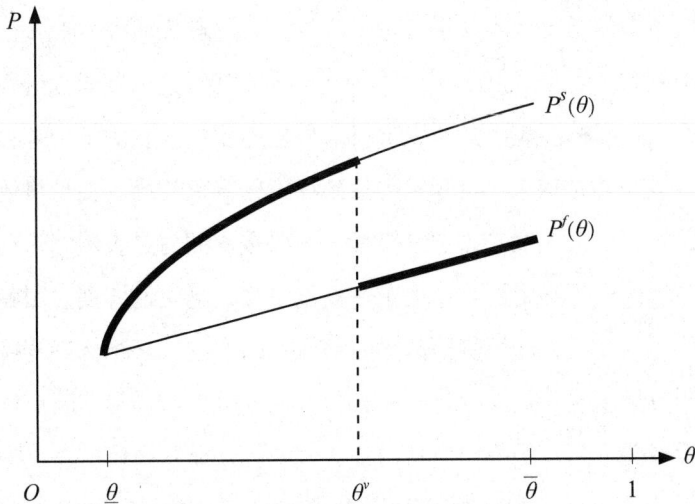

图 7　揭露信息和使用定价手段的选择

资料来源: Daughety, A. F. & Reinganum, J. F., 2008, "Communicating Quality: A Unified Model of Disclosure and Signalling", *The RAND Journal of Economics*, 39(4): 982.

释。市场上存在可靠的质量信息揭露手段，可以让消费者更好地使用价格信号辨别商品。适当揭露成本，会使得商家在追求利润的动机下分居市场两端，没有彼此模仿的动机，市场信息得到极大的改善，此时"以价辨质"变成很好的判断法则，即使商家进行信息披露不能被所有消费者所知晓，只要部分消费者知道商家的披露，不知晓披露信息的消费者知道揭露机制的存在，看到商家定出高价位，就能以较大把握判断商品为高质。其次，模型为市场管理者提供了一种可能的调控方式。合适的揭露信息的辅助手段能够有效调整厂商结构，若 $0 < D < D^{\mathrm{mod}} \equiv \Pi^f(\overline{\theta}) - \Pi^f(\underline{\theta})$，可以保证高质厂商的情况好于低质厂商，促进产业升级。但是如果 $D^{\mathrm{mod}} < D < \Pi^f(\overline{\theta}) - \Pi^s(\overline{\theta})$，这个时候低质厂商反而可能会比高质厂商更有吸引力，不利于市场健康发展。市场管理者可以控制披露工具成本达到调控市场的效果。最后，模型中体现了此领域研究的最新发展趋势。最几年，关于"质""价"关系的研究趋向于关注消费者的感受，关于消费者效用的假设上也加入了更多现实因素的考虑。

六、总结及相关思考

本文围绕着"以价辨质"的合理性和适用性展开，讨论在不完全信息下，维持"质""价"匹配均衡的条件。本文以理论研究为主，将前人研究按照一定的逻辑脉络梳理，试图以更清晰的理论框架展示零星的研究成果，并跟进目前研究进程。通过梳理文献发现：目前重要的文献都显示，使用价格信号传递质量信息的基础是存在与质量相关的边际成本，且成本差异越大，就越容易达到稳定的分离均衡。在价格信号的传递过程中，消费者的偏好和信念无疑是影响最终结果一股重要的力量，但因为消费者行为和感受的主观性、多样性、不确定性等，很难在模型中完全真实地体现。因此，一般信息模型以厂商为主体展开讨论，使用价格信号的动机及效率受市场结构影响极大，达到分离均衡所需条件随市场结构变化而变化。一般而言，竞争性市场和垄断市场中，虽然促使信息揭露的力量来源不同，但高质商品通常通过溢价来显示高质信息。寡头垄断市场上情况最为复杂。由于介于竞争市场和垄断市场之间，与竞争市场相比，竞争影响力减弱，与垄断市场相比，每个供给者并没有绝对的市场力量，这两种主要支撑揭露信息的力量会随着具体情况变化而变化，此时，博弈结果对于假设极为敏感，市场上可能出现的情况多样。作为重要的补充，在很多情况下，定价手段需要和其他方法联合使用才能够有效地达到"质""价"匹配的均衡。商家需要根据自身情况进行相应的决策过程：（a）根据产品质量和成本信息，决定是否需要揭示质量信息；（b）若揭示质量信息对于商家有利，则需要根据具体情况在直接披露手段和间接传递信息手段中选择或联合使用，主要的直接披露手段有权威部门认证，相关质量检测报告等等，间接传递信息手段包括定价、广告等。以上所有的讨论均是在市场未成熟的情形展开的，探究"以价辨质"的方法是否真的可以帮助消费者在消费前做出正确的选择，与此同时，关注市场成熟时，"质""价"关系，是因为均衡时"质""价"匹配关系能够加强消费者"以价辨质"的信念，增加消费者使用概率和把握，是"以价辨质"信念得以稳定的保障。

　　本文研究主题有丰富的理论意义。首先，对柠檬原理的重新思考。在现实生活中，由于柠檬原理导致市场缩小甚至崩溃的情形存在，但是，也存在很多"质""价"匹配的稳定市场。从"以价辨质"一个朴实的生活现象出发，对"质""价"关系进行更细致的思考，通过对反柠檬现象的思考，来为柠檬原理的适用性划界。其次，对现在以"价""量"为主的经济学研究体系，提供重要的补充。相比于已经成熟的"价""量"关系的研究，"质""价"关系的研究还处在发展阶段，虽有一些研究成果，但是还不成体系。若更深刻地理解"质""价"关系，有助于建立一个更为丰满严谨的经济学理论体系，增强经济学的解释力和说服力。最后，经典供求法则可能失效的一种情形。当价格并不只是资源配置的手段，也是传递质量信息的重要信号工具，提高价格并不意味着销量下降，低价也不意味着占领市场，盲目的价格竞争，可能带来利润亏损，还导致市场份额下降。

　　除此之外，研究成果还是许多潜在的应用价值。第一，帮助供给者进行定价决策。传统经济学总是供求决定均衡价格，这是建立在许多强假设之上的结果，但是，潜在需求本身就难以观察，对于现实中"定价"的实际指导意义不强，可操作性弱。质量、价格及效用是需求方所关心的，质量、成本及利润是供给方所在意的，虽然存在信息不对称，但是质量信息是可以测量和传递的。深入了解价格信号用以传递质量信息的机制和适用性，在实际生活中，可以更好地辅助供给方定价，需求方也能通过"以价辨质"法则选择到符合预期的商品，维持稳定的市场秩序。第二，丰富的政策指导意义。本议题及研究成果对于市场监管和辅助相应的政策制定有其价值，例如：（1）促进技术变迁，产业升级。若存在"质""价"匹配的多均衡市场，且高质商品的利润水平更具有吸引力，那么新进入市场的竞争者则更可能生产高质商品。如果政府及相关机构能够提供可靠的直接揭露质量信息的手段，形成第六部分所论述的 U 型的利润曲线（并且高质市场利润更高），面临被驱逐的中间质量水平的厂商将改良技术，进行产业升级；（2）优化信息环境，提高市场效率。了解信息不完全情况下的价格信号传递机制，相关部门可根据不同的市场性质，能够更好地进行监管及指导，保护消费者利益，提高社会福利；（3）辅助制定有效的营销策略，进行品牌管理也是相关领域的衍生应用。从更广阔的视野来看，信息甄别和信息传递模型不仅仅适用于产品市场，相似的理论原理也可运用到劳动力市场、资本市场，去解释那些传统经济学不能解释的现象。

本文所收集的文献没有涵盖所有关于"质量的价格信号"的文献，本文所关注的文献及模型都具有如下特点：质量信息在供给方和需求方之间是不对称的，质量一旦确定就不会再随其他变量改变。Joseph Stiglitz，Carl Shapiro，Andy Weiss 及 Bruce Greenwald 等学者[①] 讨论了质量内生且随其他变量改变的情形，多以劳动力市场和资本市场为背景展开讨论，但不在本文的讨论范围内。本人尽己所能将前人重要的文献按照逻辑脉络进行了相应的整理，以求能够更好地整体展示相关领域的研究进展，但由于能力限制，无法达到尽善尽美，还有待进一步完善。

参考文献

[1] 张五常，2001，《经济解释》第 1 版，香港：花千树有限责任公司，第 145—154 页。

[2] Austin, J. L., 1964, *A Plea for Excuses, in Ordinary Language,* V. C. Chappell, ed., New York: Dover Publications.

[3] Akerlof, G. A., 1970, "The Market for 'Lemons': Quality Uncertainty and the Market Mechanism", *The Quarterly Journal of Economics*, 84(3): 488-500.

[4] Alcaly, R. E. and Klevorick, A. K., 1970, "Judging Quality by Price, Snob Appeal, and the New Consumer Theory", *Zeitschrift für Nationalökonomie*, 30(1-2): 53-64.

[5] Allen, F., 1988, "A Theory of Price Rigidities When Quality is Unobservable", *The Review of Economic Studies*, 55(1): 139-151.

[6] Bem, D. J. and McConnell, H. K., 1970, "Testing the Self-perception Explanation of Dissonance Phenomena:

① 此类代表文献有 Stiglitz（1976b, 1984），Stiglitz & Weiss（1981, 1983, 1986a, 1986b），Carl Shapiro & Stiglitz（1984），Shapiro & Stiglitz（1985a），Greenwald（1986），Willion R. Keeton（1980），Franklin Allen（1981, 1983, 1984, 1988），Farrell（1984, 1985），Bester, H.（1985），等等。

on the Salience of Premanipulation Attitudes", *Journal of Personality and Social Psychology*, 14(1): 23.

[7]　Becker, G. S., 1976, *The Economic Approach to Human Behavior,* University of Chicago Press.

[8]　Borcherding, T. E. and Silberberg, E., 1978, "Shipping the Good Apples out: the Alchian and Allen Theorem Reconsidered", *The Journal of Political Economy*, 86(1): 131-138.

[9]　Besanko, D., Donnenfeld, S. and White, L. J., 1987, "Monopoly and Quality Distortion: Effects and Remedies", *Q J Econ*, 102(1): 743-768.

[10]　Bagwell, K. and Riordan, M. H., 1991, "High and Declining Prices Signal Product Quality", *The American Economic Review*, 81(1): 224-239.

[11]　Cohen, J., 1977, *Statistical Power Analysis for the Behavioral Sciences rev.*, Lawrence Erlbaum Associates, Inc..

[12]　Champsaur, P. and Rochet, J. C., 1989, "Multiproduct Duopolists", *Econometrica*, 57(3): 533-57.

[13]　Crampes, C. and Hollander, A., 1995, "Duopoly and Quality Standards", *European Economic Review*, 39(1): 71-82.

[14]　Cho, I. K. and Sobel, J., 1990, "Strategic Stability and Uniqueness in Signaling Games", *Journal of Economic Theory*, 50(2): 381-413.

[15]　Cheong, I. and Kim, J. Y., 2004, "Costly Information Disclosure in Oligopoly", *The Journal of Industrial Economics*, 52(1): 121-132.

[16]　Caldieraro. F., Shin. D, and Stivers, A., 2011, "Voluntary Quality Disclosure Under Price-Signaling Competition", *Managerial and Decision Economics*, 32(8): 493-504.

[17]　Dodds, W. B. and Monroe, K. B., 1985, "The Effect of Brand and Price Information on Subjective Product Evaluations", *Advances in Consumer Research*, 12(1): 151-168.

[18]　Dulberger, E. R., 1989, "The Application of a Hedonic Model to a Quality-Adjusted price Index for Computer Processors", *in Jorgenson and Landau (eds.)*.

[19]　Daughety, A. F. and Reinganum, J. F., 1995, "Product Safety: Liability, R&D, and Signaling", *The American Economic Review*, 85(1): 1187-1206.

[20]　Daughety, A. F. and Reinganum, J. F., 2007, "Competition and Confidentiality: Signaling Quality in a Duopoly when there is Universal Private Information", *Games and Economic Behavior*, 58(1): 94-120.

[21]　Daughety, A. F. and Reinganum, J. F., 2008, "Products Liability, Signaling and Disclosure", *American Law & Economics Association Annual Meetings* , 164(1): 106-126.

[22]　Daughety, A. F. and Reinganum, J. F., 2008, "Communicating Quality: a Unified Model of Disclosure and Signaling", *The RAND Journal of Economics*, 39(4): 973-989.

[23]　Daughety, A. F. and Reinganum, J. F., 2008, "Imperfect Competition and Quality Signaling", *The RAND Journal of Economics*, 39(1): 163-183.

[24]　Dubovik, A. and Janssen, M. C., 2012, "Oligopolistic Competition in Price and Quality", *Games and Economic Behavior*, 75(1): 120-138.

[25]　Friedman, L., 1967, "Psychological Pricing in the Food Industry, in Phillips, A. and Williamson", *O.(Eds.), Prices: Issues in Theory, Practice, and Public Policy*, University of Pennsylvania, Philadelphia, PA, 187-201.

[26]　Fluet, C. and Garella, P. G., 2002, "Advertising and Prices as Signals of Quality in a Regime of Price Rivalry", *International Journal of Industrial Organization*, 20(7): 907-930.

[27]　Fishman, M. J. and Hagerty, K. M., 2003, "Mandatory versus Voluntary Disclosure in Markets with Informed and Uninformed Customers", *Journal of Law, Economics, and Organization*, 19(1): 45-63.

[28]　Gabor, Andre and C. W. J. Granger, 1961, "On the Price Consciousness of Consumers", *Applied Statistics*, 10 (2): 170-188.

[29]　Gardner, D. M., 1970, "An Experimental Investigation of the Price-Quality Relationship", *Journal of Retailing*, 46(1): 25-41.

[30]   Gardner, D. M., 1971, "Is There a Generalized Price-Quality Relationship?", *Journal of Marketing Research*, 8(5): 241-243.

[31]   Gal-Or, E., 1983, "Quality and Quantity Competition", *The Bell Journal of Economics*, 14(2): 590-600.

[32]   Gerstner, E., 1985, "Do Higher Prices Signal Higher Quality?", *Journal of Marketing Research (JMR)*, 22(2): 209-215.

[33]   Houthakker, H. S., 1952, "Compensated Changes in Quantities and Qualities Consumed", *The Review of Economic Studies*, 19(3): 155-164.

[34]   Hall, R. E., 1968, "The Techinical Change and Capital from the Point of View of the Dual", *The Review of Economics Studies*, 35(1): 240-271.

[35]   Holbrook, M. B. and Corfman, K. P., 1985, "Quality and Value in the Consumption Experience: Phaedrus Rides Again", *Perceived Quality*, 31(2): 31-57.

[36]   Hertzendorf, M. N. and Overgaard, P. B., 2001, "Price Competition and Advertising Signals: Signaling by Competing Senders", *Journal of Economics & Management Strategy*, 10(4): 621-662.

[37]   Jacoby, J., Olson, J. C. and Haddock, R. A., 1971, "Price, Brand Name, and Product Composition Characteristics as Determinants of Perceived Quality", *Journal of Applied Psychology*, 55(6): 570-596.

[38]   Judd. K. L. and Riordan M. H., 1994, "Price and Quality in a New Product Monopoly", *The Review of Economic Studies*, 61(4): 773-789.

[39]   Jay P. C., 1998, "Brand Extension as Informational Leverage", *The Review of Economic Studies*, 65(4): 655-669.

[40]   Janssen, M. C. and Roy, S., 2010, "Signaling Quality through Prices in an Oligopoly", *Games and Economic Behavior*, 68(1): 192-207.

[41]   Kalish, S., 1985, "A New Product Adoption Model with Price, Advertising, and Uncertainty", *Management science*, 31(12): 1569-1585.

[42]   Kreps, D. and Cho, I. K., 1987, "Signaling Games and Stable Equilibria", *Quarterly Journal of Economics,* 102(1): 179-221.

[43]   Kreps, D. M. and Wilson, R., 1982, "Sequential Equilibria", *Econometrica*, 50(1): 863-894.

[44]   Leavitt, H. J., 1954, "A Note on Some Experimental Findings about the Meanings of Price", *The Journal of Business*, 27(2): 205-210.

[45]   Lancaster, K. J., 1966, "A New Approach to Consumer Theory", *The journal of political economy*, 74(2): 132-157.

[46]   Levin, Peck, J. and Ye, L., 2009, "Quality Disclosure and Competition", *Journal of Industrial Economics,* 59(1): 167-169.

[47]   Lambert, D. R., 1980, "Price as a Quality Signal: the Tip of the Iceberg", *Economic Inquiry*, 18(1): 101-132.

[48]   Maynes, E. S., 1976, "The Concept and Measurement of Product Quality", In *Household production and consumption* NBER, pp. 529-584.

[49]   McConnell. J. Douglas, 1968, "Effects of Pricing on Perception of Product Quality", *Journal of Applied Psychology*, 52: 313-324.

[50]   McConnell. J. Douglas, 1968, "The Price-Quality Relationship in an Experimental Setting", *Journal of Marketing Research,* 5: 300-303.

[51]   Matthews, S. and Postlewaite, A., 1985, "Quality Testing and Disclosure", *The RAND Journal of Economics*, 16(1): 328-340.

[52]   Milgrom, P., 1981, "Good News and Bad News: Representation Theorems and Applications", *Bell journal of Economics*, 12(2): 380-391.

[53]   Milgrom, P. and Roberts, J., 1986, "Relying on the Information of Interested Parties", *The RAND Journal of Economics*, 17(2): 18-32.

[54] Milgrom, P. and Roberts, J., 1986, "Price and Advertising Signals of Product Quality", *The Journal of Political Economy*, 94(1): 796-821.

[55] Mailath, G. J., 1989, "Simultaneous Signaling in an Oligopoly Model", *The Quarterly Journal of Economics*, 104(2): 417-427.

[56] Monroe, K. B. and Lee, A. Y., 1999, "Remembering versus Knowing: Issues in Buyers' Processing of Price Information", *Journal of the Academy of Marketing Science*, 27(2): 207-225.

[57] Marshall, A., 2004, *Principles of economics*, Digireads.com Publishing.

[58] Newman, D. J. and Becknell, J. C., 1970, "The Price Quality Relationship as a Tool in Consumer Research", *American Psychological Association Proceeding*, 5(1): 729-730.

[59] Nelson, P., 1970, "Information and Consumer Behavior", *The Journal of Political Economy*, 78(2): 311-329.

[60] Nelson, P., 1974, "Advertising as Information", *The Journal of Political Economy*, 82(4): 729.

[61] Nelson, P., 1978, *Advertising as Information Once More*, In Issues in Advertising: The Economics of Persuasion, edited by David G. Tuerck. Washington: American Enterprise Inst.

[62] Olson, J.C., 1977, "Price as an Informational Cue: Effects on Product Evaluations", in Woodside, A. G., Sheth, J. N. and Bennett, P. D. (eds.), Consumer and Industrial Buying Behavior, North Holland Publication Company, New York, NY, pp.267-286.

[63] Olson, J. C., 1977, *Theories of Information Encoding and Storage: Implications for Consumer Research* (No. 65), Pennsylvania State University, Department of Marketing.

[64] Olshavsky, R. W., 1985, "Perceived Quality in Consumer Decision Making: an Integrated Theoretical Perspective", *Perceived Quality*, 6(3): 3-29.

[65] Peterson, Robert, 1970, "The Price-Perceived Quality Relationship: Experimental Evidence", *Journal of Marketing Research,* 7(11): 525-528.

[66] Peterson, R. A. and Wilson, W. R., 1985, "Perceived Risk and Price-reliance Schema as Price-perceived Quality Mediators", *Perceived Quality: How Consumers View Stores and Merchandise*, Jocob Jacoby and Jerry C. Olson (eds.), Lexington, MA: Lexington Books, Inc, 247-268.

[67] Parasuraman, A., Zeithaml, V. A. and Berry, L. L., 1985, "A Conceptual Model of Service Quality and its Implications for Future Research", *Journal of Marketing*, 49(4): 35-65.

[68] Parasuraman, A., Zeithaml, V. A. and Berry, L. L., 1988, "Servqual", *Journal of Retailing*, 64(1): 12-37.

[69] Polinsky, A. M. and Shavell, S., 2006, Mandatory versus Voluntary Disclosure of Product Risks, National Bureau of Economic Research Working Paper No.W12776.

[70] Russell, B., 1912, "On the notion of cause", In *Proceedings of the Aristotelian Society* (pp. 1-26), Williams and Norgate.

[71] Rosen, S., 1974, "Hedonic Prices and Implicit Markets: Product Differentiation in Pure Competition", *The Journal of Political Economy*, 82(1): 34-55.

[72] Rao, A. R. and Monroe, K. B., 1989, "The Effect of Price, Brand Name, and Store Name on Buyer's Perceptions of Product Quality: An Integrative Review", *Journal of Marketing Research*, 26(3): 351-357.

[73] Ronnen, U., 1991, "Minimum Quality Standards, Fixed Costs, and Competition", *The RAND Journal of Economics*, 22(4): 490-504.

[74] Scitovsky, Tibor., 1945, "Some Consequences of the Habit of Judging Quality by price", *Rev. Econ. Stud.*, 12(2): 100-105.

[75] Smith, E. and Broome, C., 1966, "Experimental Determination of the Effect of Price and Market-standing Information on Consumer Brand Preferences", In Proceedings of the American Marketing Association, 520-531.

[76] Stokes, R. C., 1985, *The Effects of Price, Package Design, and Brand Familiarity on Perceived Quality*, In Jacoby, J., Olson, J. C. (eds.), *Perceived Quality: How Consumers View Stores and Merchandise*, Lexington,

130

Lexington, MA.

[77] Stiglitz, J. E. and Parsons, S., 1987, *The Causes and Consequences of the Dependence of Quality on Price*.

[78] Spence, A. M., 1975, "Monopoly, Quality, and Regulation", *The Bell Journal of Economics*, 6(2): 417-429.

[79] Spence, M., 1976, "Informational Aspects of Market Structure: An Introduction", *The Quarterly Journal of Economics*, 90(4): 591-597.

[80] Shapiro, B. P., 1970, "The Effect of Price on Purchase Behavior", In AMA Fall Educators Conference, Chicago: American Marketing Association.

[81] Shapiro, B. P., 1973, "Price Reliance: Existence and Sources", *Journal of Marketing Research (JMR)*, 10(3).

[82] Stafford, J. E. and Enis, B. M., 1969, "The Price-Quality Relationship: An Extension", *Journal of Marketing Research (JMR)*, 6(4): 90-99.

[83] Szybillo, G. J. and Jacoby, J., 1974, "Intrinsic versus Extrinsic Cues as Determinants of Perceived Product Quality", *Journal of Applied Psychology*, 59(1): 74-89.

[84] Swan, J. E., 1974, "Price-product Performance Competition between Retailer and Manufacturer Brands", *The Journal of Marketing*, 38(3): 52-59.

[85] Shieh, S., 1993, "Incentives for Cost-reducing Investment in a Signaling Model of Product Quality", *RAND Journal of Economics*, 24(3): 466-477.

[86] Shieh, S., 1996, "Price and Money - Back Guarantees as Signals of Product Quality", *Journal of Economics & Management Strategy*, 5(3): 361-377.

[87] Tripliett, J. E. and McDonald, R. J., 1977, "Assessing the Quality Error in Output Measures: The Case of Refrigerators", *The Review of Economic Studies*, 23(2): 167-186.

[88] Valenzi, E. R. and Andrews, I. R., 1971, "Effect of Price Information on Product Quality Ratings", *Journal of Applied Psychology*. 55(1): 87-97.

[89] Waugh, F. V., 1928, "Quality Factors Influencing Vegetable Prices", *Journal of Farm Economics*, 10(2): 185-196.

[90] Wolinsky, A., 1983, "Prices as Signals of Product Quality", *The Review of Economic Studies*, 50(4): 647-658.

[91] Young, Shirley and Barbara Feigin, 1975, "Using the Benefit Chain for Improved Strategy Formulation", *Journal of Marketing*, 39(6): 72-4.

[92] Zeithaml, V. A., 1988, "Consumer Perceptions of Price, Quality, and Value: A Means-end Model and Synthesis of Evidence", *The Journal of Marketing*, 52(1): 2-22.

人们决策时为什么会考虑过去?

——关于沉没成本决策相关性理论综述

汤吉军[*]

摘要: 由标准经济理性模型可知,理性的当事人依据每一种选择的边际成本和边际收益进行决策,不管过去发生的沉没投资成本和承诺行动,这被视为新古典经济学中的一条基本原理。如果人们决策受到过去发生的沉没成本的影响,就说他们犯了"沉没成本谬误",提醒他们"让过去的事情过去吧"。然而,在非完全竞争环境普遍存在的情况下,过去发生的沉没成本往往影响人们当前或未来的选择行为,从而发现当事人决策时往往会考虑过去发生的沉没成本这一所谓的非理性或谬误行为。因此,通过对沉没成本决策相关性理论研究,一方面,可以正确看待新古典经济学沉没成本决策无关性的适用范围;另一方面,在非完全竞争市场条件下,一味地不考虑过去发生的沉没成本,也会带来严重的经济后果,因而要正确地对待沉没成本是否相关性,为真实经济运行过程中市场管制、企业管理,以及政府干预提供新的政策处方——关键在于加强沉没成本和风险管理,构建完善的市场竞争环境,以便应对不确定性条件下沉没成本问题。

关键词: 新古典经济学;沉没成本相关性;有限理性;交易成本

---

* 汤吉军,吉林大学中国国有经济研究中心。本文得到国家社会科学基金重大项目(13&ZD022)、教育部新世纪优秀人才支持计划项目(NCET-13-0247)和吉林大学青年学术领袖项目(2015FRLX09)的资助。

Why the People Take into the Past Account?
— The Decision Relevance of Sunk Costs: A Literature Overview

Tang Jijun

(China Center for Public Sector Economic Research, Jilin University)

Abstract: In order to focus on relevance of the past sunk costs, we relaxed perfect competition and information in traditional neoclassic theory and introduced positive sunk costs under imperfect competition and information. In terms of gaming, transaction cost (information asymmetries) and psychological costs, we have found that sunk costs not only impede market exit and entry and distort the market ourcome, but also lead to relevance of sunk cost dicision-making, beyond the neoclassic perfect competition model, characterized by the sunk cost should be ignored or irrelevance. Hence we provide the policy to recover or reduce the sunk costs, including market, firm institutions and government regulation to create a sustainable market system to ignore the past sunk costs. Otherwise the past sunk costs matter, and affect the resource allocation under the sunk costs and leading to the misallocation and welfare loss.

Keywords: neoclassic economics; relevance of sunk cost; bounded rationality; transaction cost

JEL Classification: B2; D4; L1

一、问题的提出

当讨论在不确定性条件下理性与沉没成本之间的关系时，几乎所有的经济学家都集中于沉没成本无关性，亦即规范的经济理性人决策模型认为，"经济人"完全了解可用的手段和将要实现的目标，通过可传递性的基数效用进行比较取舍，能够在现在和未来做出使主观期望效用（subjective expected utility）最大化的理性选择。在这种情况下，传统经济学给予理性人面对沉没成本问题的清晰建议是，过去投资的数量就是沉没成本。它们的数量和分摊对于当前的决策是不相关的。决策者仅仅根据预期的边际收益和边际成本进行决策，以前投资的时间、精力、货币和时间等因其不构成机会成本，所以不应该影响当前或未来的决策，体现了沉没成本决策无关性或中性。也就是说，沉没成本是指投资已经发生、并且无法得到补偿或回收的那些成本。无论当前采取什么行动，沉没成本都不会改变，理性选择当然应该忽略过去发生的沉没成本。然而，如果以前的这些投资激励人们继续执行当前的决策，尤其是亏损之后继续追加投资，就被称为沉没成本谬误[①]，它是一种非理性行为（irrational or maladaptive behavior）。因此，Frank（2003），Mankiw（2004），Pindyck & Rubinfeld（2001），Stiglitz & Walsh（2002）在微观经济学（价格理论）教科书

---

① 沉没成本谬误或错误（sunk cost fallacy /error）是从新古典经济学完全理性角度说的，最早是由 Jevons（1911）提出的，他写道："在商业领域，过去的就永远过去了。"沉没成本谬误被社会心理学家 Northcraft & Wolf（1984），Arkes & Blumer（1985）称为沉没成本效应或沉没成本偏差（sunk cost effect/bias）；被组织心理学家 Staw（1976），Staw & Ross（1989），Brockner（1992）称为承诺升级（escalation of commitment）；被经济学家 Dixit（1992），Cross（1993）称为滞后效应（hysteresis effect）。在本文中，我们统一称为沉没成本决策相关性，进一步进行理性解释。

中把沉没成本决策无关性看成是一项基本经济学原理或者作为理性选择的真谛，这是新古典或主流经济学家坚持完全理性思维方式的重要标志。

然而，人们在做真实决策时通常会犯系统性错误，常常会考虑过去发生的沉没成本，很难遵循沉没成本决策无关性这种规范的决策模型，从而提供另一种方法，即考虑沉没成本也是理性的，进而更复杂地认识到是否考虑沉没成本是受很多因素影响的，并不像新古典经济学那样简单。实际上，真实决策如何做出已经表明，人们通常使用"满意"或经验规则（Simon, 1956），致使过去的决策和行为很少是中性的。如果人们进行了大量的时间和精力投资，他们将利用这些过去的成本或负效用决定未来的行动过程。例如，Staw（1976）最早提出因自我辩护而产生承诺升级；Teger（1980）认为，由于人们"已经投入太多无法退出"或者说"大而不倒"，所以仍然保留一些投资失败的项目；Arthur（1989）以键盘为例说明，在当前的制度环境下进行了大量的投资就会在一定程度上抵制技术或制度变迁；人们对职业或者专业进行了大量投资，通常不愿意转换研究领域；在银行业，追加资金往往会贷给那些无法支付债务的企业等，这些都说明决策者难以忽略以前发生的沉没成本。

由于这些行为并不符合新古典完全理性选择理论，往往被视为谬误行为，并说他们是"沉没成本谬误"的牺牲者，看不到其存在的合理性。但是，在新产业组织理论上，Bain（1956）将沉没成本看作不完全竞争的来源，被认为是一种进入壁垒，标志着新古典完全竞争市场被打破了。Baumol & Willig（1981），Dixit（1980），Eaton & Lipsey（1980），Martin（1989），Stiglitz（1987），Sutton（1991）认为，沉没成本是企业进入、退出决策和战略投资的决定因素，考察了沉没成本对投资的作用，解释了市场可竞争性与产业结构之间的关系。在对待沉没成本与投资和生产能力关系中，Dixi & Pindyck（1994）考察不确定条件下的不可逆投资，分析了沉没投资决策与期权定价之间的关系。

由 Coase（1937）创立的新制度经济学[①]，十分关注人与人之间的契约关系，引入交易成本或有限理性概念将新古典经济学一般化。Williamson（1975，1985）通过资产专用性、不确定性和有限理性等概念探讨交易成本的大小，区分了资产专用性投资和非资

---

① 新制度经济学这一术语是由 Williamson（1975）首创的。实际上，新制度经济学是指新古典制度经济学，以区别凡勃伦、康芒斯等旧制度经济学，通过引入正交易成本将新古典经济学一般化，它仍然坚持新古典效率分析方法，如边际分析、个人效用最大化等。

产专用性投资，进行了比较制度分析。不仅如此，Hart（1995）根据不完全契约理论认为，资产专用性、准租金和敲竹杠作为缔约的关键问题，因此剩余控制权在影响事前资产专用性投资是非常重要的。同样，因交易成本会进入企业内部，只有通过机制设计减少委托代理中的道德风险，才能实现激励相容。

行为经济学家Kahneman[①] & Tversky（1979），Thaler（1981）在前景理论（prospect theory）基础上对沉没成本决策相关性行为给予解释。根据这一理论，人们对投资损失的反应是因为他们有厌恶损失的心理偏好或心理偏差，从而表明沉没成本影响决策往往被看作人们没有做出理性选择的反面证据。Staw（1976），Arkes & Blumer（1985），De Bond & Makhia（1988），Whyte（1986），Shefrin（2001）等已经证明，人们投资的沉没成本越大，他们就越可能进一步追加投资，从而出现承诺升级现象。

虽然许多例子通常被用来证明沉没成本谬误，甚至还证明因没有忽略过去发生的沉没成本造成的灾难。这些例子可能反映新古典经济学家完全理性的部分偏见，他们试图教导人们应该忽略过去发生的沉没成本，其有效方式就是从反面论证——没有忽略过去发生的沉没成本对社会或者对自己最终是有害的。但是，我们也常会看到一些不忽略过去发生的沉没成本的成功例子。在某些时候受到极大挫折但却坚持下来，特别是当眼下困难不利于他们时，因为他们"已经走得太远以至于现在无法放弃"而获得成功。更为重要的是，Steele（1996），Walton（2002）认为，人们甚至能利用他们对于沉没成本的反应而对于自己有利。人们购买机器运动或健身房的会员费用在数千元，即使他们不愿意花费这样多的钱，如果他们这样做，那将会使他们经常去运动，对他们的健康是好的。特别是在战略博弈分析中，Schelling（1960）指出，通过沉没成本投资捆住自己的手脚会造成一种可信性承诺，缩小选择集，反而对自己更加有利。

因此，在非完全竞争决策环境下，沉没成本决策相关性其实也是一种理性选择，而忽略沉没成本则是非理性行为，因此需要对沉没成本决策相关性进行具体分析。由于市场不完全、环境不确定性和有限理性普遍存在，过去发生的沉没成本往往会发挥重要的作用，当事人对过去发生的沉没成本会做出理性反应，这本身也是一种理性行为，这

---

① 卡尼曼（Kahneman）与实验经济学家史密斯（Smith）共同获得2002年诺贝尔经济学奖，卡尼曼因成功地将人类决策和判断的心理学研究成果带到了经济学科的研究中，为现代经济学理论和方法注入新的见解，成为行为经济学（心理学与经济学）的奠基人，从而也可以看到新古典经济学与非主流经济学的异同点，不仅会出现经济学帝国主义，而且还会出现心理学帝国主义等，从而出现大量的新兴学科之间的交叉。

是偏离新古典完全竞争决策环境条件下的一种理性行为，此时如果忽略沉没成本，则会造成一种广泛的机会主义行为，对所犯的错误不负责任，自由进入和自由退出，如表1所示。

表1　沉没成本决策相关性存在与否

理性情况			
		完全理性	有限理性（非理性）
经济动机	纯经济动机	不存在	存在
	非经济动机	存在	存在

因此，本文突破新古典经济学分析人类只有经济动机而且完全理性时的经济运行情况，此时无须考虑沉没成本，但是，如果有非经济动机和不完全理性不同组合，决策者就会考虑沉没成本，此时不考虑就会导致经济问题恶化。因此，从不同角度阐述沉没成本决策相关性，强调过去发生的沉没成本对当前或未来选择的影响机制，突出沉没成本决策无关性或中性仅仅是一种特例。第二部分界定沉没成本概念和形成条件；第三部分从新制度经济学角度论述沉没成本决策相关性；第四部分从新信息经济学角度论述沉没成本决策相关性；第五部分从行为经济学角度论述沉没成本决策相关性；最后是结论。

二、沉没成本的内涵及其形成条件

通常，生产成本是指生产过程中人与自然进行物质与能量变换以制造出符合人们需要的产品而形成的成本，它包括显性成本和隐性成本。在微观经济学中涉及的成本概念，如总成本、平均成本、边际成本等，都是建立在会计成本分析基础上。同样，生产成本分为固定成本和可变成本，也是会计账户上的区别。固定成本是指与生产产量不发生变动关系的成本。可变成本是指与生产产量的变动发生关系的成本。而与契约问题关系密切的，则是一种资产究竟属于用途可变的资产，还是用途不可改变的资产（Klein & Leffler, 1981）。有很多资产，从会计角度讲是固定资产，但实际上其用途可以改变。如处于中心位置、用于一般目的的建筑物和设备就属此类。耐用但可移动的资产如普通卡车和飞机，也属于用途可变的资产。至于会计做账时列入可变成本的其他成本，其对应的资产却可能很难改变其用途，如企业专用的人力资产就是如此，其中资产专用性就是导致根本性转变（fundamental transformation）的原因（威廉姆森，2002），在这种情况下，将微观经济学中引入交易成本，从而突破市场治理研究的局限性。

Mata（1991）、Wang & Yang（2001）认为，沉没成本①是指投资承诺之后，在退出时不能得到补偿的那些成本②，又被称为承诺成本、不可避免成本、不可补偿成本和不流动性成本。在一定程度上，可以说，固定成本/可变成本，以及沉没成本/可补偿成本之间的划分是不同的，也不是简单的等价关系。具体来说，沉没成本是指一级资产市场上购买价格与二级市场上资产再出售价格的差额（汤吉军，2008）。那么，在现实条件下，有哪些主客观条件会使投资成本发生沉没成本呢？

首先，专用性有形和无形二手资产投资成本是产生沉没成本的客观条件。按照Williamson（1985）的观点，专用性资产可划分为:（1）设厂区位专用性。例如，在矿山附近建立炼钢厂，有助于减少存货和运输成本，而一旦厂址设定，就不可转作他用。若移作他用，厂址的生产价值就会下降。（2）物质资产专用性极强。设备和机器的设计仅适用于特定交易用途，在其他用途中会降低价值。（3）人力资产专用性。在人力资产方面具有特定目的的投资。当用非所学时，就会降低人力资产的价值。（4）特定用途的资产，是指供给者仅仅是为了向特定客户销售一定数量的产品而进行的投资，如果供给者与客户之间关系过早结束，就会使供给者处于生产能力过剩状态。物质资产和人力资产专用性，使其再生产的机会成本很小，甚至没有，因而无法通过再出售价格得到完全补偿，这部分成本损失就是沉没成本。

---

① 企业的剩余可定义为销售收益减去总成本。其中，任何一项活动的总成本包括两部分:生产成本和交易成本。前者是指将投入品变成产品所耗费的资源成本；后者是指将产权从一个当事人转移到另一个当事人所耗费的资源成本。当产权得到积极运用时，即当产权被投入到交易或与别人拥有的生产要素中的产权相结合时，就会发生交易成本。因此，沉没成本也可以包括沉没的生产成本和沉没的交易（制度）成本两类，本文一并称为沉没成本，但绝不意味着沉没的交易（制度）成本不重要。

② 对于sunk cost的理解较为混乱，但就笔者长期研究得知，它有两层含义:一个是针对资源充分流动性而言，提出潜在意义上的预期到的沉没成本，这是的大多数主流经济学家研究的重点，往往等价于资产专用性、不可逆投资或资产固定性等概念；另一个是指过去意义上的沉没成本，往往不被主流经济学家所研究。而这种简单两分法与Baumol（2002）指出的完全一致:"经济学文献的规范结论认为，理性的决策者不应该考虑过去发生的沉没成本，因为'过去的都已经过去了'，现在的行为已经无法改变它。如果解释得当，那么这样的规范结论是相当正确的。但是，预期沉没成本在没有产生之前还是会产生很大影响的，事实上它们的作用还是举足轻重的。"因此，在真实世界里，我们不仅需要考虑预期沉没成本与进入壁垒、公司治理等问题，还需要考虑过去发生的沉没成本决策相关性问题。显然，本文是在过去意义上来研究沉没成本决策相关性，直接质疑新古典或主流经济学的严格假设前提，从而更加贴近真实的经济世界。

其次，在已知资产再出售价格不变的情况下，交易成本的存在也会降低二手资产再出售价格，一方面，导致购买价格升高；另一方面导致再出售价格下降，也会产生导致沉没成本。尤其在信息不对称条件下，Akerlof（1970）认为因"柠檬"问题会使专用性资产在交易过程中因逆向选择，很容易因资产的平均质量下降而最终导致市场消失，也会产生沉没成本。而且，市场治理结构的交易成本昂贵，需要企业或长期契约等非市场治理结构的存在，但又因交易成本会进入非市场治理结构中，也会导致敲竹杠行为、委托代理等机会主义行为出现，这些都会导致投资资本生产效率损失而产生沉没成本。特别需要指出，如果考虑的资产本身是信息，那么信息不对称更加不容易消除，这是因为在没有揭示信息的情况下无法估价信息的价值，Arrow（1970）将这一现象归结为信息悖论，显性和隐性知识都不可能无损失地转让或交易。

最后，政府管制、契约承诺、税收政策与折旧制度等，都有可能产生沉没成本。例如，债务契约，一旦遇到不利冲击，必须考虑债务偿还问题，而不能忽略掉它们，这是由于契约承诺造成的。再比如，固定资本投资，随着时间的流逝，其市场价值会遭受有形和无形磨损也会发生贬值，从而带来无形资本损失，这也是典型的沉没成本。例如，技术进步和产品创新都会降低原有资本价值[①]而产生沉没成本，这部分沉没成本对经济体的运行影响极大。

总之，Steele（1996）指出，沉没成本概念最早是由机会成本和价格理论的创立者提出来的，其目的仅仅是为了证明沉没成本的非相关性而排除在当前或未来决策之外，这是在新古典经济学完全理性条件下做出的。然而，一旦偏离新古典经济学完全理性条件，当进行大量的成本投资时，由于有限理性、机会主义和环境不确定性等，在动态或不确定性条件下，很容易产生沉没成本，决策者不得不考虑这些沉没成本补偿及其相关问题，从而出现沉没成本决策相关性。

---

① 虽然马克思本人并没有明确使用"沉没成本"这一概念，但是我们可以看到，他已经有意识地认识到资本主义市场经济与沉没成本的关系，突出沉没成本的本质特征——成本补偿或价值实现失灵。马克思不是从资产物质特征如专用性和资产市场交易成本角度入手，而是从生产过程中固定资本发生有形和无形损耗（技术进步）角度认识沉没成本的产生，并不是简单地涉及进入和退出问题，因此他十分强调产品价值实现或成本补偿的重要性，为解释资本主义经济危机与沉没成本提供了内在联系，与瓦尔拉斯一般均衡没有沉没成本形成鲜明对照。

三、沉没成本决策相关性的新制度经济学分析

新古典瓦尔拉斯阿罗—德布鲁经济模型不仅建立在完全竞争市场上，而且它还直接建立在零交易成本这一假设之上的，在这样一个理想世界里，决策者被认为是，只要他们想要，他们就能够不花费任何成本即可获取和拥有任何信息。他们具有完美的预测力，因而能够签订完全契约——这些契约能够在毫不出错的情况下被监督和执行。于是，根本看不到投资谬误或失败行为，进而也看不到沉没成本的存在，这样我们就割断过去和历史对当前和未来决策的影响。然而，一旦走进正交易成本的世界里，我们会发现，过去发生的沉没成本对决策产生重要影响，从而透视出历史或路径依赖的重要性。

1. 由于委托代理关系的存在，沉没成本可以发送能力声誉信号，代理人会对沉没成本做出理性反应。能力声誉信息效应越大，沉没成本决策相关性越大。反之，能力声誉信息效应越弱，则沉没成本决策相关性越弱。

沉没成本决策相关性的根源来自 Alchain & Demsetz（1972），Ross（1973），Jensen & Meckling（1976），Holmstrom & Tirole（1989），Sappington（1991）等提出的代理理论。它与古典企业经济学的关键差别在于，将企业定义为委托人与代理人之间的显性和隐性契约关系的约束，其中假设经理（代理人）与企业所有者（委托人）之间目标有差异。经理追求自己的私利而不是企业的利益，比如 Goldberg（1976）最早提出敲竹杠问题（holdup problem）。当同时满足下面的两个条件就会产生代理问题：一是委托人和代理人之间存在信息不对称，委托人比代理人知道得少；二是，代理人有动机这样做，可以获得收益。因此，对于失败的投资项目追加投资符合代理人的私利，如果他拥有追加投资决策的结果的私人信息，而企业所有者（委托人）根本没有，那么经理（代理人）就会理性地投资升级，尽管这不符合企业的最大利益。特别是，如果投资升级能够补偿以前导致的投资损失，进而保持经理的声誉，那么经理将有强大的动力追加投资。

相对于承诺声誉而言，代理人更可能要隐藏不好的选择以显示其能力和才华，这也可能导致他们进一步追加投资，希望隐瞒他们坏的投资项目。因此，Kreps & Wilson（1982），Kanodia, Bushman & Dickhaut（1989），Camerer & Weber（1999）认为，尊重沉没成本会隐藏能力声誉信息，而放弃投资项目可能揭示代理人是一个"很差的预见者"，进而导致代理人必须理性地坚持无利可图的项目以掩盖其能力信息，出现"将错就错"

或"错上加错"。

经理选择项目，他自己获取关于项目生产力的私人信息，而进行实施，并根据这些信息选择进行多少投资。他们获得的私人信息都与他们的不可观察的能力有关。如果他们的能力较高，经理得知项目的生产力更迅速，并选择更大生产力的项目。委托人从他们的投资选择中理性做出关于他们能力的推断。因为有能力的经理能够更快地得知项目的生产力，他们更可能有更多的有生产力的项目，从而更有可能继续投资。那么，如果经理得知该项目没有生产力并停止投资，委托人以此会对他们的能力做出消极的评价，从而降低他们的挣得机会。一旦他们开始投资，停止投资显示，他们在得知项目的生产力方面很慢，能力较低。为此，尽管当得知项目是无利可图，经理仍然理性地继续投资。当然，委托人最终会发现项目是无利可图的，在这种情况下，经理可能会被解雇。然而，经理理性地继续投资目的是推迟被解雇。

委托人当然喜欢他们的经理立即停止坏的项目。当项目停止时，如果委托人可信地承诺不会解雇他们，他们可以阻止他们继续坏的项目。然而，这种承诺通常是不可信的。如果经理停止投资，委托人得知项目有可能是坏项目，因此，选择这样项目的经理可能被认为低能力，在这种情况下，委托人通常解雇经理更好。

由于经理市场信息不对称，以及柠檬问题，往往会造成事前的逆向选择，低能力经理会幸运地选择好的项目，进而使低能力的经理也会启动项目，不仅降低投资效率，而且还加大投资失败的风险。一旦开始，如果他们知道项目是坏的，因为他们想拖延低能力评价，以及相关的挣得损失，他们就会采取道德风险行为，不终止投资。

当最终的项目发现亏损，他们蒙受名誉损失，有些经理甚至会歪曲事实，力争扭转失败局面。"应该让过去的事情过去吧，忽略失败项目的沉没成本"。然而，忘记失败对于委托人来说是不理性的，即使它的成本是沉没了，因为失败显示了在未来再次失败的可能性。因此，尽管沉没成本行为违背新古典严格理性，但是当经理追求效用最大化，偏离企业利润最大化目标时，信息不对称引起激励扭曲，从而使经理决策时考虑沉没成本。

2. 在道德风险和信息不对称情况下，财务约束越硬，沉没成本决策相关性越明显。反之，财务约束越软，沉没成本决策相关性越不显著。

在资本市场完全假设情况下，根据 *MM* 定理，企业的资本结构并不影响企业的价值，从而看不到财务约束。因此，只要有利可图，企业就会投资不会出现财务约束。然而，由于税收、交易成本、信息不对称等，资本市场是不完全或者无效率的，所以财务约束是必要的。在企业管理生涯中，道德风险会导致经理坚持无利可图的项目。一般而言，道德风险和信息不对称可以产生一系列的管理问题，为此，企业会给经理施加财务约束。在企业融资方面大量文献表明，Stiglitz & Weiss（1981），Myers & Majluf（1984），Hart & Moore（1995）认为对经理强加的财务约束会改进代理问题，这是在新制度环境下一种理性选择。绝大多数的实证支持，Fazzari & Athey（1987）认为，只有一小部分商业投资是由贷款融资的。当经理面对财务预算约束，沉没成本必然会影响企业投资。假设其他条件不变，过去较大支出导致未来支出能力减弱。因此，财务约束可能导致企业或个人继续坚持一些不再是最优选择的项目。

企业财务预算约束可能理性地对沉没成本产生反应主要是因为已经投资更多而不是投资更少。这意味着沉没成本使企业进行其他投资的能力下降了。假设企业从事投资项目 1 的财务预算为 B。其中，支付固定成本为 $S>0$，对于大于 S 的每元钱的收益率 $R_1>0$。同时，企业进行增量支付。现假定有一个更好的投资机会，项目 2 意外地出现。同样需要支付固定成本 S，但收益率 $R_2>R_1$。项目 2 意外地出现表明，刚开始项目 2 出现概率极低，以致企业发现启动项目 1 是值得的（而不是等待项目 2）。

企业已经沉没到项目 1 的数量 $S_1>0$，此时项目 2 意外地出现，是否需要继续投资项目 1，需要比较项目 1 和项目 2 预期收益的大小。我们需要考虑两种情况：一种情况是，如果 $S_1>S$，当且仅当项目 1 的预期收益小于项目 2 的预期收益，企业会转向项目 2，可得 $(B-S_1)R_1<(B-S-S_1)R_2$，进一步转换为：

$$SR_2<(B-S_1)(R_2-R_1) \qquad (1)$$

另一种情况是，如果 $S_1<S$，当且仅当项目 1 的预期收益小于项目 2 的预期收益，企业会转向项目 2，可得 $(B-S)R_1>(B-S-S_1)R_2$，进一步转换为：

$$S_1R_2<(B-S)(R_2-R_1) \qquad (2)$$

反之，如果不等式（1）和（2）没有满足，那么意味着项目 1 的预期收益大于项目 2 的预期收益，企业会继续投资项目 1。由不等式（1）可得 $(B-S_1)R_1>(B-S-S_1)R_2$，进一步转换为：

$$SR_2 > (B-S_1)(R_2-R_1) \qquad\qquad (3)$$

由不等式（2）可得 $(B-S)R_1 > (B-S-S_1)R_2$，进一步转换为：

$$S_1R_2 > (B-S)(R_2-R_1) \qquad\qquad (4)$$

如果企业已经沉没项目 1 的数额 S_1 足够大，不等式（3）和（4）恒成立，说明企业会继续投资项目 1。反之，如果企业已经沉没项目 1 的数额 S_1 足够小，不等式（3）和（4）不成立，而不等式（1）和（2）恒成立，企业就会投资项目 2。同样可知，如果项目 1 投资的固定成本 S 的收益足够大，或者企业的财务预算 B 足够小，即不等式（3）和（4）恒成立，企业会继续投资项目 1。反之，如果项目 1 投资的固定成本 S 的收益足够小，或者企业的财务预算 B 足够大，不等式（3）和（4）不成立，而不等式（1）和（2）恒成立，企业就会投资项目 2。

在给定财务资源有限的情况下，如果企业已经在目前项目上已经投入很多资源，那么企业选择开始一个新项目的期权价值要比继续目前的项目要小。由于资源和时间稀缺，很少资源留下来能够完成一个新项目，而更多的资源只能用来完成当前项目（Shrader & Hickman, 2011），标准的净现值（NPV）方法失灵。因此，企业项目的沉没资源投资越多，企业就越有动力继续投资当前项目，尽管其他投资项目有利可图，因为财务约束无法实现最优的投资项目，从而出现沉没成本决策相关性。

四、沉没成本决策相关性的新信息经济学分析

传统的信息经济学是依据搜寻信息的边际收益等于边际成本原则，从而获得最优搜寻信息（Stigler, 1961）。而由 Stiglitz, Akerlof, Spence 等创立的新信息经济学——信息不完全范式，直接质疑新古典经济学信息完全这一假设，从而认为，决策者能够不花费任何信息或交易成本即可获取和拥有任何信息。在这种情况下，根本看不到投资谬误或失败行为，进而也看不到沉没成本的存在。然而，一旦走进信息不完全的世界里，我们会发现，过去发生的沉没成本对未来投资发送信号或信息甄别，从而对决策产生重要的

影响。

1. 沉没成本可以提供或揭示有价值的信息内容，因此考虑过去发生的沉没成本，主要是为了节约有限理性和降低未来不确定性，进而达到节约交易成本的目的。

在新古典投资理论条件下，由于信息完全，或者免费获得决策信息，因此仅仅根据净现值大小进行决策，一方面，不会考虑投资失败问题；另一方面，也无须区分沉没成本和固定成本投资类型，所以仅仅考虑利润最大化的边际分析。然而，在新制度环境下，未来存在高度不确定性，即使获得信息也需要支付昂贵的交易成本，所以，往往向后看考虑过去发生的沉没成本，从而为当前决策提供信息源。

新古典经济学假设人们在每个时期都要重新开始实现效用最大化，客观完全服从主观想法。然而，由于过去继承下来的资产对后来的事情具有重大（但不是绝对）的影响，很难重新开始，从而需要找出实用或改良的方法。（1）从过去继承下来的物质资本、人力资本和无形资本存量等都会影响决策者的选择行为。由于现实经济总是处于动态演化过程中，不可能完全摆脱继承下来的各种资本存量。这些资本不仅包括通用性物质资本——建筑物、机器设备和交通工具等，以及劳动力的通用技能——通用性人力资本。同时，还包括各种各样专用性的物质和人力资本形式，例如，体现在熟练的团队生产能力，这些资本是专用性。至少在理论上可知，通用性资本很容易通过市场购买而达到复制。相比之下，专用性人力资本和无形资本都是学习的产物，经常是隐性的，不可言传，很难复制，从而构成重新开始的障碍。（2）生产技术和组织知识现状也会约束经济体的发展趋势。对于特定经济而言，重要的是，决策者需要知道有哪些现存的生产技术，并且还要知道，哪些生产技术能够在实践中可以重新使用，从而更好地降低沉没成本。Nelson & Winter（1982），Hayek（1983）认为，遵循规则是明智的，因为这些规则是世代智慧和经验的产物。因此他们强调制约常规和规则的知识是隐性的，不可言传，即使可能沟通，也常常极为困难和昂贵，人与人之间的沟通不可能很容易地进行。隐性知识是在实践过程中通过直觉或创造行为渐渐获得的知识，包括习俗、传统、制度以及司法和道德规则，它们都不是设计出来的。只要环境的重要特征没有改变，那么常规和规则将继续包含重要和相关的信息，它也是自然选择的产物。结果是，隐性知识意味着成功和进步常常是演化过程的产物。演化过程基本上是路径依赖的。然而，不可言传的知识却能够在"干中学"中获得，人们在无意中用到以前一直存在大脑中的知识，通过以前的沉没成本实现"吃一堑长一智"学习效应，这就会出现沉没成本决策相关性。
（3）继承下来的制度存量也会影响经济的演变方向。经济中继承下来时制度存量包括正
式规则、非正式规则以及它们的执行。其中，正式规则包括政治和法律体系等。非正式
规则包括道德，以及习惯和态度等。执行的方法包括法律惩罚、社会谴责等。如果制度
具有通用性，那么很容易改变，那么它们不会构成经济中的显著约束。对情感、直觉、
习惯和惯例等手段的依赖可以视为节约大脑思考成本的一种方式。在这种情况下，决策
结果依赖于它的信息内容进行决策。有些决策依据的是所有过去的有关经验，而不问它
们是否是成功的经验还是失败的，从而根据有选择的学习程度考虑过去。但是由于制度
专用性，体现一定的制度仅仅用于某一特定经济体，此时变化是缓慢的和困难的，在某
些情况下，经济体可能锁定在"坏的制度"中，从而出现沉没成本决策相关性，尤其是
意识形态上的沉没成本。即使追求自身效用最大化，Dixit（1992），Baldwin & Krugman
（1989）认为，沉没成本也会阻碍调整过程，从而产生滞后效应，这也是一种特殊的路
径依赖。

2. 在未来不确定性条件下，沉没成本提供或揭示有关连续投资的期权价值信息。

在一个收益随机的世界中，收益的实现也表明继续投资项目的期望值。较大损失会
导致较大的方差（不确定性的数学表示法），结果往往会导致更大的期权价值。这是因
为期权的价值随着方差增大而变大。因此，沉没成本投资的信息显示作用因考虑期权价
值而扩大了。所以，沉没成本提供有价值的期权价值越大，沉没成本决策相关性越强，
反之，提供有价值的信息期权价值越小，则沉没成本决策相关性越弱。

Myers（1977）最早提出实物期权概念，Pindyck（1991）认为，在一个未来确定性
的世界里，沉没成本，类似于固定成本，不会产生期权价值。然而，在一个未来不确定
性的世界里，固定成本和沉没成本的重大差别就在于沉没成本会产生期权价值，而固定
成本不会产生期权价值。此时，过去的经验通常揭示有关未来价值的一些信息，从而为
决策提供信息。维持投资会产生信息，而终止常常不会产生信息。因此，McDonald &
Siegel（1985），Trigeorgis（1996），Dixit & Pindyck（1994）认为，维持投资有期权价值。
期权价值是由过去或历史的相关信息揭示出来的，经常是"亏损之后继续追加投资"这
种利润最大化的直接反应。的确，在当前损失较大可能意味着好消息；如果损失发送较
大方差这样信号，那么这个较大方差往往会增加继续投资的期权价值。

那么在什么条件下，新古典净现值投资规则失效，实物期权方法有效？一是，投资决策必须是可延期的。如果投资不是可延期的，那么投资机会在后来就不是开放的，所以也就不存在延期投资的选择了。二是，投资决策必须至少是部分沉没的。如果投资没有沉没成本，那么就不会受到不确定性冲击，这是因为企业现在投资还是后来投资都不会有任何损失，资源可以重新得到优化配置。三是，必须在一个投资不确定性环境里。严格来说，在确定性条件下，投资的好处都可能完全预测到，不可能偏离计划的行动路线图，因此，只有在不确定性条件下，才会感觉投资的谨慎性；最后，企业可以预期有关投资项目好处的未来新增信息（news）。否则，企业会立即投资，不会等待潜在的信息收益。这是延期投资的期权选择的条件。

当以上这四个条件得到满足时，就意味着延期投资有期权价值，等待是有机会成本的。实物期权方法类似于股票市场上的金融看涨期权。看涨期权的价值 C 可以由 Black-Scholes（1973）公式获得。

$$C = Se^{-\delta T}N(d_1) - Xe^{-rT}N(d_2)$$

其中，$d_1 = \dfrac{\ln(\frac{S}{X}) + (r - \delta + \frac{\sigma_s^2}{2})T}{\sigma_s\sqrt{T}}$，$d_2 = d_1 - \sigma_s\sqrt{T}$。$S$ 为股票价格；T 为持续到终止时间；X 为执行价格；r 为无风险的利率；$N(d)$ 为标准正态分布的密度；δ 为放弃的红利率；σ_s^2 为股票价格的方差。依据 B-S 公式，再根据 Trigeorgis（1996）模仿金融期权来类推实物期权价值的来源，并表示它们对期权价值的影响，如表2：

表2　等待投资期权价值的来源

延期投资期权价值来源	延期投资期权价值大小	股票金融期权价值来源
（1）投资现金流的贴现值越大（小）	期权价值越大（小）	股票价格
（2）初始投资支付额越大（小）	期权价值越小（大）	执行价格
（3）机会消失前的时间越长（短）	期权价值越大（小）	终止前的时间
（4）贴现现金流的标准差越大（小）	期权价值越大（小）	股票价格标准差
（5）无风险利率越大（小）	期权价值越大（小）	无风险利率
（6）延期放弃的现金流越大（小）	期权价值越小（大）	放弃的红利

从中可以看出，投资的预期现金流的贴现值越大，初始投资支付额越小，在机会消失前投资决策（执行期权）的可能性越大，贴现现金流的标准差越大，无风险利率越大，延期放弃的现金流越大，都会增加延期投资的期权价值，导致企业延期进入。反之，就会立即进入。

为此，我们通过表3可以进一步理解影响沉没投资的时间选择因素。

表3　沉没投资最优时间选择的因素分析

（1）排他性越大（小）	延期（提前）进入
（2）竞争带来的损失越小（大）	延期（提前）进入
（3）放弃贴现现金流越小（大）	延期（提前）进入
（4）投资相互依赖信息越小（大）	延期（提前）进入
（5）延期投资利息收益越大（小）	延期（提前）进入
（6）投资现金流不确定性越大（小）	延期（提前）进入

从而发现，有时提前投资是有利，有时延期投资是有利的，具体来说：

（1）如果竞争者有同等的投资机会，并且因竞争导致的损失很大，因提前投资可以避免，所以会采取提前投资，反之会延期投资。

（2）如果放弃较大的现金流，那么就会提前投资。反之就会延期投资。

（3）如果投资设法使企业有信息收益，以改进相关投资的质量，也会提前投资。反之就会延期投资。

（4）如果从延期投资中获得利息收益很小，也会提前投资。反之就会延期投资。

（5）如果因为不确定性，使灵活性有较低价值，也会提前投资。反之就会延期投资。

由此可见，Marshall（1920）新古典经济理论认为，当价格小于总平均可变成本，即企业运行利润小于零，企业就会退出。Jorgenson（1963）批评运用静态的当前利润方法，从而强调预期利润。根据这种新古典方法，当滞留在产业的净现值小于零，企业就会退出。但是这种新古典方法仍然有两个缺陷，一个不考虑不确定性；另一个不考虑沉没成本。相比之下，实物期权方法认为，在信息不完全或未来不确定性条件下考虑过去发生的沉没成本，这也是完全理性的行为（Dixit, 1989），这是因为这些沉没成本可以发送有关未来期权价值的相关信息，引起等待和观望，从而造成滞后效应或惰性行为，这并不是一种错误行动。

五、沉没成本决策相关性的行为经济学分析

　　同样，新古典经济学通常假设决策者具有完全理性、逻辑理性和演绎理性，所以很难考虑有限理性或非理性因素。在这种情况下，不同于标准经济理论所预测的实际决策就会出现偏差。行为的偏差并不意味着人们所采取的决策有什么不对，相反，这个偏差与心理因素——情感、直觉，以及有限记忆等有关。因而，从决策者心理成本或心理效用角度分析这一非理性行为存在的理性逻辑，从而发现，沉没成本决策相关性是在非理性或心理成本为正约束条件下的一种理性反应。

（一）自我辩护造成沉没成本决策相关性

　　Staw（1976），Staw & Ross（1989）认为自我辩护是持续性的最主要动机。首先，与新古典理性不同，为了证明自己或者向别人证明自己有能力和理性，当出现谬误的时候，可能强迫他的行动是连续的。其次，区分了向后看理性和向前看理性来理解承诺过程。标准的经济学模型就是向前看理性，仅仅根据预期收益和预期成本进行决策。相比之下，向后看理性是指补偿过去的损失和寻求未来收益的权衡。在这种情况下，过去导致的，并且预期在未来不能再发生的成本或损失对于决策来说是相关的。考虑过去已经发生的沉没成本这种行为是自我辩护，而且也构成向前看理性和向后看理性的重要差别。最后，对于坏的结果的个人负责任情况决定了向前看理性还是向后看理性。当高度自我保护，投资失败，个人负责任就会采取向后看理性，自我辩护，承诺升级就会发生。当个人有低度的自我保护，当投资成功或失败，个人不负责任，那么就会采用向前看理性行为。这样，人们将倾向接受那些与自己信念相一致的信息，抛弃与自己观点相冲突的信息，特别是在投资失败之后，决策者最大程度地利用积极的、免除责任的信息。因此，自我辩护动机不仅影响决策者挽救失败过程，而且还影响决策者需要的信息正确性，从而造成沉没成本决策相关性。

（二）厌恶损失心理造成沉没成本决策相关性

Kahneman & Tversky（1979）创立了前景理论（prospect theory），解释了沉没成本决策相关性，从而打破期望效用理论参照点在决策中不起作用假定。效用函数在起点（参照点）上发生折弯，即损失并不被认为正好是收益的反面，如图1所示。前景理论与沉没成本决策相关性的第一个特征是前景理论的价值（S型效用）函数。这个价值函数表示客观上定义的收益和损失（以货币计算）和主观上定义的收益和损失之间的关系，也就是说，由于亏损引起的不满程度比盈利引起的满足程度更能影响人的心态，人们自然会表现出尽可能规避具有亏损可能性的冒险。当初始投资或参照点在A点，投资失败之后在B点，在B点进一步损失并没有导致价值损失。与参照点A点相比，在B点产生了沉没成本，更容易进行风险投资，从而造成沉没成本决策相关性。前景理论与沉没成本相关的第二个特征是确定效应。首先，绝对确定收益往往被高估。确定收益的价值要大于给定的预期收益价值。其次，确定损失往往被低估。这个价值要小于给定预期损失价值。由前景理论可知，人们特别厌恶确定损失，所以，在面临沉没成本的情况下，因偏好风险往往会追加投资。

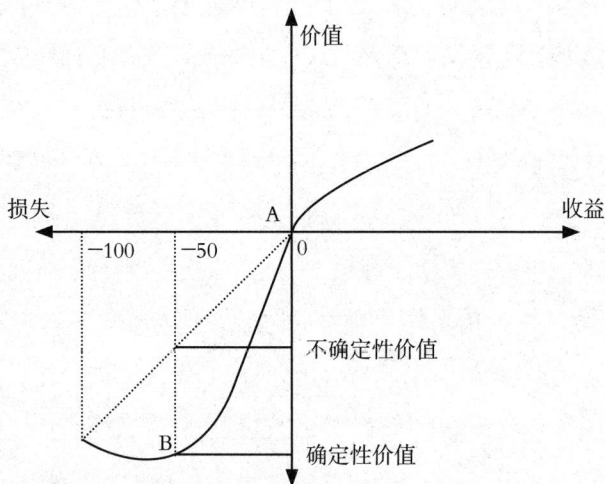

图1　前景理论的价值函数

如果面对不确定性的损失机会，前景理论的预测是风险偏好行为。例如，一个项目可能有50%的概率是零损失而50%的概率带来100单位损失，这时，对确定损失50单位（概率为1）的项目评价要低于该项目，当涉及损失时，具有最大不确定性的项目将被选择。同样，Whyte（1986）也认为，前景理论不同于期望效用理论，可以用来解释升级承诺问题。一是前景理论更加现实，人们估价决策的结果都是相对于中性参照点进行收益和损失估价的，比如现状，而不是依据总财富数量；二是前景理论依赖"确定效应"，这是一个心理学原理。当面临正反馈时，决策将在收益之间进行选择。当面临负反馈时，决策将在损失之间进行选择。在前者情况下，往往是风险厌恶的，而在后者情况下，往往是风险偏好的。前景理论解释了在失败行动过程中承诺升级的心理机制。

（三）避免资源浪费心理造成沉没成本决策相关性

Arkes & Blumer（1985）认为避免资源浪费心理动机是沉没成本决策相关性的心理因素。由于人们投资了很多资源，一旦不考虑这些投资成本完成的项目，就会变成一种资源浪费。人们一般情况下不愿意终止没有完成的项目，不希望出现资源浪费。在这种情况下，就会考虑过去发生的沉没成本，避免出现心理痛苦成本，从而提高决策者心理效用水平。

（四）绝对沉没成本和相对沉没成本大小也会产生沉没成本决策相关性

在前景理论中，Kahneman & Tversky（1979）认为，可供选择的结果与某些重要的参照状态比较时，会导致估价收益和损失是相对意义而不是绝对意义。前景理论对于收益和损失总是有一个参照点，在给定项目情况下，参照点将是投资成本是总资源支出量的比例关系。此时，人们将用沉没成本与某个总预算支出的比率形式表示，即给定同样的成本支出，当且仅当沉没成本在预期预算中有较高比例，个人才应该继续投资。Garland & Newport（1991）考察了相对沉没成本和绝对沉没成本对连续行动的影响程度，其结果表明，沉没成本对决策的影响是投资成本对项目支出的比例函数，而不是绝对支出的函数，这个支出比例大小是影响连续行动唯一的重要因素，也是影响沉没成本决策相关性的重要因素。

（五）风险态度不同造成沉没成本决策相关性

Schaubroeck & Davis（1994）考察了投资主体风险态度对决策行为的影响。投资决策往往处于过去的决策、当前的环境以及未来预期当中，并不是一个静态决策过程。他们指出，如果风险态度不同，对初始投资负责任的人可能借助于以前的绩效信息作为选择的基础。对于不负责任的决策者来说，他借助以前的绩效信息可能避免再投资，这是因为他不受以前的决策所困扰。尽管出现各种可供选择额投资机会，也有可能减少再投资行为，这主要是因为决策者的风险态度不确定。沉没成本谬误是否出现取决于失败投资者的风险态度。当面临可行的再投资机会、且有不同的风险水平时，风险态度应该是保守的，从而不愿意进行再投资。风险态度要比是否对以前的决策负责任更为重要，风险态度可以导致沉没成本决策相关性，此时风险偏好就会进行再投资。

（六）心理会计造成沉没成本决策相关性

由新古典金融学或会计学可知，决策者是不考虑过去发生的沉没成本，仅仅根据预期收益和预期成本大小进行决策（Bonini, 1977；Howe & McCabe, 1983）。然而，Thaler（1980, 1985），Kahneman & Tversky（1981）提出心理会计（mental accounting）或认知会计（cognitive accounting）概念，人们决策时往往考虑过去发生的沉没成本。在有限理性的情况下，考虑过去发生的沉没成本为当前或未来决策提供相关信息，有助于节约有限理性和信息成本。而且，人们的心理不仅要对所有项目的总量和结果保留心理账户，而且对它们各自的计划也都有分类账户。当人们对事情进行权衡时，他们会特别集中于一个账户，而忽略其他承诺的账户。因为关闭失败的投资项目，会使决策者遭受心理痛苦，使决策者在心理核算或者重新架构收益和损失，结果往往考虑过去发生的沉没成本，从而使他们获得最大效用或者最小心理痛苦。

由此可见，在非理性（认知偏差）或考虑心理因素（非经济）的情况下，决策者很容易考虑过去发生的沉没成本，这正是由于人们十分重视损失，努力规避损失的结果。不考虑沉没成本做决定就如同承认了损失，这在心理上往往是很难承受的，人们觉得"输不起"。与改变行为相比，人们宁愿维持现状，很多时候，只有在改变带来的获益远远高于维持现状，或者维持现状将超出忍耐极限时，才会做出符合现实情况和理性的决策，从而造成恶性承诺升级或沉没成本陷阱。

六、一般性评述及其展望

综上所述，新古典经济学充满完全竞争、完全理性、完全信息和零交易成本等诸多严格假设前提，这些意味着在制度、禀赋、技术一定的条件下，人们的决策总是完全理性和正确的，对未来的预期是没有偏差和不确定性的，即使出现沉没成本，也无须考虑它，仅仅考虑市场出清的等边际原则就足够了，长期看来也不会存在沉没成本，资源会充分流动起来。更为重要的是，短期内不考虑或忽略过去发生的沉没成本——沉没成本决策无关性或中性，恰恰构成企业追求利润最大化决策的基本原则，即使非常流行的标准金融学教科书也要求我们应该忘记沉没成本，就像溅出的牛奶，不会影响继续投资还是放弃投资项目，也不会影响项目的净现值（Brealey, Myers & Marcus, 2007），也未能理解沉没成本存在的经济价值。

然而，在一个非完全竞争的决策环境下，市场不完全、机会主义行为、不确定性、心理因素，以及它们之间的相互作用，不论是短期还是长期，沉没成本决策相关性都是常态，从而发现，如果新古典模型描述了经济理性，那么考虑沉没成本的理论就被称为非理性行为。然而，一旦突破新古典这种狭义理性定义，就很容易理解不确定性条件下沉没成本行为的合理性。实际上，理性本身需要清楚界定才会有意义。过去发生的沉没成本不影响当前决策仅仅是一种特例（exception），而不是一种常态（rule）。因此，承认沉没成本决策相关性的存在，不仅具有极大的理论价值，而且还有极大的应用价值（汤吉军，2010）。

首先，承认沉没成本决策相关性，是对新古典经济学沉没成本无关性的一种修正，从而打破新古典经济学完全竞争假设，通过引入正交易成本或心理成本等假设前提更加贴近现实，为引入企业家精神创造条件。从认知层面上说，沉没成本决策相关性不一定表明人们没有做出理性选择，它本身也是理性行为。在某些情况下，不考虑过去发生的沉没成本未必是理性的，有可能也是非理性行为。因此，人们不应该一味地或者无条件地忽略过去发生的沉没成本，也不应该一味考虑过去发生的沉没成本，而是需要寻找何时考虑沉没成本或者不考虑沉没成本的约束条件，当保证安全第一原理（safety-first principle）或采取加成定价（mark-up）或完全成本定价（full-cost pricing）时，就会发现沉没成本决策相关性（Wouters, 1992），从而更能准确地做出理性、正确的判断，尤其是对于负面沉没成本决策，更需要教育和培训以提高认知能力，使企业决策者承担起企业家角色，果断决策。

其次，承认沉没成本决策相关性的存在，由新古典完全理性世界走向新制度有限理性世界，再走进行为经济学的非理性的世界，由零交易成本的陌生世界走向真实世界，一步步贴近现实生活，运用交易成本、心理成本、不确定性概念等可以更好地解释沉没成本决策相关性这一异常现象，再次看到决策的困难性和复杂性。通常不要考虑过去发生的沉没成本，隐含假设是委托人与代理人二合一，追求期望利润最大化（在期望效用最大化意义上），充当一个完全理性和风险中性的代理人完全执行委托人的意志。一旦出现委托代理问题，就会出现沉没成本决策相关性问题。虽然这个"异常"（anomalies）并不能由新古典经济学完全理性解释，或者被认为是特例不值得研究，或者直接将这些非理性行为排除在研究范围之外，然而在非完全竞争环境下，沉没成本决策相关性会得到合理的解释。

再次，通过沉没成本决策相关性突出历史路径依赖的内在机制，摆脱新古典路径独立假设，再次强调动态演化或"试错过程"的重要性。虽然交易成本很重要，但交易成本通过沉没成本发挥作用因素，强调过去发生的沉没成本也会成为理性选择的约束条件。当目前的体系的状态受到它历史的约束时，路径依赖就存在了，路径依赖理论学家 David（1985，1999），Arthur（1989）和 North（1990）最早分析技术和制度变迁问题，因涉及交易成本和规模收益递增而忽略了沉没成本概念。通过沉没成本与经济绩效联系起来，可以寻找历史重要的线索，一并归入沉没成本决策相关性问题，更加具有现实性和操作性，降低交易成本也是其中应有之义。

最后，承认沉没成本决策相关性，为私人契约和政府干预经济提供了指导原则，再次否定了自由放任政策。一方面，需要从新古典经济学转向制度、演化和实验经济学等非主流经济学，考虑历史、社会、政治、文化等对沉没成本的影响，剖析资源市场配置扭曲的制度原因；另一方面，为私人契约和政府干预市场经济提供新的指导原则，在于加强沉没成本管理，消除沉没成本效应，以矫正市场失灵。例如，（1）提高认知能力，设计科学的决策管理制度，真正做到不让沉没成本影响决策，不断进行创新，增强内部决策透明度和问责制;（2）加强市场竞争强度，由于当事人有限理性和环境不确定性，沉没成本很容易降低市场竞争效率，因此需要政府管制——重点要放在培育和引导市场过程的统一的一般规则方面;(3)降低交易成本或信息成本和未来不确定性,可以消除沉没成本决策相关性。此时突出非价格机制重要性,如界定产权、长期契约、垂直一体化等,使沉没成本信息或财务信息公开化;(4)尽管政府可以在降低交易成本方面下功夫,但这并不是问题的全部答案,不仅需要政府实行繁荣二手市场、加速折旧、税收减免等政策,而且还需要政府直接承担已经发生的沉没成本,包括法律上的破产或豁免权,消除沉没成本的不利影响,从而使管理沉没成本成为一个社会过程(郭砚莉、王佳璐,2011)。

总之,通过对新古典经济学"沉没成本决策无关性"这一分析可以看出,短期内沉没成本可有可无,以至于对经济影响无足轻重,甚至根本无须考虑它,因此沉没成本就这样被丢掉了。然而,通过上面分析,我们发现,不论在短期还是在长期内,在非新古典决策环境下,沉没成本重要(sunk costs matter)这一论断,描述了经济运行的真实状况,解释了作为真实的人,一旦发生了沉没成本是如何决策的,过去的路径影响现在和未来的选择是难以避免的。同时还看到,在非完全竞争市场条件下,如果随意忽略沉没成本,就会造成当事人不负责任和免费搭车行为,从而产生更严重的经济后果,更加贴近真实世界,为市场运行、企业管理和政府干预提供新的指导原则。我们不能简单地用行为者愚蠢、无知、保守等非理性的词语来概括沉没成本决策相关性。相反,经济学家必须去研究分析到底是哪些约束条件使当事人做出这种不同于新古典经济学沉没成本无关性行为的选择。一方面,不能一味地否定沉没成本决策相关性;另一方面,也不能一味地强调沉没成本决策相关性,这是在不确定性条件下非常重要的一种决策能力,如何利用创造性与结构变化影响经济过程,彰显经济或政治企业家才能和智慧水平。否则,在发生沉没成本的情况下,如同没有沉没成本那样,仍然坚持自由进入和自由退出,对所产生的沉没成本不负责任,那么就会导致更大的机会主义行为,从而引发更大的经济问题。更重要的是,将沉没成本效应纳入传统的微观经济学和产业组织经济学里分析前景广阔(Wang & Yang, 2010)。然而,正如多纳德·海和德理克·莫瑞斯(2001)指出的,"遗憾的是,沉没成本迄今为止几乎没有得到明确的重视"。对于正处于新、旧体制转型的我国来说,我们并不能使用简单的新古典经济学模型和"华盛顿共识"背后的政策建议,更需要从沉没成本角度对深化国有企业改革、渐进的经济体制转型和全球经济治理等问题进行考察,从而与新古典经济学沉没成本决策无关性形成鲜明对照,解释中国经济转型成功的条件，恰恰是正确处理好沉没成本决策相关性问题，包括经济性、制度性、社会性和政治性沉没成本等，而这或许是解释上述诸多问题的一把钥匙，更能体现改革的复杂性和多样性，也充分体现出中国政府领导者在体制转型过程中的卓越创新精神和超强的学习能力，以便破解改革困境（reform dilemma）。因此，深化市场经济体制改革，通过市场、私人治理和政府管制等方面加强沉没成本管理与补偿，理性处理好承诺与灵活性之间的平衡，正确应对不确定条件下的沉没成本是否相关问题，对于完善和发展中国特色的社会主义市场经济体制来说具有重大的现实意义。

参考文献

［1］ 多纳德·海、德理克·莫瑞斯，2001，《产业经济学与组织》，钟鸿钧等译，北京：经济科学出版社。
［2］ 郭砚莉、王佳璐，2011，《资源枯竭型地区发展接续产业理论依据分析》，《国有经济评论》，第1期。
［3］ 奥利弗·威廉姆森，2002，《资本主义经济制度》，段毅才等译，北京：商务印书馆。
［4］ 汤吉军，2008，《西方经济学视角下的沉淀成本局限及其重构——兼论马克思经济学的贡献》，《江汉论坛》，第9期。
［5］ 汤吉军，2010，《预期沉淀成本理论及其现实意义》，《学术月刊》，第9期。
［6］ Akerlof, G., 1970, "The Market for Lemons : Quality Uncertainty and the Market Mechanism", *Quarterly Journal of Economics*, 84(3): 488-500.
［7］ Arkes, H., 1996, "The Psychology of Waste", *Journal of Behavioral Decision Making*, 9(3): 213-224.
［8］ Arkes, H. and Blumer, C., 1985, "The Psychology of Sunk Cost", *Organizational Behavior and Human Decision Processes*, 35: 124-140.
［9］ Arthur, B., 1989, "Competing Technologies, Increasing Returns and Lock-in by Hisorical Events", *Economic Journal*, 99: 116-131.
［10］ Asplund, M., 2000, "What Fraction of a Capital Investment is Sunk Costs", *Journal of Industrial Economics*, 48(3): 287-304.
［11］ Bain, J., 1956, *Barriers to New Competition*, Cambridge: Harvard University Press.
［12］ Baumol, W. and Willig, R.,1981, "Fixed Costs, Sunk Costs, Entry Barriers, and Sustainability of Monopoly", *Quarterly Journal of Economics*, 96(3): 405-431.
［13］ Baumol, W., Panzar, J., and Willig, R., 1982, *Contestable Markets and the Theory of Industry Structure*, New York: Harcourt Brace Jovanovich.
［14］ Baumol, W., 2002, *Free Market Innovation Machine: Analyzing the Growth Miracle of Capitalism*, Princeron: Princeton University Press.
［15］ Black, F. and Scholes, M., 1973, "The Pricing of Options and Corporate Liabilities", *Journal of Political Economy*, 81: 637-659.
［16］ Bonini, C., 1977, "Capital Investment under uncertainty with ASbandonment Options", *Journal of Financial and Quantitative Analysis*, 12(1): 39-54.
［17］ Bowen, M., 1987, "The Escalation Phenomenon Reconsidered: Decision Dilemmas or Decision Errors?", *Academy of Management Review*, 12: 52-66.
［18］ Brealey, R., Myers, S. and Marcus, A., 2007, *Fundamentals of Corporate Finance*, Irwin: McGraw-Hill.
［19］ Brockner, J., Rubin, J., and Lang, E., 1981, "Face-Saving and Entrapment", *Journal of Experimental Social*

Psychology, 17: 68-79.

[20] Bulow, G. and Klemperer, P., 1985, "Multimarket Oligopoly: Atrategic Substitutes and Complements", *Journal of Political Economy*, 93: 488-511.

[21] Camerer, C. and Weber, R., 1999, "The Econometrics and Behavioral Economics of Escalation of Commitment: A Re-examination of Staw and Hoang's NBA Data", *Journal of Economic Behavior and Organization*, 39: 59-82.

[22] Carmichael, L. and MacLeod, B., 2003, "Caring about Sunk Costs: A Behavioral Solution to Holdup Problems with Small Stakes", *Journal of Law, Economics and Organization*, 19: 106-118.

[23] Church, J. and Ware, R., 2000, *Industrial Organization: A Strategic Approach*, McGraw-Hill companies.

[24] Coase, R., 1937, "The Nature of the Firm", *Economica*, 4: 386-405.

[25] Coase, R., 1998, "The New Institutional Economics", *American Economic Review*, 88: 14-27.

[26] David, P.A., 1985, "Clio and the Economics of QWERTY", *American Economic Review*, 75: 332-337.

[27] David, P.A.,1999, "Path: Putting the Past into the Future of Economics", IMMSSS Technical Report No.533, Stanford University.

[28] Dixit, A., 1992, "Investment and Hysteresis", *Journal of Economic Perspectives*, 6: 107-132.

[29] Dixit, A. and Pindyck, R., 1994, *Investment under Uncertainty*, Princeton: Princeton University Press.

[30] Eaton, B. and Lipsey, R.G., 1980, "Exit Barriers are Entry Barriers: The Durability of Capital as a Barrier to Entry", *Bell Journal of Economics*, 10: 271-279.

[31] Frank, R., 2003, *Microeconomics and Behavior*, New York: McGraw-Hill.

[32] Fudenberg, D. and Tirole, J., 1984, "The Fat-Cat Effect, the Puppy-Dog Ploy, and the Lean and Hungry Look", *American Economic Review*, 74: 361-366.

[33] Garland, H., 1990, "Throwing Good Money after Bad: the Effect of Sunk Costs on the Decision to Escalate Commitment to an Ongoing Project", *Journal of Applied Psychology*, 75: 728-731.

[34] Garland, H., Sandefur, C., and Rogers, A., 1990, "De-escalation of Commitment in Oil Exploration: When Sunk Costs and Negative Feedback Coincide", *Journal of Applied Psychology*, 75: 721-727.

[35] Garland, H. and Newport, S., 1991, "Effect of Absolute and Relative Sunk Costs on the Decision to Persist with a Course of Action", *Organizational Behavior and Human Decision Processes*, 48: 55-69.

[36] Hart, O., 1995, *Firms, Contracts, and Financial Structure*, Oxford: Clarenton.

[37] Hart, O. and Moore, J., 1995, "Debt and Seniority: An Analysis of the Role of Hard Claims in Constraining Management", *American Economic Review*, 85: 567-585.

[38] Hayek, F. Von, 1983, *Knowledge, Information, and Society*, London: Adam Smith Institute.

[39] Heath, C., 1995, "Escalation and De-escalation of Commitment in Response to Sunk Costs: The Role of Budgeting in Mental Accounting", *Organizational Behavior and Human Decision Processes*, 62: 38-54.

[40] Howe, K. and McCabe, G., 1983, "On Optimal Asset Abandonment and Replacement", *Journal of Financial and Quantitative Analysis*, 18(3): 295-305.

[41] Hubbard, R., 1998, "Capital Market Imperfections and Investment", *Journal of Economic Literature*, 36(1): 193-225.

[42] Jorgenson, D., 1963, "Capital Theory and Investment Behavior", *American Economic Review*, 53(2): 247-259.

[43] Jorgenson, D., 1996, *Capital Theory and Investment Behavior*, Cambridge: MIT Press.

[44] Jensen, M. and Meckling, W., 1976, "Theory of the Firm: Managerial Behavior, Agent Cost and Ownership Structure", *Journal of Financial Economics*, 3(4): 305-360.

[45] Kanodia, C., Bushman, R., and Dickhaut, J., 1989, "Escalation Errors and the Sunk Cost Effect: An Explanation Based on Reputation and Information Asymmetries", *Journal of Accounting Research*, 27: 59-77.

156

[46] Kahneman, D. and Tversky, A., 1979, "Prospect Theory: An Analysis of Decision under Risk", *Econometrica*, 47: 263-291.

[47] Klein, B. and Leffler, K. B., 1981, "The Role of Market Forces in Assuring Contractual Performance", *Journal of Political Economy*, 89(4): 615-641.

[48] Kessides, I. N., 1990, "Market Concentration, Contestability, and Sunk Costs", *Review of Economics* and *Statistics*, 72: 614-622.

[49] Lambson, V., 1991, "Industrial Evolution with Sunk Costs and Uncertain Market Conditions", *International of Journal of Industrial Organization*, 9: 171-196.

[50] McAfee, R., Mialon, H., and Mialon, S., 2010, "Do Sunk Costs Matter?", *Economic Inquiry*, 48(2): 323-336.

[51] Mankiw, G., 2004, *Principles of Microeconomics*, Mason: Thomson South-Western.

[52] Marshall, A., 1920, *Principles of Economics*, London: Macmillan.

[53] McDonald, R. and Siegel, D., 1985, "The Value of Waiting to Invest", *Quearterly Journal of Economics*, 101: 707-728.

[54] Mata, J., 1991, "Sunk Costs and Entry by Small and Large Plants", in Geroski and Schalbach eds., *Entry and Market Contestability: An International Comparison*, Oxford: Blackwell: 49-62.

[55] Martin, S., 1989, "Sunk Costs, Financial Markets, and Contestability", *European Economic Review*, 33: 1089-1113.

[56] Motta, M., 1992, "Sunk costs and Trade Liberalization", *Economic Journal*, 102: 578-587.

[57] Modigliani, F.and Miller, M., 1958, "The Cost of Capital, Corporate Finance, and the Theory of Investment", *American Economic Review*, 48(3): 261-297.

[58] Myers, S., 1977, "Derterminants of Corporate Borrowing", *Journal of Financial Economics*, 5: 147-175.

[59] Myers, S. and Majluf, N., 1984, "Corporate Financing and Investment Decisions when Firms Have Information that Investors Do Not Have", *Journal of Financial Economics*, 13: 187-221.

[60] Nelson, R. and Winter, S., 1982, *An Evolutionary Theory of Economic Change*, Cambridge: Harvard University Press.

[61] North, D., 1990, *Institutions, Institutional Change, and Economic Performance*, Cambridge: Cambridge University Press.

[62] Northcraft, G. and Neale, M., 1986, "Opportunity Costs and Framing of Resource Allocation Decision", *Organizational Behavior and Human Decision Processes*, 37: 348-356.

[63] Pindyck, R., 1991, "Irreversibility, Uncertainty, and Investment", *Journal of Economic Literature*, 29: 1110-1148.

[64] Pindyck, R. and Rubinfeld, D., 2001, *Microeconomics*, London: Prentice Hall International.

[65] Ross, J. and Staw, B., 1993, "Organizational Escalation and Exit: Lessons from the Shoreham Nuclear Power Plant", *Academy of Management Journal*, 36: 701-732.

[66] Schaubroeck, J. and Davis, E., 1994, "Prospect Theory Predictions When Escalation is Not the Only Change to Recover Sunk Cost", *Organizational Behavior and Human Decision Processes*, 57: 59-82.

[67] Schmalensee, R., 2004, "Sunk Costs and Antitrust Barriers to Entry", *American Economic Review*, 94: 465-472.

[68] Schelling, T., 1960, *The Strategy of Conflict*, Cambridge: MIT Press.

[69] Simon, H. A., 1956, "Rational Choice and the Structure of the Environment", *Psychological Review*, 63: 129-138.

[70] Shapiro, C., 1989, "The Theory of Business Strategy", *Rand Journal of Economics*, 20: 125-137.

[71] Sharp, D. and Salter, S., 1997, "Project Escalation and Sunk Cost: A Test of the International Generalizability of Agency and Prospect Theories", *Journal of International Business Studies*, 28(1): 101-121.

[72] Shefrin, H., 2001, "Behavioral Corporate Finance", *Journal of Applied Corporate Finance*, 14: 113-124.

[73]　Shrader, M. and Hickman, K., 2011, "On the Relevance of Future Sunk Costs", *Journal of Applied Business and Economics*, 12(1): 34‑37.

[74]　Staw, B., 1976, "Knee-Deep in the Big Muddy: A Study of Escalating Commitment to a Chosen Course of Action", *Organizational Behavior and Human Performance*, 16: 27‑44.

[75]　Staw, B. and Ross, J., 1989, "Understanding Behavior in Escalation Situations", *Science*, 246: 216‑220.

[76]　Steele, D., 1996, "Nozick on Sunk Costs", *Ethics*, 106: 605‑620.

[77]　Stigler, G.,1961, "The Economics of Information", *Journal of Political Economy*, 69: 213‑225.

[78]　Stiglitz, J., 1987, "Technological Change, Sunk Costs, and Competition", *Brookings Papers on Economic Activity*, 3: 883‑937.

[79]　Stiglitz, J. and Weiss, A., 1981, "Credit Rationing in Markets with Imperfect Information", *American Economic Review*, 71: 393‑410.

[80]　Stiglitz, J. and Walsh, C., 2002, *Economics*, New York: W. Norton & Company.

[81]　Sutton, J., 1991, *Sunk Costs and Market Structure*, Cambridge: MIT Press.

[82]　Tan, H. and Yates, J., 1995, "Sunk Cost Effect: The Influence of Instruction and Future Returns Estimates", *Organizational Behavior and Human Decision Processes*, 63(3): 311‑319.

[83]　Teger, A., 1980, *Too Much Invested to Quit: The Psychology of the Escalation of Conflict*, New York: Pergamon Press.

[84]　Thaler, R., 1980, "Toward a Positive Theory of Consumer Choice", *Journal of Economic Behavior and Organization*, 1: 39‑60.

[85]　Thaler, R., 1985, "Mental Accounting and Consumer Choice", *Marketing Science*, 4(3): 199‑214.

[86]　Trigeorgis, L., 1996, *Real Options:Managerial Flexibility and Strategy in Resource Allocation*, Cambridge: MIT Press.

[87]　Tversky, A., and Kahneman, D., 1992, "Advances in Prospect Theory: Cummulative Representation of Uncertainty", *Journal of Risk and Uncertainty*, 5: 297‑323.

[88]　Walton, D., 2002, "The Sunk Cost Fallacy or Argument from Wast", *Argumentation*, 16(4): 473‑503.

[89]　Wang, X. and Yang, B. Z., 2001, "Fixed and Sunk Costs Revisited", *Journal of Economic Education*, 32: 178‑185.

[90]　Wang, X. and Yang, B. Z., 2010, "The Sunk Cost Effect and Optimal Two-Part Pricing", *Journal of Economics*, 101: 133‑148.

[91]　Whyte, G., 1986, "Escalating Commitment to a Course of Actionin: A Reinterpretation", *Academy of Management Review*, 11: 311‑321.

[92]　Williamson, O., 1975, *Markets and Hierarchies: Analysis and Antitrust Implications*, New York: Free Press.

[93]　Williamson, O., 1985, *The Economic Instutitions of Capitalism*, New York: Free Press.

[94]　Wilson, R., 2001, "Entrapment and Escalating Commitment in Investment Decision Making: A Review", *British Accounting Review*, 29: 277‑305.

[95]　Wouters, M., 1992, "Why Do Managers Use Sunk Capacity Costs in Decision Making?", Preprints of the Proceedings of the Seventh Internatinoal Working Seminar on Production Economics, Igls.

合作的基础：社会偏好的起源、比较与超越

闫 佳[*]

摘要：社会偏好在合作的形成过程中起着基础性的作用，虽然近些年来经济学对于社会偏好的研究方兴未艾，但基于不同的理性观，研究者们关于社会偏好的解读又不尽然相同。此外，虽然已有研究对此进行过细致地梳理，但却没有提供一个解释不同情境下合作形成的一致性理论基础。基于此，本文从对"理性经济人"假设的质疑引出社会偏好，并从传统的"理性选择"理论出发说明为什么要研究社会偏好。之后，考证了社会偏好起源于理性抑或是情感，提炼和比较随经济学理性观变迁的社会偏好发展脉络，即完全理性、有限理性、有限理性的进路——情境理性，四种理性观下的社会偏好。最后，以此发展脉络来还原社会偏好之后的原初性的人类理性命题，并根据这一原初性的人类理性命题致力于提供一个超越社会偏好来研究竞争与合作的一致性理论基础，即森的合理审查（reasoned scrutiny）。

关键词：合作；社会偏好；理性；情感；合理审查

　＊ 闫佳，清华大学深圳研究生院。地址：广东省深圳市南山区深圳大学城清华园区 E 栋 302D，邮编：518055。电话：13724288517。电子邮件：johnny.yan@outlook.com。本文受到以下基金项目支持：国家自然科学基金青年科学基金项目"公共品自愿供给中的社会偏好与惩罚机制研究"（71203145）、中国博士后科学基金资助项目"公共品自愿供给中的集中式惩罚机制研究"（2016M591144）。

The Foundation of Cooperation: The Origin, Comparison and Transcendence of Social Preferences

Yan Jia

(Graduate School at Shenzhen, Tsinghua Unilersity)

Abstract: Social preference plays a fundamental role in the formation process of cooperation. In spite of a rising consensus on the importance of social preferences, economists have different understanding of social preferences based on different views about reasons, leading to the failure to achieve a consistent theoretical basis to study cooperation. Therefore, this paper questions the assumption of "rational economic man" , and explains the motive to study social preferences based on classical "rational choice" theory. Then we study sense and sensibility, one of which is the origin of social preferences. And we compare the social preferences derived from perfect rationality, bounded rationality, bounded rationality approach and situated reason, generalize the development path of social preferences. Further, along with the development path of social preferences we clarify the original proposition of human reason, which is the foundation of social preferences. Finally, developed from Amartya Sen's reasoned scrutiny, we propose a consistent theoretical basis beyond social preferences to study competition and cooperation.

Keywords: cooperation; social preferences; sense; sensibility; reasoned scrutiny

JEL Classification: A12; D01; D64

一、引　言

　　博弈论中的"囚徒困境"、哈丁的"公地悲剧"、奥尔森的"集体行动的逻辑"，这种个体理性导致集体非理性的公共领域内的不合作状态一直以来都是以经典案例的形式出现在各类经济学教科书中。并且，随着我国改革开放的不断深入，在现实生活中也不断涌现出像这种经典案例式的社会失范现象。人们在不安的同时却更多地将这种失范现象归因于市场化的改革历程，最后乃至在学术界与思想界都出现了极端化的思潮回流现象。

　　如何冲破这种社会困境、在公共领域内达成有效的合作已经引起了社会科学各学科的关注，并且在经济学的领域内也提出了自己的治理之道。从现有的文献来看，对于冲破社会困境，促进合作形成的研究大致分为两类：一类是新古典经济学"理性经济人"假设下的"理性选择"理论通过制度设计和激励机制来促使理性且自私的个体进行合作；另一类则是新近的行为经济学和实验经济学使用不同于自利偏好的社会偏好来解释合作的形成，如黄少安和韦倩（2008），韦倩（2010）对这些研究进行的总结。这种学科之间的两分法处理方式虽然在各自的领域内已经涌现出非常多的优秀成果，但却依然存在一些不足。如传统的"理性选择"理论下有些看上去非常好的制度设计与激励机制引用到另外的环境中却会得到适得其反的效果，并且好的政策在短期和长期却会出现不一致的情况；另外，尽管近些年来经济学对于社会偏好的研究方兴未艾，可是基于不同的理性观，研究者们对于社会偏好的解读又不尽然相同，这就导致使用社会偏好来研究合作形成的文献没有一个一致性的理论基础，如何大安（2014）就认为，针对互惠和公平这样的社会偏好的实验分析缺乏能够支持其理论系统性的行为主体概念假设，所以在理论逻辑上不能令人折服。

基于此，本文将从对"理性经济人"假设的质疑引出社会偏好，并从传统的"理性选择"理论出发说明为什么要研究社会偏好，然后考证社会偏好起源于理性抑或是情感。接下来通过对不同理性观下的社会偏好的比较，还原社会偏好之后的原初性的人类理性命题，并根据这一原初性的人类理性命题致力于提供一个超越社会偏好来研究不同情境公共领域下竞争与合作的一致性理论基础，即森的合理审查（reasoned scrutiny）。

二、合作的基础——为什么是社会偏好

（一）理论与现实的需要

"理性经济人"假设已经为新古典经济学构建出一个又一个模型化的精巧理论基础，但是这些精巧的理论基础已经越来越多地受到社会实践和人类命运的挑战。即使是"理性经济人"假设本身——只有利己的才是理性的，也因为经济学研究范围的扩展而备受质疑，尤其是在研究真实社会交往过程中人们如何选择竞争与合作的问题时。如"理性经济人"所遵循的秉持利己主义的个体在很多真实的社会生活中并不总是做出物质利益最大化的决策，而是在进行决策的很多时候都含有利他主义的动机。经济学家们对此的回答则是将利他行为看成是非理性的结果，势必会被淘汰，更有甚者如社会达尔文主义者所一味强调的，生存竞争才是人类社会发展的演进规律。那么，利他行为是否是一种非理性的行为？人类社会演进至此是否只是因为生存竞争规律？

从生物学、实验经济学等学科发展的近因来看，道金斯在《自私的基因》中从生物学角度讨论了利己与利他之间的联系，"基因一个突出特性就是其无情的自私性。这种基因的自私性通常会导致个体行为的自私性。然而我们也会看到，基因为了更有效地达到其自私的目的，在某些特殊情况下，也会滋生一种有限的利他主义。"[①] Bowles & Gintis（2004）通过计算机仿真实验，模拟了10万—20万年前人类社会的演化，仿真结果显示完全由利己者组成的族群最终会走向灭绝，而仅有利他者的族群又是不稳定的。从回复经济学斯密传统的审慎推理和道德推理两个维度的远因来看，《国富论》把利己

---

① 理查德·道金斯：《自私的基因》，卢允中、张岱云、陈复加、罗小舟译，北京：中信出版社，2012年，第3页。

主义作为"经济人"活动的根据,而《道德情操论》中又有不管人是多么自私也会存在关心别人命运的利他本性的论述,由此产生了众多学者对这种所谓的"斯密问题"的研究。那么在回答人为什么会有"利己心",人又为什么要有"同情心"的问题上,"这只能从人性论中反映的价值观的两个主体去寻找,即自利是人类社会发展的根本动力,人性中的'同情'一定会产生'公正',这正是康德的'人是目的',不是手段"。①所以,除自利偏好外的社会偏好进入经济学家的视野。

(二)传统"理性选择"理论的不足

主流的新古典经济学在"理性经济人"的假设下,将自利设定为理性自我的存在基础,这种存在基础在个体身上又具有三种典型性的表现特征:"自我中心的福利(self-centred welfare)""自我福利的目标(sel-welfare goals)"和"自我目标的选择(self-goal choice)"。②经济学家们将人们依据自利的表现特征在日常生活中所做出的决策定义为"理性选择"。对于"理性选择"更加严格的定义,存在着三种互相区别的规范含义:一是选择的内在一致性(internal consistency of choice),二是自利最大化(maximization of self-interest),三是一般最大化(maxiumization in general)。③由此可见,当涉及到个体在集体生活中的选择时,个体理性导致集体非理性的社会困境总是会使竞争成为这一"理性选择"的必然结果。而通过这三种对"理性的选择"的规范定义,也就不难理解在公共事务之上总是会出现个体目标与集体目标的背离。

那么,在此种"理性选择"的规范定义下,如何冲破这一"公地悲剧"式的社会困境,一直以来都存在两种思潮:一是托马斯·霍布斯所主张的以利维坦(Leviathan)为唯一方案,④二是以清晰界定的产权私有化为唯一方案。之所以如此,是因为偏好作为选择的内在基础,也是经济学研究的出发点,而"理性经济人"的假设则要求将偏好限定在自利偏好的范围内。正是从自利偏好出发,传统的"理性选择"理论解决社会困境只能采取利维坦或是产权私有化的方案。

---

① 苏东斌、钟若愚:《我讲国富论》,北京:中国经济出版社,2007年,第190—194页。
② 阿马蒂亚·森:《理性与自由》,李风华译,北京:中国人民大学出版社,2006年,第81页。
③ 阿马蒂亚·森:《理性与自由》,第14—18页。
④ 利维坦为《圣经》中记载的一种怪兽,托马斯·霍布斯在《利维坦,或教会国家和市民国家的实质、形式和权力》一书中将之比作强势的国家。

　　但是，现实情形下的公共事物之中所存在着的形式多样的人与人之间的合作，其中却有相当一部分并不归因于利维坦或者产权私有化。已故的诺贝尔经济学获得者埃莉诺·奥斯特罗姆为此提供了大量的经验与事实，证明在利维坦和私有化之间还有一种自发合作的第三种"制度"可以冲破这一"公地悲剧"式的社会困境。即通过当地资源使用者的自治（self-governance of appropriators）来达成公共品的可持续发展和使用，这种自治规定了诸如资源边际回报的高低、群体规模和匹配方式、供给行动选择顺序、社会信息的交流和学习（埃莉诺·奥斯特罗姆，2012）。

　　问题在于，这样的第三种"制度"所考证的对象为建构化的外部制度是否可以有效地催生和存续合作，却并没有将注意力的重点集中于社会经济活动中"人"这个主体在主导经济活动规律时的内在选择上。那么，隐藏在这种可以形成自发合作的制度背后的东西是什么？

（三）社会偏好的定义

　　既然跨学科的近因发展已经揭示出利他主义根植于个体自身、存续于社会发展之中，经济学的研究就不能对此视而不见，而仅仅将经济学研究的出发点设定为自利偏好。也就是经济学斯密传统所为我们指明的，既然"人是目的"，那么"非理性"就绝不仅仅是"人"身上所存在"利他"的原因。如果依然根据"理性经济人"假设——只有利己的才是理性的，来将个体的偏好限定在利己的范围之内，可能就无法将日益复杂的社会交往中人类的竞争与合作真实地还原出来。如 Fehr & Fischbacher（2002）所言，经济学如果不将社会偏好纳入对经济社会问题的思考，则很难完全洞悉竞争对市场产出的影响、合作规律和集体行动、物质激励的影响和决定性因素、最优的契约和产权结构、塑造社会规范和市场失灵的主要力量。这即是为什么要研究社会偏好的原因。

　　综合演化生物学、演化博弈论和人类学等跨学科成果，经济学已经对社会偏好有了一个明确的定义。如 Fehr & Fischbacher（2002）将社会偏好（social preference）归类为对等性（reciprocity）、[①] 不平等厌恶（inequity aversion）、纯粹利他（pure altruism）、恶意或

---

　　① 国内大部分的文献将"reciprocity"译为"互惠"，实际上"reciprocity"不仅有正向作用，也有负向作用。正向作用的意思接近"礼尚往来"，负向作用接近"以牙还牙"。因为本文所讨论的社会偏好将之限定为亲社会性行为的缘故，故依然采取"互惠"的译法。

嫉妒（spiteful or envious）。① 此外，声誉机制也会因社会偏好而在自发合作秩序的形成和演化中起作用，个体行动形成的声誉会在群体中传播，像利他和不公平厌恶的亲社会性行为可能仅仅出于名利的考虑（Bénabou and Tirole, 2006; Dellavigna et al., 2012）。对于声誉机制进一步的发展是人们除了在关心他人的社会偏好之外，还会在意别人对自己行为进行评价的社会尊严（social esteem），如 Brennan & Pettit（2004）、Ellingsen et al.（2009）；Ellingsen & Johannesson（2007, 2008）等。其中，Ellingsen & Johannesson（2008）将之确定为两个关键性的假设前提：第一，一些人关心社会尊严（social esteem）；第二，尊严取决于提供者，即人们相对更关心那些他们自己所认可的被赞成之事。一方面，社会尊严对社会偏好的扩充，深化了对对等性的利益双方条件合作行为的理解；另一方面，社会尊严的存在重新改变了对自虑和他虑的认识，如将利己、对等性和社会尊严归入自虑偏好的范畴，而将纯粹利他、不公平厌恶、厌恶或嫉妒归入他虑偏好的范畴。

虽然这些研究已经通过实验等技术手段表征出社会偏好，但却并没有阐明社会偏好存在的原因。"理性经济人"假设虽然倍受质疑，但其所阐明的"只有利己的才是理性的"在逻辑上存在自洽性。所以，为了在逻辑上存在自洽性，还应该考证社会偏好的起源，而这也是回复斯密传统的审慎推理和道德推理的要求。

三、社会偏好的起源——理性抑或是情感

为了在理论层面上，为人这一社会经济活动中的决策主体，建构出如何处理这种竞争与合作相对立处境的法则体系，道德哲学家们通过公正性、同情心、责任等，这些为伦理学所设定的基本的道德规范或规则概念，来解释了自愿性的人类合作产生的原因。这些道德规范或规则概念，在一定程度上对应于经济学的社会偏好。

但是，这些基本的道德规范导源于理性，还是导源于情感？从休谟到斯密，实际上都没有特别去否定道德判断中理性和情感的作用。休谟认为，道德或规则只是作为自然现象的一部分而出现。在自然的基础之上，人们基于道德情操来进行道德判断，其中，理性可以起作用，但不能单独起作用，理性必然依附于情感（彭凯平、喻丰，2012; 彭

---

① 社会偏好主要是针对于"理性经济人"假设下的自利偏好而言，自利的反面则为利他，按照字面上的意思，大多数的文献仅仅使用狭义上的社会偏好，即亲社会性来表征社会偏好。

凯平等，2011）。斯密在《道德情操论》中则清晰地区分了理性与情感的作用，认为理性毫无疑问是道德一般准则的根源，并且也是形成所有道德判断的根源，而情感却是道德判断的第一感觉。[①] 但康德则认为，道德是基于理性的，驱动道德行为的不是情感而是责任，影响道德判断的首要因素是理性，正是严密的推理使我们做出道德判断，情感在其中并不能发挥什么作用（彭凯平、喻丰，2012；彭凯平等，2011）。虽然经验主义的先驱者休谟并没有否定理性在道德判断中所发挥的作用，可是作为经验主义产物的现代经济学，已然随着"理性是，并且应该是情感的奴隶"将道德判断排除出对于所研究问题的分析，而自利也就作为唯一的动机来源而被认为是理性自我的存在基础。

既然伦理学可以使用除利己主义之外的道德规范来解释自愿性的人类合作所产生的原因，并且不管从经验主义或是理性主义的推理出发，都没有否认理性对于道德规范产生所发挥的作用。所以，从回复斯密传统的审慎推理和道德推理这个维度，经济学也就不能轻易以非理性来定义人类决策中的亲社会性行为（pro-social behavior）。经济学研究上的后果论必然导向功利主义，而受功利主义的影响，"理性经济人"表明的就是"自私的就是理性的"这一逻辑基础。将社会偏好的存在视作一种非理性的行为，并没有阐明人何以区别于动物的原因。实际上，神经元经济学的进展也说明了理性与情感在社会偏好导源上的不同作用。叶航等（2007）关于神经元经济学进展的综述在经验上证实了人类行为的理性机制，从而使"理性"不仅仅只是作为一种"假设"，而是具有了某种"本体论"的地位，并且选择也在"约束条件下最大化自身偏好"的基础上，包容了理性与情感这两种不同的行为决策模式。

在罗尔斯看来，人天生即是理性而且讲理的。并且由于人类是理性的，在追求理想和目标时，也愿意在追求目标的同时遵守合理的规范，并且将这种合理的规范建立在与其他个体互利的基础之上。甚至在无知之幕（the veil of ignorance）下的原初状态（original position），人们也并不是纯粹意义上的利己主义者。如在《正义论》中写道："作为公平的正义还是有一个特征，它把处在原初状态中的各方设想为是有理性的和相互冷淡（mutually disinterested）的。这并不意味着各方是利己主义者，即那种只关心自己的某种利益，比如说财富、威望、权力的个人，而是被理解为对他人利益冷淡的个

---

① 亚当·斯密：《道德情操论》，蒋自强、钦北愚、朱钟棣、沈凯璋译，北京：商务印书馆，1997年，第420—424页。

人。"① 这意味着，当无知之幕被揭开之后，人们在理性的指引之下进行社会经济交往时，以合理的道德判断来追求目标，也就并不尽然表现出纯粹物质上的自利最大化。因为社会交往过程中个体的目标并非只是纯粹的经济因素，其目标也包含着其他多种多样的非经济因素，而经过审慎思考的个体也会对不同的目标进行评价与权衡。

至此，在经济学的范围内回答隐藏在可以形成自发合作的制度背后的东西是什么的问题时，也就有了充足的理由从人类社会与其他动物群体的一个重要区别中去寻找，即人与人之间可以通过运用个人理性和情感所认知的除自利偏好之外的社会偏好而达致某种形式的合作。

社会偏好的存在和分类为我们揭示出，在建构化的外部制度之外，社会经济活动主体的人并不如"理性经济人"所假设的纯粹只是利己性的个体。而对于经济学的不同范式，其针对社会偏好的分析又是基于各自不同理性观之下的理解：一是从新古典经济学"理性经济人"假设出发阐明"非理性"利他主义社会偏好存在的价值，表达对"理性经济人"假设修正诉求的贝克尔进路式的完全理性选择模型；二是从知识不完备的决策者个体出发，强调互相独立的内部心理动因和外部环境特征使得个体只能限制性的做出"不完全理性"决策的有限理性分析框架。

四、社会偏好的理性观——从完全理性到有限理性

（一）完全理性下的社会偏好

对古典经济学到新古典经济学的理性观的变迁，西蒙曾做过如下的评价："斯密《国富论》中的理性是日常生活里的常识性理性，来源于人们的行为总有其原因这样一个朴实的想法，而非根据一个精心计算的效用积分，或假设某些人在从一种选择到另一种选择始终一贯地考虑某些因素。"② 而不同于斯密的分析，"马歇尔《经济学原理》中关于人类选择的方法首先由相对松散的'人们的所作所为皆事出有因'，变成了强调决策过程中的深思熟虑，并在《经济学原理》里演变成了边际分析和效用最大化。其次，只要具

---

① 约翰·罗尔斯:《正义论》，何怀宏、何包钢、廖申白译，北京：中国社会科学出版社，1988年，第11页。

② 赫伯特·A.西蒙:《基于实践的微观经济学》，孙涤译，上海：格致出版社·上海三联书店·上海人民出版社，2009年，第6页。

有观念上的一致性，任何愿望或欲望以及其他都可以表示成效用。马歇尔并不坚持自利是行为的主要驱动力。效用既可以来自利己选择，也可以来自利他选择；经济学并不假定或者预测什么东西具有效用，及其效用有多大"。[1]虽然马歇尔的《经济学原理》在经济学分析中不否认利他选择，但很长一段时间内，囿于所研究的主题，经济学并没有对此展开进一步的分析，而将之作为非理性的因素排除在外。贝克尔的《人类行为的经济分析》开创性地使用理性选择模型来解释利他偏好，不同于传统的"理性选择"理论不将除自利偏好外的亲社会性行为纳入其中，这种依然基于完全理性观的理性选择模型将不同的社会偏好因子纳入其中，从而为以往被经济学们定义的"非理性"选择提供了理性动机，使得在"理性经济人"的假设之下可以继续使用"选择的内在一致性""自利最大化""一般最大化"来将人们的利他行为解释为理性的选择。

从形式上看，贝克尔理性选择模型可以将个体偏好从利己扩展到利他的范围，如Charness & Rabin（2002）就构建了一个含有多种社会偏好因子，考察其对行为人效用影响的方程，如：

$$U_B(\pi_A, \pi_B) \equiv (\rho \cdot r + \sigma \cdot s + \theta \cdot q) \cdot \pi_A + (1 - \rho \cdot r - \sigma \cdot s - \theta \cdot q) \cdot \pi_B$$

其中，ρ、σ、θ分别用来表征不同形式的社会偏好，θ表示互惠因子、ρ和θ表示不同的分配偏好范围。相对于狭隘的人都是自私的观点，将不同的社会偏好因子纳入效用方程来解释人类的合作行为无疑是一个巨大进步。可实际上这样的处理方式依然逃不脱利己或是自利的偏好范围，这是因为在完全理性选择模型中，除利己偏好之外的所有偏好因子是为了解释与自利观点相违背的逻辑而存在的，归根结底这样的处理方式仅仅是将所有事物都塞进了一个更为广泛的自利观。方钦和韦森（2006）就批评了"所有人类行为均可以视为某种关系错综复杂的参与者的行为，通过积累适量信息和其他市场投入要素，他们使其源于一组偏好的效用达致最大"[2]这种经济学理性主义过度扩张的观念。实际上，斯密在《道德情操论》中就批判了认为"关心别人的命运"源于"自爱"这样的自利观，人们在做出关心别人命运的亲社会行为时并不是因为自身在社会交往中会

① 赫伯特·A. 西蒙：《基于实践的微观经济学》，第 9 页。
② 加里·S. 贝克尔：《人类行为的经济分析》，王业宇、陈琪译，上海：上海三联书店，1995 年，第19 页。

遭受什么，而是因为将自己置身于别人的位置上会遭受什么，所以，这根本就不是自私的。①

归纳起来，完全理性选择模型在既定的功利主义框架下，社会偏好因子进入模型虽然可以通过各自给行为主体所带来的效用解释不同选择下的福利得失，但是依然存在一些难以克服的问题。徐华（2005）将之总结为：第一，纳入理性社会偏好因子之后，不可捉摸的总效用含义使模型失去了理性行为的评判标准，模型已经变成一种纯粹的数学表达形式。第二，由于现实情境个案中各偏好项并不相互独立，使得理性选择模型所坚持的纯粹功利化原则不但不能完美反映现实，且可能还会造成误导。第三，就像斯密对将"关心别人的命运"源于"自爱"这样的自利观的批评，个体偏好项之间相互关联的根源实际上在于行为主体内心中的自我平衡，这是行为主体社会性的镜像，理性选择模型很难对此进行还原。就像 Hirshleifer（1985）所言："人们的生活目标中如果包含他人的福利，则他人的福利就变为自己的自利了吗？这种对可辨识的自利概念的入侵已经使得自利很难从他人的精神满足中所分离。"把自利最大化等同于理性，把实际行为等同于理性行为，完全理性选择模型使用理性作为媒介将实际行为认定为是自利最大化的行为。这就相当于将所有人都认为是自私是一种现实，并且所有人都自私也就是理性的。早在《伦理学与经济学》中，森就提到，"纵观经济学的发展过程，以如此狭隘的方式来描述人类行为确实非同寻常的，其不寻常处首先在于，经济学所关注的应该是真实的人。另一个不寻常之处在于，现代经济学不自然的无伦理（non-ethical）特征与现代经济学是作为伦理学的一个分支而发展起来的事实之间存在着矛盾。"②

概言之，首先，社会偏好在贝克尔进路式的完全理性选择模型下充当的只是工具性的作用，使得社会偏好在广泛的自利观之下能与"自我中心的福利""自我福利的目标""自我目标的选择"相自洽，从而可以继续使用"选择的内在一致性""自利最大化""一般最大化"来将所有的选择解释为理性选择行为。其次，这种贝克尔进路的社会偏好在其中也只是外生给定，解释的还是新古典经济学"理性经济人"假设下人类选择主体与客体之间的关系，并没有涉及到真实的人类行为决策的主体与客体、主体与主体之间的互动关系。

---

① 亚当·斯密：《道德情操论》，第 417—420 页。
② 阿马蒂亚·森：《伦理学与经济学》，王宇、王文玉译，北京：商务印书馆，2000 年，第 7—8 页。

（二）有限理性下的社会偏好

西蒙首先提出了有限理性，并且有限理性已经深刻改变了经济学的发展历程。有限理性对应于完全理性，即个体因为知识所限，既不可能掌握全部信息，也无法认识决策的详尽规律，所以无法实现完全理性下的效用最大化。这首先就从概念上打破了完全理性观下以"选择的内在一致性""自利最大化""一般最大化"所定义的理性选择。如何大安（2004；2005）通过对新古典经济学、新制度经济学与行为经济学的考察性分析，在有限理性的假设前提下强调人的选择在很大的程度上受制于心理活动与外部环境的支配，工具理性下的偏好一致性根本就不存在。

在有限理性提出之初，西蒙通过有限理性和顺从性解释了利他的演化及其所产生的社会效果，[①] 即这种利他的社会偏好可能源于本能性的公平行为在人类早期进化中的适存性优势（董志强，2011；叶航等，2005）。这种本能性的公平性行为也在动物的身上存在，例如，"如果一个实体，例如狒狒，其行为的结果是牺牲自己的利益，从而增进了另一同类实体的利益，该实体就被认为是具有利他性的。而自私行为的效果则恰好相反。我们所谓的'利益'就是指'生存的机会'，即使行为的效果对事实上的生与死所产生的影响小得微不足道。人们现在体会到，对生存概率的影响，从表面上看来，哪怕是极微小的，也能够对进化发生很大的作用。这是对于达尔文学说最新解释所产生的一个令人吃惊的后果。因为这种影响有大量的时间可供其发挥作用"。[②] 所以，顺从性认为，遗传上趋于顺从的人在其他情况不变时比不顺从的人更为适应；有限理性指的是由于知识和计算能力的限制，人们经常不能判断特定信念是否是正确的，以及特定行为是否会对他们的效用（财富、权力等做出贡献）。Simon（1990, 1993）具体阐释了有限理性和顺从性下利他行为的演过，即由于人们认识的局限，在遗传上表现出顺从性的利他动机，有限理性又强化了这一表现出亲社会行为的顺从动机。就此来看，西蒙更像是把一种社会奖赏引入经济学对利他主义的分析，如果这样的奖赏大于利他者因此而减少的生存适应性，利他主义就会在人口中占据支配地位（叶航等，2005）。

然而依然存在几方面的问题：

一是这种激励机制从哪里产生西蒙并没有说明，这就使得利他行为显得更像是顺从

[①] 赫伯特·A.西蒙：《西蒙选集》，黄涛译，北京：首都经贸大学出版社，2002年，第481—493页。

[②] 理查德·道金斯：《自私的基因》，第5页。

性和有限理性的偶然产物，只是用一个外生的激励变量取代了理性选择模型的外生利他偏好。

二是西蒙承认如果顺从性是个人深思熟虑选定的，那么甚至可以将相随的利他主义改名为"开明的自私性"。[①] 而这点也无法回应斯密对"关心别人的命运"源于"自爱"这样的自利观的批判。

三是有限理性的分析范式依然没有走出贝克尔进路式的功利主义视角，似乎个体做出利他的决策仅仅只是在知识不完备的约束下不得不做出的一种妥协。如王国成（2012）对于有限理性实质的探讨认为，完全理性认定偏好外生给定和稳定不变，有限理性实际上仍是在继承发展完全理性，关键在于其在个体决策过程中考虑了差异性个体的认知条件和认知能力。

四是有限理性如一把剪刀，分开的两面刀刃一边是决策环境的结构，一边是行为者的运算能力，可是在研究人类行为决策的大部分文献中，主要将注意力集中于个体的认知局限，而有限理性刀刃另一面——环境在塑造理性选择行为上的作用，在许多文献中总是被忽略掉。像在不同的情境之下，个人对环境的感知与决策也会发生显著的差异，个人的偏好会出现明显的逆转（Grether & Plott, 1979; List, 2002）。更有甚者，博弈实验中相同的被试会针对特定情境来调整自己的道德原则（Rustichini & Villeval, 2012），所以，在坚持有限理性观的前提下，也需要强调的环境在塑造理性选择行为时对偏好的影响，如 Fershtman et al.（2012）使用了信任博弈和独裁者博弈的变形形式，发现当情境使得社会认知或规范认可了对于租金的攫取，那么不公平则会给被试带来正向的偏好。这对不公平厌恶这样的社会偏好是一个逆转，因为从决策情境来看，这里的社会规范是竞争性的，而不是合作性的。

（三）有限理性的进路——情境理性下的社会偏好

针对贝克尔的理性选择模型解决不了社会偏好内生化的问题，解决不了主体与客体、主体与主体之间的互动关系，有限理性的分析范式忽略掉了环境对于偏好的塑造力量，而更像是继承完全理性，所做出的选择也只是一种妥协。通过跨学科的研究，经济

---

① 赫伯特·A. 西蒙：《西蒙选集》，第 443 页。

学理性主义的演进在坚持有限理性的基础上呈现出不同的表现特征，如汪丁丁所提出的情境理性。王国成（2012）也对其他的理性进行了详细的定义。

所谓情境理性，即依赖于场景（情境）所表现出的不同理性观。汪丁丁等（2005）总结了情境理性的十个来源，认为其哲学基础来源于哈贝马斯哲学框架内的社会交往和日常环境；[①] 而可供处理的目标函数和约束条件则来源于有限理性进路下的过程理性，即是在广阔的定义域和良好界定的问题域内进行寻优。具体来说，有限理性的定义域应该足够广阔，那么目标函数就可以在一个界定良好的问题域内寻找最优化，并在特定的情境内真实地还原和解释现实。与此过程较相似的为 Tversky & Kahneman（1986）所提出的框架效应（framing effects），即因为个体的偏好是从决策背景、决策程序等情境性的框架所引致形成，因此情境的改变会使得个体的偏好发生改变甚至逆转。不仅如此，在框架的影响下，个体的决策还要经过评价过程才能最终形成，即对各可选择行动的前景进行评价，使用价值函数评价概率函数赋予权重的行动结果的价值。

实际上，斯密在强调理性是道德一般准则的根源时，也强调了情感是道德判断的第一感觉，而这种第一感觉则是源于"理性不可能使任何特殊的对象由于自身的原因而在内心感到赞同或反对"。[②] 这就恰似将有限理性忽略掉的情境性的决策框架比作"特殊性对象"而影响情感，从而带来道德判断的第一感觉。

行为和实验经济学在近些年来发展非常迅速，慢慢地已经开始针对特定议题来研究社会偏好及社会偏好对竞争与合作的影响。一方面，这类研究将注意力的视角集中于个体真正所做的决策上，而并没有去特别关注完全理性下的效用最大化问题；另一方面，这类研究因所研究议题的不同，强调了社会偏好及社会偏好对竞争与合作的影响依赖于特定的实验环境、决策情境和不同的被试。如陈叶烽等（2012）从社会偏好异质性的角度出发，通过对以往文献的梳理来说明个体的选择行为和具体的偏好依赖于特定的情境，不同的实验室环境可以模仿人们现实生活中的不同场景，那么社会偏好在相应场景中的呈现也必然会出现不同。这就要求在使用社会偏好来研究竞争与合作时，要针对特定情境而设计不同的模型，这样才能将真正的人类决策活动呈现出来。一般来说，主要

---

① 英文版的《后形而上学思想》（*Postmetaphysical Thinking: Philosophical Essays*）中，使用了"situated reason"的概念，中文版中曹卫东将之翻译为"理性的定位"。汪丁丁将之翻译为"情境理性"。

② 亚当·斯密：《道德情操论》，第 423—424 页。

从以下三方面进行有针对性的研究：

情境事实角度：在不同的博弈实验中，因为所要达致目标的不同，寄希望于社会偏好总会对合作产生积极影响并对之怀有热切的希望就会显得极其不明智。如认为我们不能要求中国古典小说《镜花缘》中君子国的人用他们普遍的利他动机就能带来交易效率的提高，这样的困境只能由一个利己者的出现来解决（杨春学，2001）。这就如同Hirshleifer（1977）所认为的利他主义会导致"好的撒玛利亚人困境"，即利他主义可能是一种反社会的力量，与利己者的合作不可能实现，从而导致所有人的处境都变坏。陈叶烽（2010）则区分了不同情境公共领域下的社会偏好和合作形成的差异。那么，在考虑情境的特征时，首要的是界定目标函数的问题域，如是研究团队生产效率的提升、还是研究共享资源治理中资源的存续利用、又或者是研究社会救助行为所倡导的公共美德？然后再从社会偏好的可供选择的定义域出发来选择合适的物质和心理激励，这样才能避免个体理性导致的集体非理性和"好的撒玛利亚人困境"。

被试特征角度：Engelmann & Strobel（2004）质疑独裁者博弈实验中不公平厌恶的关联性作用，他们认为对效率的偏好和帮助收益最少的人的动机要比不公平厌恶来得重要。而在经济学的任何领域，涉及到个体异质性，相应理论的证明和工具的使用均会带来各种处理上的困难，有时甚至是无法克服的。Fehr et al.（2006）选择差异化的被试样本复制了 Engelmann & Strobel（2004）的实验，得到的结果显示 Engelmann & Strobel（2004）高估了效率动机的关联程度，低估了不公平厌恶的关联程度。Fehr & List（2004）也发现真正的 CEO 和学生间的信任水平就不相同；女性比男性具有更强的公平意识（Croson & Gneezy, 2009）。孙娟等（2014）的信任博弈实验使用了工人和学生作为被试者，最后发现信任歧视问题在籍贯、兼职、经济水平、教育程度等方面存在一定差异。为此，Bolton & Ockenfels（2006）提出了三个关键性的洞见来论证并不存在一个独立于情境的社会动机一般集合：一是并不是所有个人都以同样的方式来衡量公平；二是公平与互惠之间存在紧密的联系；三是特定制度类型会使个人的决策行为偏离自身的偏好特征，如竞争性市场引致公平个体自私行事，最后通牒博弈引致自私个体公平行事。对公平的偏好并不是特定的制度特征，但是制度却会塑造个体偏好的表现形式。

决策情境角度：Ellingsen & Johannesson（2007, 2008）从不完全契约的角度揭示出完全契约下社会惩罚不一定会促进个体之间的自发合作，反而是不完全契约下的尊严激励方式会促进个体之间的自发合作。李晓义和李建标（2009）也从契约完备程度出发回答了显性治理机制在存在社会偏好的情况下发挥不佳的原因，他们认为过于关注效率的显性契约安排会触发人们的负对等性行为，而有意关注公平的内生性不完全契约则会为正对等性行为留出激发空间。此外，文化、种族、历史、地域等情境性因素更是会对社会偏好产生影响。连洪泉等（2013）的公共品博弈实验发现，无论是外生惩罚还是内生惩罚，均可以在一定程度上促进个体的合作水平，但是这两种惩罚机制所带来的效果却存在差异。

　　问题在于，绝大部分的文献不管是构筑理论模型，还是通过实验所做的实证研究，解决的几乎全都是一个个个案所带来的问题（case by case）。并没有从三个完整的情境视阈来考虑问题，更多的只是基于一个变量或者情境的变化而做出推断，反映不出个体在不同的情境之下如何自我反思与适应。另外，考虑不同情境、被试特征、决策情境，这无疑又从框架上脱离于个体本身，又回到了埃莉诺·奥斯特罗姆（2012）所研究的建构化的外部制度，而隔离这些不同的情境因素之后，个体自身的社会偏好如何产生和演化这样的基本理性问题，也鲜有研究对此予以关注。这是因为经济学偏重理性的间接运用，把理性假定当成是为了预测、解释、描述的需要而运用的行为模型。这种间接运用第一步是通过刻画理性行为的特征来解释、预测和理解理性行为；第二步是基于理性行为来描述实际行为即假定实际行为与理性行为一致。从这两步来看，经济学在解释社会偏好对于竞争和合作的影响时，现有的理论和实证框架基本上依旧是基于行为功利主义视角，从而只具有工具性的作用。

五、超越社会偏好——森的"合理审查"

　　森在《理性与自由》中写道，"将偏好作为选择的基础在个人的私人生活中的决策上远比在其他类型的决策上具有更充分的力量，因为私人生活并不直接影响他人。个人的欲望就是在自己的私人领域中做出选择的充分理由，但在他人的私人领域或者公共领域中，它就不再是充分的选择理由了。"[1]

　　之所以经济学家还在一直使用偏好来研究涉及到个体自身及之外的事务，最根本

---

　　[1]　阿马蒂亚·森：《理性与自由》，第370页。

的原因主要还是源于功利主义的两个吸引力：一是功利主义所追寻的目标不会依赖于造物主，也不会依赖于其他的形而上学的实体；二是"后果论"在功利主义中所具有的吸引力。因为基于后果论的功利传统必然要求对于效用和效用最大化予以解释，而对于效用的界定，威尔·金里卡将效用界定为享乐主义、非享乐主义的心理状态、偏好、有理据的偏好四种不同的组成部分。[1] 在他看来，这种秉持功利主义传统的有理据的偏好在实践上行不通：一方面，如何增进效用必须满足哪些偏好，也就说，如何确定哪些偏好是理性的或有理据的呢？另一方面，就算知道哪些偏好是理性的，又如何确定不同理性偏好的福利水准，也就是说，又如何在"不可通约的"效用之间进行比较呢？事实上，"效用"和"偏好"所具有的模糊性在自利选择的中介上发挥了一个实质性的作用，从而给出了一个将理性选择与自利追求牢牢相连的景象。[2]

在森看来，上述两方面的问题都是新古典经济学理性观长期对于价值理性的忽略所产生的。新古典下的理性选择理论根据"自我中心的福利""自我中心的目标""自我目标的选择"强调了以理性作为主体的自我存在基础。森认为，这三个方面并未明确个体目标是否含有对于他人福利的考量和对于个体目标的评判。所以，森扩展了理性在理性选择理论中的作用，"自我的第四个方面——个人的推理和自我省察发挥作用的地方——其实质性作用的地方。人不仅是够享受其消费、体验并预期其福利、拥有目标的实体，而且也是一个能够省察其价值和目标，并根据这些价值和目标进行选择的实体"，[3] 这即是合理审查。这就要求社会经济交往中，具体框架之下，结果产生过程中参与人的意图、信念对于如何评价交往状态起着更为关键的作用。也就是说，关注他人的社会偏好的关键因素在于，对状态的评价取决于他人怎样经历这一状态。这就相当于休谟在《道德原则研究》中所认为的，"效用只是一种对于某个一定目的的趋向，如果这个目的是与我们完全漠不相关的，我们就会对实现这个目的的手段感到同样漠然。为了给予有用的而非有害的趋向一种优先选择，在此就必须展现出一种情感。这种情感不可能是别的，只能是一种对人类的幸福的同情和对人类的苦难的愤恨，因为这些正是德性和恶行各自趋向于促进的不同的目的。因此，在这里，理性给我们指示行动的诸种趋

---

① 威尔·金里卡：《当代政治哲学》，刘莘译，上海：上海译文出版社，2011年，第13—21页。
② 阿马蒂亚·森：《理性与自由》，第213页。
③ 阿马蒂亚·森：《理性与自由》，第25页。

向，人道则为了有利于那些有用的和有益的趋向而做出一种区别。"① 既然理性与情感共同决定了社会偏好，但是因为情感框架的变化，社会偏好也会发生显著的改变，而合理审查所包含的理性认知与情感框架从过程上也就可以规避这一问题，从而可以回应森所认为的，在公共领域内偏好就不是个体做出选择的充分理由。

所以，基于此，在探讨社会经济交往中的竞争与合作时，个体通过合理审查对选择的过程和结果进行审慎思考，就何谓公平与正义进行内心的自我平衡。如休谟所言，"成就任何有用的事业所最必需的品质是审慎；通过审慎，我们保持与他人的安全的交往，给予我们自己的性格和他人的性格以适当的注意，权衡我们所肩负的事业的各个因素，并采用最可靠和最安全的手段来达到任何目的或意图。"② 合理审查下的审慎推理一方面在研究扩大的社会经济交往的目标时，可以不将之限定在功利化的福利和效用，另一方面，可以为不同情境之下的交往目标提供一个统一化的解释，从而具有价值理性的作用。相应地，价值理性就包含评价及对于别人福利的关心，就如斯密在《道德情操论》中将道德判断的基础描述为一个"公平的旁观者"一样，将之视为"理性、道义、良心、心中的那个人，判断我们行为的伟大的法官和仲裁人"。③

六、结　语

偏好，作为经济学研究的起点，将利他行为视作一种偏好在承认其所具有的主体性价值方面无疑具有巨大的进步，但认为社会偏好来源于理性与利己的动机就会出现问题，因为只有情感才具有和理性相同的本源性地位，而利己或利他只是在理性与感性之下的表现。本文通过对经典文献的回顾，探寻了社会偏好的起源，即"理性毫无疑问是道德一般准则的根源，并且也是形成所有道德判断的根源，而情感却是道德判断的第一感觉。"④ 之所以经济学在使用社会偏好来研究竞争与合作时忽略情感的作用，则是因为情感会因具体的情境发生变化，从而使得经济学研究结果在有效性方面存在不一致，这种理性化的过程也直接导致了经济学的去伦理化，所以最初将社会偏好设定为非理性的

① 大卫·休谟：《道德原则研究》，曾晓平译，北京：商务印书馆，2001年，第138页。
② 大卫·休谟：《道德原则研究》，第87页。
③ 亚当·斯密：《道德情操论》，第165页。
④ 亚当·斯密：《道德情操论》，第420—424页。

因素也就不足为奇。

随着经济学研究范围的扩展，慢慢将社会偏好纳入其中，但整个的分析过程依然仅仅强调行为主体在既定约束下进行选择，以实现自身效用最大化。这不仅作为"理性经济人"假设的基础，也代表了"理性经济人"所要达致的目标。这一基础与目标之间的关系在逻辑上存在自洽，也就导致当代经济理论偏重于理性的理据一面，即理性的工具价值所在，而忽视了理性的推理这一层含义，即理性的实体价值所在（方钦和韦森，2006）。实际上，在哲学中，理性是指人类能够运用理智的能力。相对于感性的概念，它通常指人类在审慎思考后，以推理方式，推导出结论的这种思考方式。康德完整的理性含义同时包含"推理（reason）"和"理据（rationality）"（席天扬，2004）。从完全理性到有限理性，再到情境理性，不管在使用自利偏好还是社会偏好来解释人类的竞争与合作时，其都是以目标为导向的，而这一目标在绝大多数的时候都是指经济福利，所以在自洽性上不会导致严重的问题。但将这一目标扩展到经济福利之外的伦理目标时，若依旧使用效用所指代的有理据的偏好来进行逻辑上的验证，就无法将一个真实的人类决策图景还原出来。

所以，在使用社会偏好来研究不同情境公共领域下合作是如何形成时，森的"合理审查"可以为此提供一个一致性的理论基础，将理性比作认知，将情感比作情境，因为只有这样才能清楚的认识社会偏好在不同情境公共事务中所发挥的作用，而不至于无法对个案式的分析进行扩展。

参考文献

［１］ 埃莉诺·奥斯特罗姆，2012，《公共事物的治理之道——集体行动制度的演进》，余逊达、陈旭东译，上海：上海译文出版社。
［２］ 陈叶烽，2010，《社会偏好的检验：一个超越经济人的实验研究》，浙江大学博士学位论文。
［３］ 陈叶烽、叶航、汪丁丁，2012，"超越经济人的社会偏好理论：一个基于实验经济学的综述"，《南开经济研究》，第1期。
［４］ 董志强，2011，"我们为何偏好公平：一个演化视角的解释"，《经济研究》，第8期。
［５］ 方钦、韦森，2006，"经济学中的理性主义"，《学术月刊》，第8期。
［６］ 何大安，2004，"行为经济人有限理性的实现程度"，《中国社会科学》，第4期。
［７］ 何大安，2005，"理性选择向非理性选择转化的行为分析"，《经济研究》，第8期。
［８］ 何大安，2014，"选择偏好、认知过程与效用期望"，《学术月刊》，第6期。

［9］黄少安、韦倩，2008，"利他经济学研究评述"，《经济学动态》，第4期。

［10］李晓义、李建标，2009，"互惠、信任与治理效率——基于比较制度实验的研究"，《南开经济研究》，第1期。

［11］连洪泉、周业安、左聪颖、陈叶烽、宋紫峰，2013，"惩罚机制真能解决搭便车难题吗？——基于动态公共品实验的证据"，《管理世界》，第4期。

［12］彭凯平、喻丰，2012，"道德的心理物理学：现象、机制与意义"，《中国社会科学》，第12期。

［13］彭凯平、喻丰、柏阳，2011，"实验伦理学：研究、贡献与挑战"，《中国社会科学》，第6期。

［14］孙娟、费方域、刘明，2014，"信任的差异与歧视行为——一个经济学实验研究"，《世界经济文汇》，第2期。

［15］汤剑波，2008，《重建经济学的伦理之维——论阿马蒂亚·森的经济伦理思想》，杭州：浙江大学出版社。

［16］汪丁丁、韦森、姚洋，2005，《制度经济学三人谈》，北京：北京大学出版社。

［17］王国成，2012，"西方经济学理性主义的嬗变与超越"，《中国社会科学》，第7期。

［18］韦倩，2010，"纳入公平偏好的经济学研究：理论与实证"，《经济研究》，第9期。

［19］席天扬，2004，"普遍冲突和自由主义：我们应该站在哪里"，《东岳论丛》，第4期。

［20］徐华，2005，"理性选择模型与利他主义"，《制度经济学研究》，第2期。

［21］杨春学，2001，"利他主义经济学的追求"，《经济研究》，第4期。

［22］叶航、汪丁丁、贾拥民，2007，"科学与实证——一个基于"神经元经济学"的综述"，《经济研究》，第1期。

［23］叶航、汪丁丁、罗卫东，2005，"作为内生偏好的利他行为及其经济学意义"，《经济研究》，第8期。

［24］Bénabou, Roland and Jean Tirole, 2006, "Incentives and Prosocial Behavio", *American Economic Review*, 96(5): 1652‑1678.

［25］Bolton, Gary E. and Axel Ockenfels, 2006, "Inequality Aversion, Efficiency, and Maximin Preferences in Simple Distribution Experiments: Comment", *The American Economic Review*, 96(5): 1906‑1911.

［26］Bowles, Samuel and Herbert Gintis, 2004, "The Evolution of Strong Reciprocity: Cooperation in Heterogeneous Populations", *Theoretical Population Biology*, 65(1): 17‑28.

［27］Brennan, Geoffrey and Philip Pettit , 2004, *The Economy of Esteem*, New York: Oxford University Press.

［28］Charness, Gary and Matthew Rabin, 2002, "Understanding Social Preferences with Simple Tests", *The Quarterly Journal of Economics*, 117(3): 817‑869.

［29］Croson, Rachel and Uri Gneezy, 2009, "Gender Differences in Preferences", *Journal of Economic Literature*, 47(2): 448‑474.

［30］Dellavigna, Stefano, John A. List, and Ulrike Malmendier, 2012, "Testing for Altruism and Social Pressure in Charitable Giving", *The Quarterly Journal of Economics*.

［31］Ellingsen, Tore, Magnus Johannesson, Jannie Lilja, and Henrik Zetterqvist, 2009, "Trust and Truth", *The Economic Journal*, 119(534): 252‑276.

［32］Ellingsen, Tore and Magnus Johannesson, 2007, "Paying Respect", *The Journal of Economic Perspectives*, 21(4): 135‑150.

［33］Ellingsen, Tore and Magnus Johannesson, 2008, "Pride and Prejudice: The Human Side of Incentive Theory", *The American Economic Review*, 98(3): 990‑1008.

［34］Engelmann, Dirk and Martin Strobel, 2004, "Inequality Aversion, Efficiency, and Maximin Preferences in Simple Distribution Experiments", *The American Economic Review*, 94(4): 857‑869.

［35］Fehr, Ernst, Michael Naef, and Klaus M. Schmidt, 2006, "Inequality Aversion, Efficiency, and Maximin Preferences in Simple Distribution Experiments: Comment", *The American Economic Review*, 96(5): 1912‑1917.

［36］Fehr, Ernst and John A. List, 2004, "The Hidden Costs and Returns of Incentives-Trust and Trustworthiness

Among Ceos", *Journal of the European Economic Association*, 2(5): 743-771.

[37]   Fehr, Ernst and Urs Fischbacher, 2002, "Why Social Preferences Matter - The Impact of Non-Selfish Motives On Competition, Cooperation and Incentives", *The Economic Journal*, 112(478): C1-C33.

[38]   Fershtman, Chaim, Uri Gneezy, and John A. List, 2012, "Equity Aversion: Social Norms and the Desire to be Ahead", *American Economic Journal: Microeconomics*, 4(4): 131-144.

[39]   Grether, David M. and Charles R. Plott, 1979, "Economic Theory of Choice and the Preference Reversal Phenomenon", *The American Economic Review*, 69(4): 623-638.

[40]   Hirshleifer, Jack, 1977, "Shakespeare Vs. Becker On Altruism: The Importance of Having the Last Word", *Journal of Economic Literature*, 15(2): 500-502.

[41]   Hirshleifer, Jack, 1985, "The Expanding Domain of Economics", *The American Economic Review*, 75(6): 53-68.

[42]   List, John A., 2002, "Preference Reversals of a Different Kind: The 'More is Less' Phenomenon", *The American Economic Review*, 92(5): 1636-1643.

[43]   Rustichini, Aldo and Marie-Claire Villeval, 2012, "Moral Hypocrisy, Power and Social Preferences", *GATE Working Paper Series*, No. 1216.

[44]   Simon, Herbert A., 1990, "A Mechanism for Social Selection and Successful Altruism", *Science*, 250(4988): 1665-1668.

[45]   Simon, Herbert A., 1993, "Altruism and Economics", *The American Economic Review*, 83(2): 156-161.

[46]   Tversky, Amos and Daniel Kahneman, 1986, "Rational Choice and the Framing of Decisions", *The Journal of Business*, 59(4): S251-S278.

经济分析的另一个原点：宪制或是秦制

——《国富论》与《商君书》的比较研究

许建明[*]

摘要：理性的经济人假设作为经济分析的原点，并不足以独自支撑起整个经济学的大厦。基于同样的理性经济人假设，加上秦制，二者作为分析原点，则可以产生商鞅主义的行为科学和治国学说。它具有并不逊色于斯密所开创的经济学的强大政策功效，但它不仅没有改善人民的福利，而且带来了灾难。因此，通过比较《国富论》与《商君书》，我们得知：现代经济学还有一个原点——宪制。但这一点却为大家所忽视。因经济学是一门经世济民的致用科学，从某种意义上来说，选择某种经济学而不选择另一种经济学，就意味着我们选择或向往某种生活方式而拒斥另一种生活方式。我们之所以尊亚当·斯密为现代经济学鼻祖，是因为其经济理论所提倡的生活方式是值得我们追求的。从这个意义上，选择一种经济学就是选择一种生活方式，这种生活方式的选择就是关于宪制还是秦制的选择。

关键词：理性选择；经济分析原点；秦制；比较研究；生活方式

---

* 许建明：清华大学中国农村研究院，地址：北京市海淀区中关村东路 1 号清华科技园科技大厦 B 座 12 层，邮编：100084。电话：15011326658。电子邮件：zm3809@sina.com。本文曾在"中国经济学年会"（西南财经大学）、"中国制度经济学年会"（西南政法大学）等会议上交流，得到了厦门大学宏观经济研究中心李文溥教授、美国加州大学洛杉矶分校与中国人民大学黄宗智教授、美国三一学院与上海财经大学高等研究院文贯中教授、南开大学经济研究所邓宏图教授、厦门大学王亚南经济研究院与经济学院方颖教授、福建农林大学经济学院邓衡山教授等多位先进同仁的评论与建议！同时感谢审稿人的意见和建议！

Another Original Point for Economic Analysis: Constitutionalism or Dictatorship
— A Comparative Study of *The Wealth of Nations* and *The Book of Lord Shang*

Xu Jianming

（China Institute for Rural Studies, Tsinghua University）

Abstract: The rational choice made by an economic person serves as a starting point both for modern economics established by Adam Smith and the ancient theory of state craft developed by Shang Yang. But there is another starting point, the Constitutionalism, that makes the Smithian economic analysis totally different from Shang's theory. In this sense, Constitutionalism is another anchor point of Smith's economics, while dictatorship is the foothold of Shang's theory. Different starting points lead to different results. Smith's economics molds the modern market-oriented society, while Shang's theory creates the tragic world of tyranny. Constitutionalism as another original point for modern economic analysis has been ignored by most of us. This paper aims to reveal this second anchor point of Smithian theory. We respect Adam Smith as the founding father of modern economics, because the mode of living promoted by Adam Smith is what we are all seeking and looking forward to. By accepting Adam Smith, we implicitly accept his second anchor point. In this sense, the mode of living that we are going to have depends on our choice today between constitutionalism and dictatorship.

Keywords: rational choice; original point for economic analysis; dictatorship; comparative study; mode of living

JEL Classification: A10; B12; N40; P00

一、经济分析中一个熟视无睹的原点

当我们谈到经济学的基本假设时，一般是从理性的经济人出发（Samuelson, 1965/c1947；Samuelson & Nordhaus, 1996；Stigler, 1976；Becker, 1993；贝克尔, 2008；林毅夫, 1992），也就是，理性的经济人是经济分析的原点。经济学是奠基于理性的经济人假设上的巨型宫殿（Stigler, 1971, p.237）。这一原点的科学威力是强大的，在整个社会科学领域中，形成一股席卷其他学科领域理论建构的理性选择潮流，即所谓的"经济学帝国主义"。在政治科学中，比如斯蒂格勒（Stigler, 1971）就是从这一原点出发，沿着斯密的理性选择分析理论去研究国家这个政治实体。唐斯（2005）以经济分析建立了一系列结构相似的关于公共政策和政府行为的理论模型。在社会学中，贝克尔（Becker, 1993, 2008）、科尔曼（2008）则以之为原点，来剖析宏观的社会行为、社会结构和社会秩序。

本文并不是想挑战理性的经济人假设，而要证明的是：理性的经济人假设，虽然其科学演绎威力强大，但它并不足以独自支撑起整个经济学的大厦。因为同样基于理性的经济人假设，也可以产生商鞅主义法家行为科学和治国学说，它具有并不逊色于由斯密所开创的经济学的强大政策功效，但它不仅没有改善它治理下的人民的福利水平，反而是给他们带来了人间地狱般的灾难。也就是，现代经济学体系实际上还有一个原点：宪制；但它却被经济学家长久忽视。导致这种忽视，可能是因为经济学家们总是在同一经济思想范式中辩论经济学命题的正确性与否，而无法察觉到辩论中的各方所共享的分析原点。我们对这一暗含的原点的发现，是通过斯密的经济学理论及其公共政策与商鞅的治国学说及政策的比较中得到的。

这一原点之所以没有为以前的学者察觉到——我们以为——可能是因为对商鞅主义法家经济思想熟悉的基本上是在中国经济思想史专业的学术小圈子中，这个小圈子更多的是历史学的研究趣向，这种研究是考证式的，注重从新资料、新档案中挖掘出故纸堆中可能包含的思想火花，比如叶坦（1998）。他们基本上没有与主流经济学界发生交流与碰撞，因此，主流经济学家就难以了解到商鞅主义法家学说立论的原点，也就难以借镜来省查自身体系立论的隐蔽的原点。即使有极少数的主流经济学家对中国经济思想史的某些方面有所了解，也是局限于与斯密的"看不见的手"相关的老子的玄奥而难以理解的"道"或司马迁《史记·货殖列传》中的"天下熙熙皆为利来，天下攘攘皆为利往"的描述或"低流之水"的比喻（比如谈敏，1992；Young, 1996）。

我们将通过一个具有微观基础的宏观经济模型来展示，由两个原点：理性经济人、秦制，而推导出一个与亚当·斯密"自然秩序"截然相反的商鞅主义世界。在这个世界里，"法网严密"，推崇法治，以经济建设为中心（当然还有另一个中心：战争），鼓励生产，社会井然有序，吏治清明高效，废除世袭等级制，人人平等，但人民处于被任意驱使、奴役、杀戮的状态，这是一个全民奴隶制，一个全国性的"肖申克"[1]。这是一个真真切切的"悲惨世界"！这个世界的建构逻辑与亚当·斯密"自然秩序"的逻辑共享着一个原点：理性经济人。前者不同于后者的，则在于另一个原点：秦制。而后者的秩序建构则是基于宪制。"差之毫厘，失之千里"，不同的出发点，分别塑造了天堂与地狱。

也就是，本文所发现的新古典经济学分析的另一个（隐藏的）原点：宪制，并不是本文强加赋予的，而是其本来就存在的，只是没有被我们清晰地意识和理解而已；[2]本文只是揭示了它的存在，并初步阐发它对整个新古典经济学分析体系的意义。即本文意在钩沉，并非要标新立异，而且本文的进一步含义是在保守、坚守一个可欲的、值得追求的立场。

本文中对宪制的定义，是来源于麦基文的《宪政古今》。宪制"有着恒古不变的本质：它是对政府的法律限制；是对专政的反对；它的反面是专断，是即恣意而非法律的

---

① 肖申克是一座监狱的名字，源自1994年上映的美国电影《肖申克的救赎》（*The Shawshank Redemption*），由法兰克·戴伦邦特执导，改编自史蒂芬·金的作品《不同的季节》中收录的《丽塔·海华丝与肖申克监狱的救赎》。

② 温格斯特指出，政治科学中关于如何约束政府权力，保障社会的知识很少被整合到现代经济学的知识体系里，导致经济学家在给经济转型政策建议时很少考虑到这些知识（Weingast, 1993, pp.286-287）。

统治"。"真正的宪政，其最古老、最坚固、最持久的本质，仍然跟最初一样，是法律对政府的限制。""宪法限制"是宪制最古老的原则（麦基文，2004，第 16 页）。宪制就是权力受到限制的政体，以法治精神约束政治家对公民采取负责任的行动，为公民提供判断政治行为合法、正当与否的最可靠的天平（刘军宁，1998，第 123—124 页）。

而在秦制的宏观经济模型中，我们是对现代经济学的另一个原点进行改变，即以秦制替代宪制。这一替换的结果是：这个原点的改变，不仅仅是改变经济人的制度约束（林毅夫，2001，第 77—79 页；田国强，2005，第 114—118 页），更重要的是，它改变了标准化的宏观经济模型中的主体，臣民只是沦为模型中的客体 / 约束条件。在亚当·斯密传统的经济学中，我们分析宏观经济模型时，最大化的是作为普通人的消费者（代表性的民众个体）的效用。而在秦制的世界里，我们的宏观经济模型首先需要考虑的是最大化君主的效用。

阿西莫格鲁在他的麻省理工学院《政治经济学讲义》里特别强调，虽然历史上绝大部分时间，甚至到了 20 世纪末，宪制政体并不普遍，但关于秦制 / 独裁政体的模型（特别是令人满意的模型）是极其稀少的（Acemoglu, 2012, p.383）。比阿西莫格鲁更早指出这一问题的是温特罗布（Wintrobe, 1998, p.333）。温特罗布在经典著作《独裁的政治经济学》（Wintrobe, 1998）中揭示了独裁者依赖两种策略工具，即其所治下的民众的忠诚与对民众的镇压，来如何理性优化其效用函数的**微观机理**。本文的一个工作是建立一个关于秦制 / 独裁政体的一般均衡**宏观经济**模型，并让其与斯密的"自然秩序"的宏观经济模型进行福利比较。秦制社会的性质与宪制社会里的背景根本不同：在秦政体制中，民众只是君主的工具、财产、客体化的存在，而君主才是主体。本文将构建具有秦制背景的宏观经济模型，以进一步揭示其与以宪制为背景的亚当·斯密传统的经济学体系之间的本质性区别。

二、为什么是亚当·斯密（而不是商鞅）？

在第一次上经济学课程时，我们知道了一个基本的事实——亚当·斯密是现代经济学之父。专长于经济学说史研究的斯库森（Skousen, 2009）用《圣经·创世记》一样的文笔写下 "It all started with Adam（一切皆从亚当始）" 作为其经济思想史著作的第一章的

184

标题。萨缪尔森有一句文采飞扬的话概括这个事实——"The first human was Adam. The first economist…was Adam Smith.（人类世界的第一人是亚当，经济学家的第一人是亚当·斯密）"（Samuelson, 1966, p.1408）他在风行世界的教材《经济学》中充满才华与热情洋溢的宣言性短文《经济学和永葆青春》中写道："经济学真正从亚当·斯密（我们的名副其实的亚当）开始。"（萨缪尔森、诺德豪斯，1996，第12页）

　　如果我们进一步了解萨缪尔森的背景，就更加理解这是一个多么崇高而真诚的评价！ 20世纪的主流经济学追求自然科学化，而萨缪尔森正是这一潮流中的领军者，他也因此获得了1970年的诺贝尔经济学奖，当年的颁奖词就是——"他发展了数理和动态经济理论，将经济科学提高到新的水平。他的研究涉及经济学的全部领域。"他以一种普遍化的方式，给经济学的几乎各个领域的理论，赋予了共同的数学结构，将它们转译为逻辑一致的数学表达形式，从而大大提升了经济分析的抽象层次和科学严密程度（Samuelson, 1965c/1947）。伴随经济学的自然科学化转型的一个结果，是主流经济学学界里充满着薄古厚今的进化主义倾向，往往是以一个经济学家所掌握的数学工具的复杂与高深程度来评价其学术贡献，也就以此来否定前辈经济学家的贡献——因为那些前辈经济学家或者不谙近代数学或者掌握得不多。

　　而且，萨缪尔森在哈佛大学的老师熊彼特在其皇皇巨著《经济分析史》中全面否定了亚当·斯密的贡献，贬低斯密的原创性[1]，毫不客气地说斯密的经济思想无非是前人思想的综合——"《国富论》中所包含的分析思想、分析原则或分析方法，没有一个在1776年是全新的。"（熊彼特，1991，第280页）[2]而且，斯密的分工理论"是《国富论》全书最精练的部分。我们知道，该部分没有任何富有创见的东西，但却应该提到，

____

① 科斯认为熊彼特对亚当·斯密的贬低是出于妒忌（科斯，2010，第94页）。熊彼特的中国学生张培刚则认为，这是熊彼特对当时英国经济学界唯我独尊的傲气的一种反击（张培刚，"中译本序言"，参见熊彼特，1991，xii），实际上熊彼特对《国富论》的评价非常高。比如他认为《国富论》"不仅是最为成功的经济学著作，而且也是或许除了达尔文的《物种起源》外迄今出版的最为成功的科学著作"（熊彼特，1991，第276页）；"虽然它作为智力上的成就不能与牛顿的《自然哲学的数学原理》或达尔文的《物种起源》相提并论，它却仍是一部伟大的著作，仍无愧于它所取得的成功"（熊彼特，1991，第281页）。
② 他进一步贬低亚当·斯密的原创性，"还有另外一股潮流汇入了《国富论》，这股潮流为顾问行政官和小册子作家所代表。斯密了解配第和洛克；或许也熟悉坎梯隆，至少在写作初期可以通过波斯特勒特韦特的《词典》对坎梯隆有所了解；他承认哈里斯和德克尔对他有所帮助；也一定熟悉他的朋友休谟和梅西的著作；在一大长串因犯有'重商主义错误'而为他轻视的作家中，也许有些作家例如蔡尔德、达文南特、波勒克斯芬，使他学到了许多东西，更不用说像巴贲和诺思那样的'反重商主义的'作家了"（熊彼特，1991，第279页）。

有一点一直没有得到应有的注意，那就是，无论在斯密以前还是在斯密以后，都没有人想到要如此重视分工"（熊彼特，1991，第284—285页）。萨缪尔森对他老师熊彼特对亚当·斯密的整体性否定评价并不陌生（参见萨缪尔森，1962，第3页；萨缪尔森、诺德豪斯，1996，第691—692页），但是，他在1961年的美国经济学会就任主席演讲时，仍然将亚当·斯密尊为所有经济学家（包括他自己在内）中的"顶峰（on a pinnacle）"（Samuelson, 1962, p.7）。

显然，萨缪尔森并没有接受他老师的这一否定性评价观点，而只是一笔带过，但他没有说明他没有接受这一观点的理由。熊彼特对亚当·斯密的评价无疑是苛刻的。因为亚当·斯密开创了作为一个学科的经济学，他的工作无异于是制造了"一部机器"。虽然机器是各种工具与零件的组合，但一部机器与一堆没有建立起结构联系的工具（其作为构造机器的零部件）是有本质的区别——这个区别就是一堆砖头与一座建筑物的区别——即使大部分的用于制造机器的工具是别人创造的。我们这里应用的这个评价标准，其实是熊彼特在他的著作的第二卷中给出的（熊彼特，1992，第153页），他借用了罗宾逊夫人对经济理论是分析工具的定义，他进一步区分"分析工具"和"机器"，认为经济理论是"组成一部机器"。用科斯的话，就是"它相互关联的主题，对经济生活的入微观察以及表达得清晰而优雅的有力思想，使它不可能不产生魔力。"（科斯，2010，第91页）而且，他的科学体系至今仍是有效的。"亚当·斯密通过一系列的绝妙手笔，成功造就了一个分析体系——我们的分析体系。"（科斯，2010，第96页）

经济学科学化的一个结果就是，培养经济学家的方式发生了根本的变化。现在训练一个经济学家是不需要阅读亚当·斯密的著作，这像你无须读伽利略或牛顿的著作而可以成为一个好的物理学家，你也无须读欧几里得的《几何原本》而可以成为一个好的数学家一样。但熊彼特显然不同意这样的观点，他相信对一门科学演进的了解有助于理解它今天的架构（熊彼特，1991，第16—21页）。科斯也不同意这种看法，他认为："它（即《国富论》）是一本依然有着生命力、我们能不断从中受益的著作"（科斯，2010，第91页），"经济学有史以来最重要的著作——一部天才之作"（科斯，2010，第95页）。他还提出了一种观点——"在过去的两百年中，经济学仅仅是做了一些'梳理工作'，在此期间，经济学家们只是对《国富论》的分析工作进行了一些补充、更正、提炼而已"（科斯，2010，第95—96页）。

亚当·斯密的《国富论》对后世的影响巨大。英国文明史学家布克尔认为《国富论》"从其最终结果看，可能是所有见诸文字的图书中最有影响的"，是一本"对于人的小腹做了许多事"的著作，"比所有政治家和立法者联合起来的能力还要大，尽管历史保存了对后者所作所为的正式记录"。白哲特认为，《国富论》真真切切地改善了英国人的福利水平，"英国几乎每一个人的生活——也许是每个人——都不同了，而且结果更好了"（斯皮格尔，1999，第 223 页）。施特劳斯和克罗普西在著名的《政治哲学史》著作中也给予了亚当·斯密这样崇高的定位——"有资格被称作我们当今社会制度的设计师"（施特劳斯、克罗普西主编，1993，第 730 页）。"亚当·斯密通过一系列的绝妙手笔，成功造就了一个分析体系——**我们的分析体系**"（科斯，2010，第 96 页）。

但我们不禁有一个疑问——为什么经济学诞生于亚当·斯密（而不是更早以前的学者）呢？顾名思义，经济学（Economics 或者 Economic Science）不就是研究经济（Economy）的科学吗？但是，只要有人类的存在，就必然有经济（Economy）的存在。难道是因为人类对经济的系统性的思考是在亚当·斯密时代才开始的吗？或者说，到底是什么东西让我们认为是亚当·斯密而不是别人（比如说商鞅）奠定了关于**我们现在当下经济生活**的分析体系？是什么东西让我们乐意承认是亚当·斯密，而并非（更早之前的）其他大学者（如柏拉图、亚里士多德等），是我们如今还在使用的分析体系的鼻祖？要知道，认祖归宗，特别是非血缘性的认祖归宗，很多时候其实就是一种认同——既是一种科学分析上的认同，也是一种价值的认同和理念的认同。而这个认同更是一种对（未来）生活的定位过程，其目的在于确认、认可这种经济学所提供、预示的生活方式，以及它为我们现在与将来所提供而为我们所接受、向往，并努力追求的生活方式。经济学可能存在某种价值前提，但这种价值前提却经常为我们所忽视，并没有为我们清晰地意识和领悟到，它隐晦不明。

其实，人类历史在公元前 800 至公元前 200 年之间（公元前 500 年是高峰期）就出现雅斯贝尔斯所谓的轴心时代，这是"最深刻的历史分界线"（雅斯贝尔斯，1989，第 8 页）。雅斯贝尔斯这样描述这个时代的新特点："人类全都开始意识到整体的存在、自身和自身的限度。人类体验到世界的恐怖和自身的软弱。他探寻根本性的问题。面对空无，他力求解放和拯救。通过在意识上认识自己的限度，他为自己树立了最高目标。他在自我的深奥和超然存在的光辉中感受绝对。"（雅斯贝尔斯，1989，第 8—9 页）在轴心时代里，各个文明都出现了伟大的精神导师——古希腊有苏格拉底、柏拉图、亚里士多德，以色列有犹太教的先知们，古印度有释迦牟尼，中国有老子、孔子等等。他们通过反思的、批判的与超越的途径，提出的思想原则塑造了不同的文化传统，至今仍影响着人类的生活。这段时期是人类文明精神的重大突破时期，实现了"哲学的突破（philosophic breakthrough）"，发生了"终极关怀的觉醒"，人类对构成自身及其所处的环境或世界的本质进行理性的认识和系统的思考。[①] "轴心文明"作为文明的"内核"，是其最深层、最根本的部分。它凝聚着人类价值，直接或间接塑造这些文明随后全部历史的精神面貌和制度建构，并构成为这些高级文明的有机内容（史华慈，2004，第3页）。因此，当西方国家的学者写作（完全以欧美为线索的）经济思想史时，他们总是将源头归到在轴心时代的古希腊（熊彼特，1991；萨缪尔森、诺德豪斯，1996；斯皮格尔，1998；Skousen, 2009）。而中国的学者在写作中国经济思想史时也是将源头归到同处于轴心时代的春秋战国时期（比如唐庆增，2010；胡寄窗，1998；赵靖、石世奇，1991）。

以轴心时代的中国来说，关于国民经济管理的系统讨论，其中就有《商君书》。该书是秦制开创者与奠基者商鞅治理国家的理论纲领，《商君书》的作者（和精神指导者）商鞅通过著名的商鞅变法，不仅奠定了秦国灭六国统一天下的基础，而且也为后世立下了治理的榜样——晚清思想家谭嗣同在《仁学》中认为"两千年来之政，秦政也"[②]，共和国缔造者毛泽东认为"百代都行秦政制"[③]。

如果说亚当·斯密的《国富论》让英国走上了富强的道路，[④] 使得其在随后的19世纪世界成为"英国的世纪"。那商鞅的《商君书》的政策效果不是更强大吗？它使当时处于受人鄙视（"诸侯卑秦"，《史记·秦本纪》）、"被动挨打的秦国"（林剑鸣，2009，第132页）在一百多年后相继灭六国、一统天下。而且，中国在其后的数千年里都是延续着商鞅所奠定的统治体制，"两千年来之政，秦政也"（谭嗣同），"百代都行秦政制"（毛泽东），这也说明商鞅主义与其他政治哲学相比较而所具有的强劲生命力与强大竞争

---

① 中国的一句古话"天不生仲尼，万古如长夜"，说明其奠定了轴心时代对人类文明的根基，及对以后文明的影响。

② 周振甫选注：《谭嗣同文选注》，北京：中华书局，1981年，第147页。

③ "劝君少骂秦始皇，焚坑事件要商量。祖龙魂死业犹在，孔学名高实秕糠。百代都行秦政制，十批不是好文章。熟读唐人《封建论》，莫从子厚返文王。"参见毛泽东：《读〈封建论〉呈郭老》，《毛泽东诗词选》，北京：人民文学出版社，1986年。

④ 其时的英国已是欧洲的两三个最繁荣的国家之一（麦格劳，2000，第58页）。

力。由商鞅奠定的秦制帝国制度，被证明是世界上最持久的政治制度（费正清、赖肖尔，2012，第54页）。主旋律的旗手郭沫若在《十批判书》中说："秦以后的中国政治舞台是由商鞅开的幕"（郭沫若，1982，第323页）。而根据麦迪逊（2011）的估算，中国的人均GDP高于欧洲，这个成绩一直保持到15世纪，即使到屈辱的近代史开端的鸦片战争之前的1820年中国GDP占世界总量的33%。那么，根据林毅夫（1995，2001）的观点——一个经济理论的重要性取决于所解释的现象的重要性，那么，商鞅比亚当·斯密更有资格被推崇为经济学的创始人。

而且，商鞅并非只存在于历史中，他至今还"活着"。商鞅的强国主张，并未随时间的流逝而削减了其对雄心壮志的当权者和决策者的诱惑力。即使两千年过去之后，其理念在最近的一个世纪里也不断得到精神的回应，并对今天的社会制度留下了深刻的烙印。共和国的缔造者毛泽东在1912年，其青年时期的中学作文《商鞅徙木立信论》表达了对商鞅的惺惺相惜之情："于是而变法之令出，其法惩奸宄以保人民之权利，务耕织以增进国民之富力，尚军功以树国威，孥贫怠以绝消耗。此诚我国从来未有之大政策，民何惮而不信？乃必徙木以立信者，吾于是知执政者之具费苦心也，吾于是知吾国国民之愚也。"他在领会商鞅苦心的同时，也向商鞅寻求治国思路[1]，"商鞅之法良法也。今试一披吾国四千余年之纪载，而求其利国福民伟大之政治家，商鞅不首屈一指乎"（毛泽东，1912）。同样，在苏联解体、东欧剧变后不久的1996年岁末，当时中国经济的实际掌权者朱镕基也从商鞅身上寻找精神的支持以改革其时陷入重重困境之中的国有企业，并借以宣示改革的决心。[2]

此外，商鞅在所处时代的重要性也不逊色于斯密。根据雅斯贝尔斯（1989）对人类发展阶段的划分，商鞅处于轴心期，斯密的启蒙时代则隶属于15世纪之后的科学技术时代。而这两个时代的历史意义是不能等量齐观的，前者的本质是突破，后者则是间隙状态；前者具有绝对普遍意义，后者不是纯粹的，而具有相对意义；前者的内涵是丰富的，后者却是空虚的（雅斯贝尔斯，1989，第159—160页）。因此，我们这里就产生了一个问题：为什么经济学诞生于亚当·斯密而不是商鞅？为什么我们要归宗于作为"外

---

① 1949年之后，毛泽东对中国社会的整体性政治经济体制建构几乎是仿照商鞅的整体性军事化改造秦国社会的建制，请参见许建明（2004）。

② 1996年岁末，朱镕基在北京看大型历史话剧《商鞅》，而为剧情所感动。参见凌志军：《沉浮：中国经济改革备忘录（1989—1997）》，武汉：湖北人民出版社，2008年。

人"、与我们"东方"相对立的"西方"的亚当·斯密，而不是归宗于开创我们传统的商鞅呢？

三、斯密与商鞅：为什么及如何比较？

我们经常谈到西方经济学，或者有人在抱怨我们现在所教、所学的经济学已被全盘西化了。言下之意，我们似乎应该或者曾经存在一个属于我们自己的中国经济学或中国经济思想（盛洪，1996；叶坦，1998）。[①] 而在中国经济学或中国经济思想存在其所固有的某个独特的、不同于从西方舶来的、以此获得自我认同的整体性观念。这种整体性印象，在与他者的比较情景中，一般可以用一个或者几个很少的词或者用一句话就能精炼概括之。可能由于年代久远而模糊不清，或者因为它仅仅存在于我们的臆想中，我们至今尚未清晰表达出这种整体性的印象。

与之相比，作为外来"侵略者"的西方经济学的形象似乎至少应该是清晰的。但是，当我们对西方经济学了解越多，就会发现，其实这是一种错觉。我们会发现西方经济学的形象和内容是难以把握的，其内部学术观点纷陈，莫衷一是。在关于"经济学"的定义和研究对象上，就有亚当·斯密的"研究国民财富性质和原因的一门学问"，马歇尔的"一门研究人类一般生活事务的学问"，罗宾斯的"研究资源稀缺条件下人类在配置资源方面是如何行为的一门形式化的社会科学"，弗里德曼的独立于任何价值判断的实证经济学（韦森，2007），还有贝克尔的"经济学帝国主义"即经济学作为分析方法研究人类的全部行为的经济学（贝克尔，2008，第11页）。

在经济思想史（其实就是西方经济思想史）的通行教科书中（熊彼特，1991；斯皮格尔，1999；布劳格，2009），更是门派繁多，有亚当·斯密、李嘉图、马尔萨斯、萨伊和约翰·穆勒等人的古典学派，有始于19世纪70年代的边际革命，包括马歇尔、瓦

[①]　王亚南先生1946年出版的著作《中国经济原论》呼吁"应以中国人的资格来研究政治经济学"，不应一味照搬模仿舶来政治经济学的那一套教义和内容，"创建一种专为中国人攻读的政治经济学"，它区别于舶来政治经济学之处，为"特别有利于中国人阅读，特别能引起中国人的兴趣，特别能指出中国社会经济改造途径的经济理论教程"；或者说，它的内容"比较更切实用"，意在"创立一种特别具有改造中国社会经济，解除中国思想束缚的性质与内容的政治经济学"。（王亚南：《中国经济原论》，"附论一：政治经济学在中国"，广州：广东经济出版社，1998年，第296—325页）

尔拉斯、杰文斯、门格尔等人的新古典学派，到了 20 世纪有萨缪尔森的新古典综合学派。宏观经济学中就有凯恩斯主义、后凯恩斯主义、货币主义、新古典主义、新凯恩斯主义等等。而且，争论蜂起，几乎涉及到每一个重要的经济问题。[①]

"不识庐山真面目，只缘身在此山中。"我们难以整体性地给出西方经济思想史的一个总体印象。但是如果我们将西方经济思想史与中国经济思想史进行比较时，我们可能会有比较清晰的认识。我们往往通过与他者的比较，获得对自身的认识。由于西方经济思想史与中国经济思想史是两个内容庞杂的总体，因此我们特地从二者中挑选典型个案进行比较，即比较亚当·斯密与商鞅，那么原来模糊不清的西方经济思想将显示出清晰的总体印象。而且，我们也能因此更好把握和理解这一印象的意涵。

我们在进行西方经济思想史与中国经济思想史比较时，需要必要的谨慎。因为我们进行比较的两个事物本身就不是一种静止不变的单一存在，而是一种由同中有异、异中有同的互动的部分组成的动态整体。二者各自的内部都存在着保持与主流分歧对立的批判、反思意识。因此，史华慈（2004，第 13 页）警告我们需要对这类通过对抽象而庞大的属于两个文明的比较而就能易得到全局性答案的做法保持深刻的怀疑。

但借助于库恩（2003）的"范式"理论，我们可以断言，即使西方经济思想与中国经济思想各自内部有批判各自中占主流地位的对立的经济思想和理论，但二者各自中各种对立的经济思想和理论之间共享着共同承认的，已成为不言自明的信念和假设。而这些基本的假设往往是未揭明的。因为作为古代中国意识形态的儒学的法家化几乎贯穿了全部中国政治史（余英时，2003，第 71 页）。章太炎指出，儒、法在政治上是互为表里的（余英时，2003，第 70—71 页）。也就是，古代中国的经济思想共享了一个范式，因此，我们才有谭嗣同的"两千年来之政，秦政也"命题与毛泽东的"百代都行秦政制"命题。而在西方的经济思想史中，即使是反对亚当·斯密自由贸易的李斯特（Friedrich Liszt）也是立足于"国民体系"（The National System）的，即使是离经叛道的凯恩斯要拯救的也是维护消费者主权的现代资本主义制度。也就是，西方经济学家们也共享着一个范式。因此，我们可以对西方经济思想与中国经济思想的基本特征进行比较。

由于西方经济思想史与中国经济思想史是两个内容庞杂的总体，因此我们只能从二

---

① 有一句经常用来讽刺经济学家的话——"100 个经济学家会有 101 个不同的观点和说法"（田国强，2005，第 114 页）。

者中挑选典型个案进行对比，即比较亚当·斯密的"自然秩序"与商鞅的秦制世界。之所以选择他们，是因为他们各自塑造了自己所在世界的社会与历史，是各自世界中具有统治地位的经济思想。本文的研究并不是试图对亚当·斯密与商鞅二者的经济思想阐发新见解，这方面的文献已是汗牛充栋。本文是想以亚当·斯密与商鞅及其各自亲密继承者的思想比较为契机，获得对我们如今在学习、研究的经济学这个学科性质的新认识——这学科性质在之前并未被揭明而处于隐晦含糊的某种状态。

即使我们选出能代表各自经济思想传统的核心人物，但我们还是存在一个疑问，就是：斯密的《国富论》与商鞅的《商君书》具有可比性吗？《商君书》的内容丰富，除了国民经济管理之外，还有许多关于社会管理等内容。其实，《国富论》也是一部不局限于经济学的著作（Heilbroner, 1976: 7），它是一部具有一般性质的社会科学著作，它的分析不仅包括经济理论与经济政策，还有世界历史、欧洲历史、社会学和政治学领域（Heilbroner, 1976: 9）。我们要知道，亚当·斯密的职业是道德哲学教授，而所谓的道德哲学，就是类似于我们今天的社会科学（斯皮格尔，1999，第10页）。而且，斯密与商鞅形成各自传统世界中的国民经济管理的主导性思想，并构成了各自后续政策思想的底色。

或者，我们会以为《商君书》中没有数学模型，而《国富论》这样的现代社会科学著作与牛顿的物理学是同一时代的产物。商鞅因而没资格作为经济学的创始人，而斯密具备这个资格。牛顿的《自然哲学的数学原理》充满着公理化的数学分析和抽象的数学符号。但《国富论》与《商君书》一样，按现在流行的术语来说，都是"文字经济学"，在这方面并不比《商君书》更有直观的科学表达层面上的优越。但《国富论》与《商君书》的基本逻辑结构是严密的，这一点我们在后文将证明。如果以数学化为标准，从科学形式化的外观上看，那么，斯密与商鞅一样，都没有资格作为经济学的创始人。

对于亚当·斯密经济学的那些政策含义，如鼓励竞争、自由贸易等，我们太熟悉了，以至于我们愿意将其称为"现代经济学"。但我们只要跟踪20世纪下半叶以来的经济政策的转变历程，那么便会熟悉政府干预、管制等术语，我们所学的宏观经济学中也经常会出现政府干预的身影，如今的社会现实里也充满了政府干预、管制的实践，以至于有人认为我们生活的时代是一个"监制国家"的时代（Majone, 1994）。而《商君书》中随处可见政府干预和管制的政策主张，那么我们是否也能称商鞅的治国学说为"现代经济学"呢？我们不能以商鞅离我们的年代更远，而亚当·斯密离我们的年代近，来作为否认它是经济学的理由。因为在学术史上的分界不是以自然时间为标准，而是以标志性事件为标准的。如果这样的话，那我们也完全可以同样的理由，选择一个在亚当·斯密之后的经济学家作为经济学的开创者。

我们设想这样的一种情景：如果有人坚持认为我们就是有一个属于自己的中国经济学理论[①]，西方学术界所把持的经济学理论就是不适合于中国的国情。面对这样的坚持，而如果我们又在另一个与前者相对立的立场上一味坚持，"作为一种研究方法，现代经济学应是中性的，没有国界的"（林毅夫，1992，前言，第5页）。"经济学的基本原理和分析方法是无地域和国别区分的。'某国经济学'并不是一门独立学科，也不存在'西方经济学'与'东方经济学'或'美国经济学'与'中国经济学'的概念。"（钱颖一，2002，第1页）"现代经济学的基本框架、分析原理和研究方法是无地域和国家界限的，可以用来研究任何经济环境和经济制度安排下的各种经济问题，从而中国实际经济环境下的各种经济问题也可通过现代经济学的分析框架来研究。从现代经济学分析框架和研究方法的角度来看，并不存在独立于他国的经济分析框架和研究方法，现代经济学的某些基本原理、研究方法和分析框架可用来研究特定地区在特定时间内的经济行为和现象。"（田国强，2005，第114页）[②]那么，这种宗教般的信念坚持，实际上是无法说服那些反对这种观点的人。这好比一个基督教徒试图说服佛教徒相信，除了上帝别无真神一样，必然会遭到后者的抵制，甚至会引发起暴力的冲突。这种基于信念的坚持

---

① 显然，这个逻辑会陷入无限恶循环。因为我们循着这一逻辑，可以认为，北京有自己的经济学理论，而上海同样也有自己的经济学理论。进而，北京大学有自己的经济学理论，同样，中国社会科学院也有自己的经济学理论。进而，北京大学 CCER 有自己的经济学理论，同样，北京大学经济学院有自己的经济学理论。……甲有他自己的经济学理论，乙也有他自己的经济学理论。甲昨日有昨日的经济学理论，今日又有今日的、可能不同于昨日的经济学理论。这样的逻辑结果，瓦解了经济学追求（为大家所共享的）公共理性与知识积累的学科意义，而堕落成为了纯粹的"窃窃私语"与"随兴偶感"了。

② 邹恒甫在《现代经济学前沿丛书》序言中说得更是彻底、激进："中国经济改革的理论研究只不过是考察主流经济学框架里的一些特殊的制度约束和扭曲罢了。摆脱这些制度约束和扭曲而同时又不可避免地引入或多或少的新约束和扭曲则是许多杰出中国经济学家摸着石头过河的艰辛尝试。这过河的石头就是当代主流经济学。在这种渐进的演变中，市场化、公司化、股份化、私有化等政策措施不断在中国经济改革中激起轩然大波。但依当代经济学的基本常识，这些学术上波澜壮阔的景象仿佛是过眼烟云。回首二十多年，我们大有'也无风雨也无晴'之感：咳！当代经济学理论不早就说得清清楚楚了吗？！本来我们就应该如此实践。"（邹恒甫总主编：《现代经济学前沿丛书》，武汉：武汉大学出版社，2000年）

的双方交流实际上是一场聋子之间的对话，是不可能有真正的交流，也不可能会实现相互借鉴的初衷。

　　我们与其坚持各自的信念，还不如向对方展示对方曾深信的经济思想可能将意味着一种怎样的生活方式，一种怎样的世界图景。那么，这种生活方式是值得追求的，是可欲的吗？这样的世界会是我们的幸福所在吗？

　　本文准备采用这一论证策略来促进双方的交流。如果这一交流方式是有效的，那么这将是一个双方交流良好的开端。而且，这种关于经济学的普世性问题的争论，并不仅仅发生在中国，其实在其他国家很早就发生了。著名的有德国的李斯特，他称亚当·斯密开创的经济学是"世界主义经济学"，而他自己的才是真正的政治经济学（李斯特，1981，第5页）。因此，本文所采用的这种论证与交流的方式可以为其他国家存在的类似问题争论提供一个参照途径。

　　而且，在经济思想史的比较中，我们惯常的论证策略是寻找双方学术观点的异同点，然后将它们一一罗列。比如，甲有某个观点，乙也有或没有这样的观点，但是，我们在这个比较上无法理解：甲的这一观点与他的另外观点之间有着怎样的一种结构关系。同样的，乙有或没有这样一种观点与其另外的观点之间的结构关系。因此，当你归纳、罗列出再多的相同点或差异点，也无法证明两个经济理论体系在本质是一致的或不同的。因为那些用以比较的名目本身的选择就带有不可避免的随意性，这样的点对点的比较也是零碎化的。

　　但科学本身作为拥有普遍概括性结构（generality of form）的连贯的系统的真理的总和（body of truth）（凯恩斯，2001，第78—79页）。因此，那种零散的、碎片的比较，虽然可以让我们了解两个理论体系的表象、结论的某些异同，但无助于我们对其理论体系的立足点的考察，因为这些立足点一般是理论之树深埋在土里的根部。这好比我们仅仅依靠物质的表面颜色，难以确定一种金属是否是铜，但如果我们通过考查它的原子结构便能给出精确的答案。经济理论刻画的是一种大数定律意义上的行为规律和结构化的观点丛，因此可以借助于经济理论来使零散的观点比较和史实研究转向对体系的研究（希克斯，1987，第5—8页）。

四、经济分析的双重性：逻辑与价值

自然科学研究的是"物"，而社会科学研究的是与"人"紧紧嵌入其中的社会现象。那么，社会科学就是人们关于对自身处境、现实世界的**反思**，人们在进行系统性的思考，并给出其现实处境中问题的方案解决时，必带有他的目的性，即行动者心里存在着某种关于现实世界的理想状态。也就是，人们在长久、系统的关于经济问题的研究中，形成的政策必承载着人们的价值观念，即人们所欲求的生活方式与状态。

经济学与其他的社会科学的分支一样，都是为了探讨"公"与"私"的关系与社会秩序的建构、生成的机理问题，即如何形成社会秩序问题，以及该社会秩序的**可欲性**问题。前一个问题就是我们所谓的实证经济学；后一个就是关于公共政策的福利评价问题，即我们所谓的**规范经济学**。与社会科学的其他分支不同的在于，经济学的标准分析框架是方法论的个人主义，即在给定的行为者价值（偏好）的前提下，通过经济人的理性选择，得到一个社会的总体均衡结果。也就是，其有三个步骤：前提（个人具有不可改变、不可侵犯的价值或偏好）、程序（在约束条件下进行理性选择）、均衡结果（社会的总体状况）（钱颖一，2002；田国强，2005）。这就是亚当·斯密为我们制造的"机器"即经济分析的逻辑程序。这台机器的运作方式具有普遍性，在经济学中不同领域都可以应用。

这个逻辑程序在20世纪之后就越来越就精密了。萨缪尔森在1947年出版的经典之作《经济分析基础》的开头引用了数学家穆尔的一段话："不同理论主要特征间的相似性的存在，意味着隐含在这些特殊理论之中存在着更为基础的一般理论，并可以把这些特殊理论统一到作为中心的一般理论之中。"（Samuelson, 1965c/1947: 3）在数理化的经济模型中，以一个由参数、变量和函数构成的分析体系，以参数表示经济环境、行为人偏好等，以变量表示体系的内生变量，以函数表示参数与变量之间的某种生成或逻辑关系，从给定的体系中求解出均衡结果（钱颖一，2002；田国强，2005）。其中，在经济分析中，前提的设定包括模型的主体的确定和约束条件的确定。而前提的设定是先于分析的，它为分析工作的展开提供原点。"政治经济学是立场中立的（standing neutral）。"（凯恩斯，2001，第8页）这代表着经济学界中所持有的一种普遍态度。其实，与其说这种经济分析是立场中立的，还不如说是不过问（价值）前提的。在学科分工中，似乎过问价值前提不是它的工作，而是伦理学的职责。而且，如果经济学持有或认同某种价值前提，会损害经济学的科学性。

其实，斯密的机器不仅仅是经济分析的逻辑程序，也包括了对其所推演出的政策含义的福利评价。斯密的"看不见的手"就是众人之私在竞争条件下通过交换达成社会的共同福利的机制。诸多独立的个体决策，通过市场机制的协调，实现社会资源配置的"帕累托有效"（Arrow, 1974）。这个理论至今仍是资源配置理论的基础，是经济学中最重要、最根本的命题（Stigler, 1976: 1201）。由这一自然秩序理论所衍生的公共政策，则塑造了"我们当今社会制度"（施特劳斯与克罗普西语）——自由资本主义制度，开创了现代世界历史。也就是，经济学其实是作为伦理学的一种应用（斯基德尔斯基，2006）。

作为判断这一经济决策的均衡状态是否公平合理的福利判断的标准，以及判断一种社会状态优于一种社会状态的标准，即社会福利函数的逻辑建构，也遵循这一标准分析框架，即从个体的偏好和选择出发（Dasgupta, 2007: 8），即为个人主义的社会契约论传统。社会福祉是个人福祉的总和（Dasgupta, 2007: 146）。社会选择这一社会契约性质的规则建构，是从每一个个体的可能偏好次序集合中挑选出一种全社会都偏好的规则，其就是个体价值的集成（阿罗，2010）。也就是，社会选择是个人偏好的次序为基础的（Arrow, 1974）。这也就是社会秩序的可欲性问题。"任何社会都无法逃脱对什么是合适的、什么是理想的做出合理判断，也不能不对依据那些标准而作的经济决策的后果进行评估。"（贝尔，2012，第3页）

斯密传统的社会秩序中，"公"的合法性在于它始终是向众人之"私"收敛的、服务的，或者，"公"只是"私"的代理人，真正的最后的所有权由"私"保存。也就是，"公"与"私"之间不是部分与整体的关系，如果那样，其实是"公"吞嚼了"私"。"公"不是"私"的总和，而是众"私"之间的"最大公约数"。如果我们将现代经济学研究社会福利函数的思路（Bergson, 1938；Arrow, 1951）与以商鞅为代表的法家的只尊君主而无视民众的武断主张相互比较，就会发现现代经济学的思路是属于契约论传统的，其立足点是民本位的，从"人民"（People）出发研究和设计社会制度①。关涉到社

---

① "Politics are the public actions of free men. Freedom is the privacy of men from public actions."（Bernard Crick , *In Defence of Politics* , London: Penguin Books, 1964, p.8 ）

会制度和公共政策的类型，"其核心问题就是一个普通人的福祉（a person's well-being）"（Dasgupta, 2007: 143）。契约论传统的"经济学是自下而上研究问题，即从每一个普通的个体出发"（Dasgupta, 2007: 8），这个立足点与商鞅的秦制传统的立足点可能也属于各自的伦理价值传统。而这两个**价值传统**的不同取向，可以在模型建构上体现为模型**主体**的区别。

五、亚当·斯密的自然秩序

假设在一个封闭经济中，有 L 个同质的且永生的家庭。一个代表性消费者或行为人（an average person）的即期效用函数为 $u(c_{a,t}, n_{i,t}, n_{s,t}, n_{m,t})$，其中，$c_{a,t}$ 是 t 期的物品消费量，$n_{i,t}$ 是 t 期的用于思考和思想交流的时间，$n_{m,t}$ 是服兵役的时间，$n_{s,t}$ 是闲暇时间，$u_i>0$，$i=1, 2, 3$；$u_4<0$。

那么，亚当·斯密"自然秩序"中的社会计划者的问题：

$$\max_{\{c_{a,t}, g_t, n_{m,t}, n_{i,t}, n_{a,t}, k_{t+1}, t_t\}} \sum_{t=0}^{\infty} \beta^t u[c_{a,t}, g_t, n_{m,t}, 1-n_{a,t}+\rho n_{i,t}-(1+\sigma)n_{m,t}] \tag{5.1}$$

s.t.　$c_{a,t} + k_{t+1} + g_t + S_{i,t} n_{i,t} = f(k_t, n_{a,t}) + (1-\delta)k_t$（生产可能性约束）

$g_t + w_{m,t} n_{m,t} = t_t$　（预算平衡约束）

$k_0>0$,

$\lim_{t\to+\infty} k_{t+1} \geq 0$

其中，β 是贴现率，产品的价格单位化为 1。人们用于思考的单位成本是 $S_{i,t}$，思考会增加人们在闲暇时间里的快乐，思考相比闲暇会带来更多的快乐，定义 $\rho>0$ 为增乐系数。$n_{a,t}$ 是 t 期的用于生产的时间。$n_{m,t}$ 是服役时间，因为军事服役和前线战争会的风险很大，因此带来额外的负效用，定义 $\sigma>0$。$1-n_{a,t}+\rho n_{i,t}-(1+\sigma)n_{m,t}$ 是 t 期的闲暇品质，每个时期有 1 单位的时间。$u_i>0$，$i=1, 2, 3, 4$，这是显然的，因为食物、公共品的提供、安全感与闲暇会增加个人的效用。$f(k_t, n_{a,t})$ 是规模报酬不变的函数，$f_i>0$，$f_{ii}<0$，$i=1, 2$。

　　《国富论》通行版本的编者坎南在纪念《国富论》发表的一百五十周年的文章（Cannan, 1926）中认为，斯密将国民财富定义为一个普通人的财富，即一个社会的人均财富。因此，我们平常所用的模型与斯密的财富定义是相符合的。斯密在《国富论》的《序论及全书设计》中明确说明："要之，本书前四篇的目的，在于说明广大人民的收入是怎样构成的……最后一篇所讨论的，是君主或国家的收入。"（斯密，1997，上册，第 3 页）"被看作政治家或立法家的一门科学的政治经济学，提出两个不同的目标：第一，给人民提供充足的收入或生计，或者更确切地说，使人们能给自己提供这样的收入或生计；第二，给国家或社会提供充分的收入，使公务得以进行。总之，其目的在于富国裕民。"（斯密，1997，下册，第 1 页）"社会最大部分成员境遇的改善，决不能视为对社会全体不利。有大部分成员陷于贫穷悲惨状态的社会，决不能说是繁荣幸福的社会。"（斯密，1997，上册，第 72 页）"社会的富裕在于能以少量的劳动换得大量的东西。"（坎南编，2011，第 181 页）"消费是生产的唯一目的，而生产者的利益，只在能促进消费者的利益时，才应当加以注意。这原则是完全自明的，简直用不着证明。"（斯密，1997，下册，第 227 页）他对把生产者的利益置于消费者大众利益之上的那些学说和政策痛加斥责，说它们是"为了要促进一个国家一个小阶级的利益"，"却妨害了这个国家一切其他阶级的利益和一切其他国家一切阶级的利益"。（斯密，1997，下册，第 183 页）对斯密来说，公众的利益和社会的利益就是广大消费者的利益。

　　模型假定政府的税收收入是给定的，这个假定比较符合事实。因为光荣革命的一个成果就是"控制了国王的独断专行和横征暴敛"和遏制了国王的"不负责任的行为"（North & Weingast, 1989: 804），议会获得了"之前所没有的对政府支出的审计权"（North & Weingast, 1989: 816），"限制了经济干预，在经济的大多数部门中，私有产权与市场机制普遍出现"（North & Weingast, 1989: 808），"显著提高了政府活动的可预测性"（North & Weingast, 1989: 819）。宪制国家中政府的收入是给定的，是因为民主制度可以实证地被理解为政治代理人的候选人竞争赢取选票的市场机制（熊彼特，2006；唐斯，2005；贝克尔，2008），那么候选人就是作为价格接受者。而这与秦制体制中的国家不同，他是一个垄断者，具有定价权，如果技术上可行的话，他就会采用一级价格歧视的定价策略以最大化他的收益。孟德斯鸠区分了政治法与民法，也就是，"公"与"私"的不同治理法则。类似地，密尔划分了"群己权界"。国家与个人在民法范畴内处理财产关系，双方在契约的框架内，处于平等的地位，这样才能保证"私有财产不可侵犯"原则的实现。国家通过税收从每个公民获得的收入是为了保障公民的幸福，因此，税收需要获得纳税人（通过国会）的同意与监管，其"尺度，绝不是老百姓能够缴付多少，而是他们应当缴付多少"（孟德斯鸠，1963，上册，第 213 页）。

对于战争，亚当·斯密的态度是防御性的，"君主的义务，首在保护本国社会的安全，使之不受其他独立社会的暴行与侵略"（斯密，1997，下册，第 254 页）。而在秦制中，战争是君主的中心任务。

我们求解代表性消费者的效用最大化问题。

构造拉格朗日函数：

$$L_A = \sum_{t=0}^{\infty} \{\beta^t u[c_{a,t}, g_t, 1 - n_{a,t} + \rho n_{i,t} - (1+\sigma)n_{m,t}]$$

$$+ \lambda_{1t}[f(k_t, n_{a,t}) + (1-\delta)k_t - c_{a,t} - k_{t+1} - g_t - S_{i,t}n_{i,t}] \qquad (5.2)$$

$$+ \lambda_{2t}(t_t - g_t - w_{m,t}n_{m,t})\}$$

由最优化问题的一阶条件得：

$$\frac{\partial L_A}{\partial c_{a,t}} = \beta^t u_1 - \lambda_{1t} = 0 \qquad (5.3)$$

$$\frac{\partial L_A}{\partial g_t} = \beta^t u_2 - \dot{\lambda}_{1t} - \lambda_{2t} = 0 \qquad (5.4)$$

$$\frac{\partial L_A}{\partial n_{m,t}} = \beta^t u_3 - \beta^t(1+\sigma)u_4 - \lambda_{2t}w_{m,t} = 0 \qquad (5.5)$$

$$\frac{\partial L_A}{\partial n_{a,t}} = -\beta^t u_4 + \lambda_{1t}f_2 = 0 \qquad (5.6)$$

$$\frac{\partial L_A}{\partial n_{i,t}} = \beta^t \rho u_4 - \lambda_{1t}S_{i,t} = 0 \qquad (5.7)$$

$$\frac{\partial L_A}{\partial k_{t+1}} = -\lambda_{1t} + \lambda_{1t+1}f_1 = 0 \qquad (5.8)$$

$$\partial L_A \big/ \partial t_t = \lambda_{2t} = 0 \tag{5.9}$$

整理以上一阶条件，可得如下欧拉方程：

跨期消费关系：

$$u_1[c_{a,t}, g_t, n_{m,t}, 1 - n_{a,t} + \rho n_{i,t} - (1+\sigma)n_{m,t}]$$
$$= \beta f_1(k_{t+1}, n_{a,t+1}) u_1[c_{a,t+1}, g_{t+1}, n_{m,t}, 1 - n_{a,t+1} + \rho n_{i,t+1} - (1+\sigma)n_{m,t+1}] \tag{5.10}$$

同期消费与公共品供给的关系：

$$u_2 = u_1 \tag{5.11}$$

由上式可得，在均衡状态，消费量与公共品供给的财政支出成一个固定的比例，消费者与政府按这一个固定的比例消费社会产品。

同期安全感与闲暇的关系：

$$u_3 = (1+\sigma)u_4 \tag{5.12}$$

由上式可得，$u_3 > u_4$，在均衡状态，人们对闲暇偏好于安全感，消费闲暇多于消费安全感。

同期消费与劳动供给的关系：

$$u_4 = u_1 f_2 \tag{5.13}$$

同期消费与用于学习、思考、交流时间的关系：

$$\rho u_4 = u_1 S_{i,t} \tag{5.14}$$

也就是，

$$S_{i,t} = \rho f_2 \tag{5.15}$$

上式的含义是：在均衡路径上，人们愿意为思想与交流的快乐服从的成本恰好是人们生产工作所得的 ρ 倍，也就是，增乐系数的大小。

这样的社会里，思想活跃，政治自由，政府规矩，安居乐业，这就是亚当·斯密的自然秩序世界。这一模型的含义在与商鞅的秦制世界相比较中，将会更加清晰。

六、秦制世界的理性构造

而商鞅、法家开创、建构的秦制传统，立足点是君本位，从"君"的利益出发设计出驭民、弱民、愚民的社会制度，将所统治的百姓客体化为"臣民"（Subjects）。正如明末清初的思想家黄宗羲对这个秦制传统所进行的犀利的实证描述：为人君者"以为天下利害之权皆出于我，我以天下之利尽归于己，以天下之害尽归于人，亦无不可；使天下之人不敢自私，不敢自利，以我之大私为天下之大公。""以君为主，天下为客。"（《明夷待访录·原君》）

我们来看看作为商鞅变法与建立秦制的指导思想的《商君书》是一本怎样的书。胡朴安在给朱师辙的《商君书解诂定本》作序时概括之："以法为体，以刑为用，以农战为目的。君主守法以用刑，严刑以督民，则农战之事，可以如身之使臂，臂之使指。""综观商君学说"，"言刑法不严仁义，言武力不严文教"，"以个人之善恶无足轻重，惟人民对于国家有服从之义务，国家对于人民有无上之权威"。蒋礼鸿在《商君书锥指》的《农战第三》指出："商君之道，农战而已矣。致民农战，刑赏而已矣。使刑赏必行，行而必得所求，定分明法而已矣。他无事矣。"（蒋礼鸿，1986，第19页）在《商君书》里，君主作为一个明主、作为一个圣人的主要标志，就是要实现"富国强兵"。《商君书》内所谈论的所有问题，都是围绕这个"富国强兵"这一个核心来展开的，其中论及"强国、国强、国富、强兵、兵强、无敌"的字眼贯穿全书始终。《商君书·慎法》曰："国之所以重，主之所以尊者，力也。耕战二者力本。"

在秦制体制中，君主（政府）拥有绝对的权力，它几乎可以为所欲为。但即使如此，它也无法让每一个个体受其绝对支配。个体在君主设定的既定规则下行为，虽然个体的行为空间受到诸多的限制、压缩，甚至取缔，但君主（政府）也无法取缔每一个个体的理性选择。因此，君主在设定规则时，必须考虑到这一点。它将设置规则，通过规则来激励臣民个体的某些行为，同时约束另一些行为。因此，这个博弈过程可以看作是动态的斯坦克尔伯格（Stackelberg）领导者—跟随者模型。也就是，家庭和厂商是在政府制定政策下选择最优的行为，然后，政府将会把家庭和厂商的最优行为纳入它的政策制定之中。《商君书》代表的"法家政治是以臣民为人君的工具，以富强为人君的唯一目的，而以刑罚为达到上述两点的唯一手段的政治"（徐复观，2001，第 31 页）。

（一）家庭的均衡状态

$$\max_{\{c_{a,t},n_{i,t},n_{a,t},n_{m,t}\}} \sum_{t=0}^{\infty} \beta^t u[c_{a,t}, n_{it}, 1-n_{a,t}-(1+\sigma)n_{m,t}] \tag{6.1.1}$$

s.t. $\quad c_{a,t}+k_{t+1}+t_t+S_{i,t}n_{i,t}=w_{a,t}n_{a,t}+w_{m,t}n_{m,t}+(1+r_t)k_t$ ，

$\quad\quad k_0>0$ ， $\lim_{t\to+\infty}k_{t+1}\geq 0$

在一个封闭经济中，有 L 个同质的且永生的家庭。其中，β 是贴现率，$u[c_{a,t}, n_{i,t}, 1-n_{a,t}-(1+\sigma)n_{m,t}]$ 是即期效用函数。产品的价格单位化为 1。$c_{a,t}$ 是 t 期的物品消费量，$n_{i,t}$ 是 t 期的用于思考和思想交流的时间，人们用于思考的单位成本是 $S_{i,t}$。$n_{a,t}$ 是 t 期的用于生产的时间，$n_{m,t}$ 是服役时间，服役有报酬会增加收入；但因为军事服役和前线战争会的风险很大，因此带来额外的负效用，定义 $\sigma>0$。$1-n_{a,t}-(1+\sigma)n_{i,t}$ 是 t 期的闲暇品质，每个时期有 1 单位的时间。$u_i>0, i=1, 2, 3$，这三个是显然的，因为食物、思想与闲暇会增加个人的效用。

因为商鞅秦制中的兵制和税赋的征收是以家庭为单位的，否则，"民有二男以上不分异者，倍其赋"（《史记·商君列传》）。因此，我们这里这样设定是比较合理的。

先求解代表性家庭的效用最大化问题。

构造拉格朗日函数：

$$L_A = \sum_{t=0}^{\infty} \begin{aligned}&\{\beta^t u[c_{a,t}, n_{i,t}, 1-n_{a,t}-(1+\sigma)n_{m,t}]\\&+\lambda_t[w_{a,t}n_{a,t}+w_{m,t}n_{m,t}+(1+r_t)k_t-c_{a,t}-k_{t+1}-t_t-S_{i,t}n_{i,t}]\}\end{aligned} \tag{6.1.2}$$

由最优化问题的一阶条件得：

$$\partial L_A\big/\partial c_{a,t} = \beta^t u_1 - \lambda_t = 0 \tag{6.1.3}$$

$$\partial L_A \big/ \partial n_{a,t} = -\beta^t u_3 + \lambda_t w_{a,t} = 0 \qquad (6.1.4)$$

$$\partial L_A \big/ \partial n_{i,t} = \beta^t u_2 - \lambda_t S_{i,t} = 0 \qquad (6.1.5)$$

$$\partial L_A \big/ \partial n_{m,t} = -\beta^t (1+\sigma) u_3 + \lambda_t w_{m,t} = 0 \qquad (6.1.6)$$

$$\partial L_A \big/ \partial k_{t+1} = -\lambda_t + \lambda_{t+1}(1+r_{t+1}) = 0 \qquad (6.1.7)$$

整理以上一阶条件，可得如下欧拉方程：

跨期消费关系：

$$u_1[c_{a,t}, n_{i,t}, 1-n_{a,t}-(1+\sigma)n_{m,t}] =$$

$$\beta(1+r_{t+1}) u_1[c_{a,t+1}, n_{i,t+1}, 1-n_{a,t+1}-(1+\sigma)n_{m,t+1}] \qquad (6.1.8)$$

同期消费与劳动供给的关系：

$$u_3 = u_1 w_{a,t} \qquad (6.1.9)$$

同期消费与用于思考时间的关系：

$$u_2 = u_1 S_{i,t} \qquad (6.1.10)$$

同期消费与服役时间的关系：

$$(1+\sigma) u_3 = u_1 w_{m,t} \qquad (6.1.11)$$

由式（6.1.9）、式（6.1.11），得：

$$(1+\sigma) w_{a,t} = w_{m,t} \qquad (6.1.12)$$

上式的含义是：在均衡路径上，给予军役的奖赏是高于从事生产的报酬，因为服役的负效用高于劳动的负效用；而且超额的部分恰好可以补偿额外的负效用。因此，商鞅变法中虽然都鼓励"耕战"，但农民的地位无法和军人相比较（郑良树，1998，第258

页）。马非百的《封爵表》中所收集的封爵人物全部都是武功封爵的（马非百，1982，第876—892页）。只有这样的高报酬的激励，才能使得"民闻战而相贺也"（《商君书·赏刑》），吸引民众踊跃参战。

（二）厂商的均衡状态

代表性厂商的生产函数为 $f(k_t, n_{a,t})$ 是规模报酬不变的，k_t 表示第 t 期的资本投入，资本折旧率为 δ。$f_i > 0$，$f_{ii} < 0$，$i = 1, 2$。

利润最大化问题：

$$\max_{\{k_t, n_{a,t}\}} \pi_t = f(k_t, n_{a,t}) - \delta k_t - w_{a,t} n_{a,t} - r_t k_t \tag{6.2.1}$$

求解代表性厂商的效用最大化问题。

由最优化问题的一阶条件得：

$$\partial \pi_t \big/ \partial k_t = f_1(k_t, n_{a,t}) - (\delta + r_t) = 0 \tag{6.2.2}$$

$$\partial \pi_t \big/ \partial n_{a,t} = f_2(k_t, n_{a,t}) - w_{a,t} = 0 \tag{6.2.3}$$

整理以上一阶条件，可得：

$$f_1(k_t, n_{a,t}) = \delta + r_t \tag{6.2.4}$$

$$f_2(k_t, n_{a,t}) = w_{a,t} \tag{6.2.5}$$

将式（6.2.4）、式（6.2.5）代入代表性家庭的欧拉方程，（6.1.8）转换为

$$u_1[c_{a,t}, n_{i,t}, 1 - n_{a,t} - (1+\sigma) n_{m,t}] =$$
$$\beta(1 + f_1 - \delta) u_1[c_{a,t+1}, n_{i,t+1}, 1 - n_{a,t+1} - (1+\sigma) n_{m,t+1}] \tag{6.1.8'}$$

式（6.1.9）转换为：

$$u_3 = u_1 f_2 \tag{6.1.9'}$$

式（6.1.12）转换为：

$$(1+\sigma) f_2 = w_{m,t} \tag{6.1.12'}$$

（三）秦制的均衡状态

$$\max_{\{t_t,k_{t+1},n_{a,t},n_{i,t},n_{m,t}\}} \sum_{t=0}^{\infty} \beta^t U(g_t, n_{m,t} - \chi n_{i,t}) \qquad (6.3.1)$$

以上是秦制体制中统治者的效用函数。君主的效用来自于权力，权力的来源是社会控制能力（其用于军备和社会控制）和提供公共品的能力。与奥威尔的《一九八四》和赫胥黎的《美丽新世界》所刻画的一样，秦制统治者唯一目的是享受权力，统治手段邪恶而残忍。

经济学在讨论国家行为往往依据的基本假设是财政收入最大化（比如诺斯，1992；奥尔森，2005），但将秦制统治者的目的仅仅限定为财政收入最大化是没有解释力的。这个假定难以解释：为什么秦制社会里的统治者会实施愚民、弱民等基本国策？因为如果秦制统治者的目的是为了财政收入最大化，那么，他就大可不必实施愚民、弱民等基本国策。这些国策的实施，必然削弱民众人力资本的积累，进而遏制经济增长，进一步导致财政收入的税基的缩小。相反的是，如果统治者采取的是开明启智的教育政策，那么，奖提升民众的人力资本积累水平，促进经济增长（Lucas, 1988），进而带来财政收入的增加。

秦制中的统治者所追求的是绝对的权力，无约束的权力，权力最大化，寻求高高在上的优越感与凌驾于他人之上的压迫性权力。正是基于这个目的，统治者才会想方设法推行（如《商君书》里所主张的）愚民、弱民等基本国策。因此，我们假定秦制体制中统治者的效用是来源于：权力最大化与财政收入最大化。二者并不是相互矛盾的。它们之间有重合的部分，但它们是相互独立的。

$$\max_{\{t_t,k_{t+1},n_{a,t},n_{i,t},n_{m,t}\}} \sum_{t=0}^{\infty} \beta^t U(g_t, n_{m,t} - \chi n_{i,t})$$

s.t.　　$c_{a,t} + t_t + k_{t+1} + S_{i,t} n_{i,t} = f(k_t, n_{a,t}) - \delta k_t$　　（生产可能性约束）　　(6.3.2)

$g_t + w_{m,t} n_{m,t} = t_t$　　（预算平衡约束）　　(6.3.3)

$n_{a,t} + n_{i,t} + n_{m,t} + n_{r,t} = 1$　　（时间约束）　　(6.3.4)

这是在一个封闭经济，有 L 个同质的且永生的家庭。其中，β 是贴现率，$U(g_t, n_{m,t} - \chi n_{i,t})$ 是君主的即期效用函数。g_t 是 t 期政府提供的公共品，$n_{r,t}$ 表示余下的时间，$n_{i,t}$ 是 t 期的民众于学习、思考、交流的时间，因为民众的思考、交流将影响到君主的专制统治，因此，对于君主来说，民众于思考、交流的时间构成了他的负效用。《商君书》认为民众受了教育，就有了思考的能力；有了思考的能力，就会对政策产生质疑，则会损害君主的权威和尊严，不利于社会控制。因此，思想、学术、文化不利于富国强兵、社会控制和享受高高在上的绝对权力。$\chi > 0$ 是参数。$U_i > 0$，$U_{ii} < 0$，$i = 1, 2$。

结合式（6.1.12′），式（6.3.3）转换为：

$$g_t + (1 + \sigma) f_2 n_{m,t} = t_t \qquad (6.3.3')$$

将式（6.3.3′）代入式（6.3.2），得：

$$c_{a,t} + g_t + (1 + \sigma) f_2 n_{m,t} + k_{t+1} + S_{i,t} n_{i,t} = f(k_t, n_{a,t}) - \delta k_t \qquad (6.3.2')$$

求解代表性君主的效用最大化问题。

构造拉格朗日函数：

$$L_c \underset{\{g_t, t_t, k_{t+1}, n_{a,t}, n_{m,t}, n_{i,t}\}}{} = \sum_{t=0}^{\infty} \beta^t U(g_t, n_{m,t} - \chi n_{i,t}) + \zeta_{1t}[f(k_t, n_{a,t}) - \delta k_t - c_{a,t} - k_{t+1} - g_t - (1 + \sigma) f_2 n_{m,t} - S_{i,t} n_{i,t}] + \zeta_{2t}(1 - n_{a,t} - n_{m,t} - n_{i,t} - n_{r,t}) \qquad (6.3.5)$$

由最优化问题的一阶条件得：

$$\partial L_c \big/ \partial g_t = \beta^t U_1 - \zeta_{1t} = 0 \qquad (6.3.6)$$

$$\partial L_c \big/ \partial k_{t+1} = -\zeta_{1t} + \zeta_{1t+1}[f_1(k_{t+1}, n_{a,t+1}) - \delta] = 0 \qquad (6.3.7)$$

$$\partial L_c \big/ \partial n_{i,t} = -\beta^t \chi U_2 - \zeta_{1t} S_{i,t} - \zeta_{2t} < 0 \qquad (6.3.8)$$

$$\partial L_c \big/ \partial n_{a,t} = \zeta_{1t} f_2 - \zeta_{2t} = 0 \qquad (6.3.9)$$

$$\partial L_c \big/ \partial n_{m,t} = \beta^t U_2 - \zeta_{1,t}(1 + \sigma) f_2 - \zeta_{2t} = 0 \qquad (6.3.10)$$

其中式（6.3.8）：$\chi > 0$，$U_2 > 0$，$\zeta_{1t} > 0$，$\zeta_{2t} > 0$，$S_{i,t} > 0$

那么：$\partial L_c \big/ \partial n_{i,t} = -\beta^t \chi U_2 - \zeta_{1t} S_{i,t} - \zeta_{2t} \neq 0$

因此，为了确保效用函数存在最大值，那么，就必须使得 $n_{i,t}$ 是一个固定的参数。对统治者来说，为了最大化其效用，则使得 $n_{i,t} \to 0$。《商君书》反对诗书，反对言谈，反对私教，禁除游学，主张"燔诗书"，对民众进行思想控制，厉行愚民政策。《商君书·说民》曰："国有礼有乐，有诗有书，有善有修，有孝有弟，有廉有辩——国有十者，上无使战，必削至亡；国无十者，上有使战，必兴至王。""辩慧，乱之赞也。"因为《商君书》认为民众受了教育，就有了思考的能力；有了思考的能力，就会对政策产生质疑，如此则会损害君主的权威和尊严，破坏统一的政治格局。因此，思想、学术、文化不利于富国强兵，甚或引致国家的不稳定。而"善为国者，官法明，故不任知虑；上作壹，故民不偷淫，则国力抟。国力抟者强，国好言谈者削。"（《商君书·农战》）没有思想能力的民众个体，适合作为君主任意驱使的工具。

根据式（6.1.10）：$u_2 = u_1 S_{i,t}$，即同期消费与用于思考时间的关系。君主为了使 $n_{i,t}=0$，那么就需要使得思考学习的成本极高，即 $S_{i,t} \uparrow$。《商君书》反对诗书，反对言谈，反对私教，禁除游学，主张"燔诗书"，对民众进行思想控制。君主只准人们进行农业生产，如果不从事农业生产者，将失去人身自由而成为奴隶，"事末利及怠而贫者举以为收孥"（《史记·商君列传》）；或者服兵役，作为君主的战争工具。而且，在社会组织上，创制了对人们的思想学习活动进行控制的技术。"令民为什伍，而相牧司连坐。不告奸者腰斩，告奸者与斩敌同赏，匿奸者与降敌同罚。"（《史记·商君列传》）从制度上把所有原子化的个体民众吸纳进整个政治统治体系，凡事听命于君主的代理人官吏，供君主任意驱使、利用，同时使独立的鲜活的个体无法在秦制社会中存身。"一切自由都是禁绝了的，不仅行动的自由当禁（"禁其行"），集会结社的自由当禁（"破其群以散其党"），言论出版的自由当禁止（"灭其迹，息其说"），就连思想的自由也当禁（"禁其欲"）。"禁奸之法，太上禁其心，其次禁其言，其次禁其事。"（《韩非子·说疑》）（郭沫若，1982，第384页）此外，秦制还厉行愚民政策，"置主法之吏，以为天下师"（《商君书·定分》）。个人的消费空间受到了压缩，那么其福利水平必然下降。在秦制世界中，个人成为纯粹的消费动物、生产工具与战争工具了。

整理以上一阶条件，可得如下欧拉方程：

跨期消费关系：

$$U_1(g_t, n_{m,t} - \chi n_{i,t}) = \beta[f_1(k_{t+1}, n_{a,t+1}) - \delta]U_1(g_{t+1}, n_{m,t+1} - \chi n_{i,t+1}) \qquad (6.3.11)$$

同期公共品的提供与服役时间的关系：

$$U_2 = (2+\sigma)f_2 U_1 \qquad (6.3.12)$$

在均衡路径上，根据式（6.1.12）（ $1+\sigma$ ） $w_{a,t}=w_{m,t}$ ，和 $S_{i,t}\uparrow$ 与 $n_{i,t}\to 0$ ，君主通过奖惩机制，使得民众成为他任意驱使的战争工具、生产工具与进行社会控制的助手，君主享受着高高在上的绝对权力。黄宗羲批评这个秦制体制的反人民性——"屠毒天下之肝脑，离散天下之子女，以博我一人之产业。""敲剥天下之骨髓，离散天下之子女，以奉我一人之淫乐。""视天下为莫大之产业，传之子孙，受享无穷。"（《明夷待访录·原君》）"藏天下于筐箧者也；利不欲其遗于下，福必欲其敛于上。"（《明夷待访录·原法》）

商鞅建立起了秦制，这是一个强大的军国体制，一个典型的"军营经济"[①]体制（许建明，2004），将"国民经济军事化"（赵靖、石世奇，1991，第179页），以严刑酷法驱使民众以农战为中心（"壹于农战"），将秦国塑造成了一个高效的战争机器。商鞅的农战理论和政策实际上是以战为目的，以农为手段。这也是商鞅与重农主义的重要区别。

根据斯密刻画的"自然秩序"模型与商鞅设计的秦制世界的宏观经济模型的分析，我们得知：在斯密的"自然秩序"中，政府的税收是需要获得纳税人（通过国会）的同意，并受人民监管的，其税收"尺度，绝不是老百姓能够缴付多少，而是他们应当缴付多少"（孟德斯鸠，1963，上册，第213页）。宪制社会中的税收是用于提供公共品，由所有公民共同承担，是人民本位的。而在秦制世界中，税收的公共费用的

[①]　这种"军营经济"体制在中国历史并不鲜见，而且其军事征服能力强大。比如，"一代天骄"成吉思汗在统一蒙古之后，首先建立"千户制"，进行千户的编组，废除原有的部族、氏族制度，将全部的游牧民编入九十五个千户之中，千户兼具行政与军事的双重功能，"上马则备战斗，下马则屯聚牧养"，各千户各属百姓世代都不得他投，这样全蒙古百姓被纳入了严密的军事组织之中（萧启庆：《蒙元史新研》，台北：台湾允晨文化事业股份有限公司，1994年，第7页）。这个军事化组织具有强大的军事动员能力，为其后的蒙古四处扩张，建立人类历史上疆土最广大帝国奠定了组织基础。又比如，努尔哈赤制定的八旗制度，就是以军事化的方式将满洲社会的军政、生产、司法、宗族融合在这一制度的管理之下，满洲人运用此军事组织制度，建立了清朝。八旗制度是清朝统治者能够占领中原的基石，因此它一直被历代皇帝视作根本（阎崇年：《努尔哈赤传》，北京：北京出版社，2006年第2版，第134页）。

意义大大被削弱，其主要成为了满足君主个人野心与偏好的私费了，这样的税收必然无视人民的权益，只图君主效用的增加了。也就是，宪制与秦制中的税收具有不同的性质。

那么，式（6.3.1）即为：

$$\max_{\{t_t,k_{t+1},n_{a,t},n_{m,t}\}} \sum_{t=0}^{\infty} \beta^t U(g_t,n_{m,t}) \tag{6.3.1'}$$

s.t. $c_{a,t}+t_t+k_{t+1}=f(k_t,n_{a,t})-\delta k_t$ （生产可能性约束） $\tag{6.3.2'}$

$g_t+w_{m,t}n_{m,t}=t_t$ （预算平衡约束） $\tag{6.3.3}$

$n_{a,t}+n_{m,t}+n_{r,t}=1$ （时间约束） $\tag{6.3.4'}$

式（6.3.11）即为：

$$U_1(g_t,n_{m,t})=\beta[f_1(k_{t+1},n_{a,t+1})-\delta]U_1(g_{t+1},n_{m,t+1}) \tag{6.3.11'}$$

$$U_2=(2+\sigma)f_2U_1 \tag{6.3.12}$$

在稳态路径上，$k_{t+1}=k_t=k^*$，$f_1(k^*,n_a^*)=\delta+\dfrac{1}{\beta}$。生产可能性约束就是：$c_a^*+t^*=f(k^*,n_a^*)-(1+\delta)k^*$（6.3.2*）。预算平衡约束就是：$g^*+w_m^*n_m^*=t^*$（6.3.3*）。时间约束就是：$n_a^*+n_m^*+n_r^*=1$（6.3.4*）。

如果君主因为持续发动战争，需要 $n_m^*\uparrow$，即 $U_2\downarrow$；在 n_r^* 不变时，那么由（6.3.4*）式，得：$n_a^*\downarrow$，这样使得 $f_2\uparrow$。根据（6.3.12）式，$U_1\downarrow\downarrow$，也就是，$g^*\uparrow\uparrow$，由（6.3.3*）式，$g^*\uparrow\uparrow+w_m^*\uparrow\uparrow n_m^*\uparrow=t^*\uparrow\uparrow\uparrow$。由（6.3.2*）式，得：$c_a^*\downarrow=f(k^*,n_a^*\downarrow)\downarrow-(1+\delta)k^*-t^*\uparrow$。这时家庭的效用就会严重恶化，即 $u[c_a^*,1-n_a^*-(1+\sigma)n_m^*]\downarrow\downarrow$。

在 n_a^* 不变时，那么由（6.3.4*）式，得：$n_r^*\downarrow$，那么家庭的效用就会直接恶化，$u[c_a^*,1-n_a^*-(1+\sigma)n_m^*]\downarrow$。但这时，根据（6.1.9*）式，$u_1\uparrow$，也就是，家庭消费的 $c_a^*\downarrow$，减少的部分作为税收交给君主，因为这时根据（6.3.12）式，$U_2\downarrow$，相应的要求 $U_1\downarrow$。

这些模型的含义将在下一节中进一步说明。

七、与民为敌的秦政体制

理性选择基础

与西方功利主义对人性的假设一样，商鞅始终坚信，人不仅具有趋利避害的本性，而且具有快乐最大化、痛苦最小化的计算选择能力。人们追逐名利，犹如水往低处流一样具有天然的惯性，不选择方向，但唯利是图。"民之于利也，若水之于下也，四旁无择也。"（《商君书·君臣》）人的一生就是追逐名利的一生，"民之欲富贵也，其阖棺而后止"（《商君书·赏刑》）。甚至生前计较名利得失，就是死去时也要竞取虚名，"民生则计利，死则虑名"（《商君书·算地》）。因为名利相随，故而争名即是逐利，人生来就是为了名利。人的本性是趋利避害，具备度量长短、算计重轻、权衡利害而后取舍利弊的能力，特别是选择有利而放弃不利的能力，"民之生，度而取长，称而取重，权而索利"（《商君书·算地》）。在饥食、劳逸、苦乐、荣辱等对立情境中的趋利选择是人的天性，人的本能是趋利避害。"民之性，饥而求食，劳而求佚，苦则索乐，辱则求荣，此民之情也。"（《商君书·算地》）商鞅、法家具有行为科学家的客观态度，以一种"价值中立"的态度，客观对待人之好利恶害的情性，不是像儒家那样要改造人好利的本性，不是逆人性而动，而是顺应人性的发展趋向，因势利导，利用人的本性，将人们的行动纳入秩序化的结构之中，使其形成为国家积累财富和为国家奋勇作战的耕战工具。

法家的集大成者韩非子更是给出了人之为利的行为机理，"医善吮人之伤，含人之血，非骨肉之亲也，利所加也。故舆人舆人，制造车辆的工匠成舆，则欲人之富贵；匠人成棺，则欲人之夭死夭死，夭折也。非舆人仁而匠人贼残忍也，人不贵则舆不售，人不死则棺不买，情本意非憎人也，利在人之死也"（《韩非子·备内》）。商鞅的后代传人桑弘羊说的也很透彻，人们为了利禄而不畏惧艰难，"司马子言：'天下穰穰，皆为利往。'赵女不择丑好，郑姬不择远近，商人不愧耻辱，戎士不爱死力，士不在亲，事君不避其难，皆为利禄也"（《盐铁论·毁学》）。

商鞅及其思想继承者对人的行为的刻画与新古典经济学家贝克尔（Becker, 1993）的对人类行为进行经济分析所依据的理论是一致的。二者"在精神上近似"（史华慈，2004，第 358 页），在中国古代法家的著述中发现到了当代西方社会科学"模型构建者"

的萌芽（史华慈，2004，第346页）。商鞅、法家的分析框架在理性选择的逻辑程序上，与20世纪的行为科学何其相似（史华慈，2004，第八章）。

成效迅速而影响深远

商鞅变法建立的秦制体制见效非常迅速，成果重大，而影响深远。

秦国的国际地位迅速提升。商鞅变法之前是"诸侯卑秦"（《史记·秦本纪》），"被动挨打的秦国"（林剑鸣，2009，第132页）。商鞅变法之后，"当是时，商君佐之，内立法度，务耕织，修守战之备，外连横而斗诸侯，于是秦人拱手而取西河之外"（《史记·秦始皇本纪》）。商君之法，"孝公行之，主以尊安，国以富强"（《韩非子·和氏篇》），秦国"家给人足"，"乡邑大治"（司马迁《史记·商君列传》）。"兵革大强，诸侯畏惧"（刘向《战国策·秦策一》），"秦人富强，天子致胙于孝公，诸侯毕贺"（司马迁《史记·商君列传》）。在商鞅刚过世的"惠文君元年，楚、韩、赵、蜀人来朝。二年，天子贺。三年，王冠。四年，天子致文武胙"（司马迁《史记·秦本纪》）。

秦国的社会秩序井然，实现了古代圣人的愿景。儒家荀子的理论学说与秦制的治国纲领是有分歧的。即使如此，他仍对秦昭王时的秦国吏治民风等给予很高评价。"入境，观其风俗，其百姓朴，其声乐不流污，其服不挑，甚畏有司而顺，古之民也。及都邑官府，其百吏肃然，莫不恭俭敦敬忠信而不楛，古之吏也。入其国，观其士大夫，出于其门，入于公门，出于公门，归于其家，无有私事也。不比周，不朋党，偶然莫不明通而公也，古之士大夫也。观其朝廷，其闲听决百事不留，恬然如无治者，古之朝也。故四世有胜，非幸也，数也。……治之至也。"（《荀子·强国》）

商鞅变法建立的秦制体制使最初受世人鄙视的秦国大大增强了国力（经济实力与军事实力），并在一百多年后的秦王政时，相继灭六国、一统天下。"及至秦王，续六世之馀烈，振长策而御宇内，吞二周而亡诸侯，履至尊而制六合，执棰拊以鞭笞天下，威震四海。"（司马迁，《史记·秦始皇本纪》）

而且，中国在其后的数千年里都是延续着商鞅所奠定的统治体制，"两千年来之政，秦政也"（谭嗣同），"百代都行秦政制"（毛泽东）。由商鞅奠定的秦制帝国制度，被证明是世界上最持久的政治制度（费正清、赖肖尔，2012，第54页）。

全民奴隶制

"善为国者，官法明，故不任知虑；上作壹，故民不偷淫，则国力搏。国力搏者强，国好言谈者削。"（《商君书·农战》）君主效用函数中的影响因素有：战争、生产与社会控制。对于那些有利于这个目标的行为，君主进行论功行赏，以高官贵爵回报臣民。"故君子操权一正以立术，立官贵爵以称之，论荣举功以任之，则是上下之称平。上下之称平，则臣得尽其力，而主得专其柄。"（《商君书·算地》）按军功奖赏有二十等爵制，秦国"功赏相长也"（《荀子·议兵》）。军功是以在前线斩杀敌人的首级数目来计算的。按爵位的高低授予特权，其包括占有土地、住宅、服劳役的"庶子"和担任官职等。爵位高的还可以获得三百家以上的"税邑"和减刑的特权（杨宽，1998，第253—256页）。

作为一个社会的奖赏机制，商鞅建立的军功爵制向所有人开放，所有人在军功面前平等。国君的宗族没有军功的也不能列入公族的户籍，不能享受公族的特权。"各以率受上爵，……宗室非有军功论，不得为属籍。明尊卑爵秩等级，各以差次名田宅，臣妾衣服以家次。有功者显荣，无功者虽富无所芬华。"（《史记·商君列传》）占有田宅、臣妾（性奴隶）的多少以及服饰穿着，都必须严格按照爵制的规定，不得越次，否则要受处罚。这一爵制颠覆了原先的贵族垄断特权，创造了一个"编户齐民"的流动社会。"封建制度的君子小人分野取消了，万民同站在在一条起跑线上，凭借个人在战场上的表现缔造自己的身份地位。"（杜正胜，1990，第334—335页）国家通过授予身份，而将所有人编织进了这一由君主所掌控、支配的军功爵制金字塔里而无遗漏，这样任何一个人在地位上的升迁与居住地的迁徙必须由国家所掌控。这样，国境之内的所有人的人身都为君主直接控制。

同时，所有人在刑罚面前也一视同仁，"所以壹刑者，刑无等级，自卿相将军以至大夫庶人，有不从王令，犯国禁，乱上制者，罪死不赦。有功于前，有败于后，不为损刑。有善于前，有过于后，不为亏法"（《商君书·赏刑》）。卿相将军大夫与民同罪，前功不抵后罪。这种功不抵罪、刑无等级的规定，罪罚面前人人平等，执法严刻，推行重刑酷刑主义，以维护君主的绝对权力。这种表面平等为西方启蒙思想家所批判。"在专制国家，人人平等是因为每一个人'什么都不是'。"（孟德斯鸠，1963，上册，第76页）在君主面前，"大家一样是卑微的，因此，自由民和奴隶的区别必然不大"（黑格尔，

2006，第 122 页）。也就是，商鞅建立了一个全民奴隶制。

商鞅将秦国控制的人口统统管编制于军事化的社会组织之中，即编户齐民，"令民为什伍，而相牧司连坐"（《史记·商君列传》）。[1] 国家的权力与动员能力深入到了社区基层，直达每一个国民的人身，建构了一种永久性的战时编制。秦国对户籍管理严格，"国境之内，丈夫女子皆有名于上，生者著，死者削"（《商君书·境内》）。这样的户籍编制，不仅可以计口授田、征收赋税、田租和征发徭役，也是为了把农民强制束缚在土地上，没有迁徙的自由，"使民无得擅徙"（《商君书·垦令》）。这样，可以使统治者精确掌握国内的资源和国力，并通过郡县制和户籍编制直接动员、吸纳、征用、驱使全国的民力和武力。而且，秦国在土地国有制基础上通过国家份地授田制，建立起强制性的份地农分耕定产承包责任制（张金光，2004，自序，第 8 页），那么，秦国对于其治下的属民来说就是一个大监狱。他们都是国家的奴隶，他们的命运是注定的：或者作为为国家生产粮食、财富的工具；或者作为为国家奋战前线的战争工具。

反智主义

同时，君主对其体制不利的因素进行严酷的刑罚。因为思想、学术、文化不利于富国强兵，甚或引致国家的不稳定，"国有礼有乐，有诗有书，有善有修，有孝有弟，有廉有辩——国有十者，上无使战，必削至亡；国无十者，上有使战，必兴至王""辩慧，乱之赞也"（《商君书·说民》）。因此，禁除游学，"燔诗书"。如果不从事农业生产或者虽然从事农业生产而效率低下，那么将失去人身自由而成为奴隶，"事末利及怠而贫者举以为收孥"（《史记·商君列传》）。《商君书·垦令》提出二十种措施以激励国民趋于耕种，其中有十种措施是直接打击轻惰不事生产者。

"国之大臣诸大夫，博闻、辩慧、游居之事皆无得为，无得居游于百县，则农民无所闻变、见方。农民无所闻变、见方，则智农无从离其故事，而愚农不知，不好学问。愚农不知，不好学问，则务疾农；智农无从离其故事，则草必垦矣。"（《商君书·垦令》）无论是大臣还是农民，都禁止见多识广，保持愚昧状态，那么就必然需要控制教育机构、媒体机构和监控舆论空间。

---

[1]　奥威尔在《一九八四》中有一句很形象的话："老大哥在看着你。"引自奥威尔：《一九八四》，董乐山译，上海：上海译文出版社，2006 年，第 1 页。

秦国的教育是反人文的，以君主有效管控国家为本位，以培养、训练辅佐君主掌控权力的官吏为主，"置主法之吏，以为天下师"（《商君书·定分》），"在这一路线的领导之下，全国只有两种人：劳动人民和军队，因为前者可以'富国'，后者可以'强兵'"（余英时，2003）。这使得秦国虽富强，但思想文化贫瘠，其人才严重依靠引进。李斯在著名的《谏逐客书》中说"士不产于秦"（《史记·李斯列传》）。秦国的战略性人才基本是外国人，其中商鞅和吕不韦是卫国人，张仪和范雎是魏国人，秦历代的执政大臣除了秦昭王时的樗里疾和魏冉以外都是外来的客卿（杨宽，1998，前言，第7页）。而且，诸子百家中没有一家是产生于秦国的。

这样的结果，"所谓明者，无所不见，则群臣不敢为奸，百姓不敢为非。是以人主处匡床之上，听丝竹之声，而天下治"，"所谓明者，使众不得不为"（《商君书·画策》）。反智主义与愚民政策使得民众简单、愚钝而容易统治，君主只要根据人性中趋利避害的原始本能，掌握刑赏，使臣僚、民众不得不为，就可以从容、轻松地治理天下，享受至高无上的绝对权力。

去道德化

亚当·斯密所大力提倡的生活方式与社会体制的最终目的是让人性获得自由发展（克罗普西，2005）。而且，功利主义并不排斥同情与仁慈，正如罗尔斯（Rawls, 1999）指出，功利主义也需要同情与仁慈进行调解和平衡，"除非同情心与仁慈心能够被普遍深入而强有力地培养，否则，正义观就处于不稳定的危险之中"（Rawls, 1999: 155）。

相反的是，商鞅深信"政治之直接目的的效用为维持秩序而非推进道德"（萧公权，1998，第227页），而且对国民实施"去道德化"，鼓励国民的"告奸"行为。"赏施于告奸"（《商君书·开塞》），"令民为什伍，而相牧司连坐。不告奸者腰斩，告奸者与斩敌同赏，匿奸者与降敌同罚"（《史记·商君列传》）。这使得人们生活的社区由"原来相保、相爱、相救与相赒的聚落，所重视的德行是孝友、睦婣任恤；现在则一变而为猜忌、监视、防范、告奸，表面上古代聚落的'联'依然存在，实际已经变质"（杜正胜，1990，第207—208页）。而且，国家通过翻倍的税收迫使大家庭分解，"民有二男以上不分异者，倍其赋"（《史记·商君列传》）。这有利于国家对社会的控制与动员，一个个原子式的核心家庭赤裸裸地面对国家这个利维坦，只能依附于国家，完全听命于国家，任由国家驱使。

这时秦国只剩下了三种人，"一种是牛马，一种是豺狼，还有一种是猎犬。牛马以耕种，豺狼以战阵，猎犬以告奸"（郭沫若，1982，第381页），这样的国民人性泯灭，这样的国家是真正的"虎狼之国"。

酷刑主义的法治

"秦之法治，自孝公用商鞅始"（马非百，1982，第786页）。其后其法律制度，"在形式上，法律条目上和内容上，都已大大的丰富和发展，是封建法制趋于完善"，"法网严密，条目繁杂"（林剑鸣，2009，第183页）。马非百《秦集史》的《法律志》中列举了1975年湖北云梦睡虎地出土的法律竹简，这些法律几乎管制了上至军国大事，下至普通百姓日常生活的方方面面（马非百，1982，第788—855页）。"圣王者不贵义而贵法"（《商君书·去强》）。"事皆决于法"（《史记·秦始皇本纪》），商鞅、法家崇尚法治，而商鞅的法的基本要义就是赏与刑，"凡赏者，文也；刑者，武也。文武者，法之约也"（《商君书·修权》）。因为如果民众相信君主有功即赏的法令，他们就会舍生忘死去建功立业；如果民众服从君主有过即罚的法令，他们就会心生畏惧而不敢乘伪行诈。"民信其赏，则事功成；信其刑，则奸无端。"《商君书·修权》）

秦法律（主要是通过刑罚）的功能是进行社会控制。由此衍生出轻罪重罚、加重刑罚、"以暴制恶"的重刑、酷刑主义，"故行刑重其轻者，轻者不生，则重者无由至矣"《商君书·说民》）。秦国的刑罚非常残酷。死刑有枭首、弃市、腰斩、剖腹、车裂、杀戮、镬烹等，肉刑又有黥、劓、刖、斩左趾、宫等刑，服劳役的徒刑又有司寇、白粲、鬼薪、城旦、舂等各种（杨宽，1998，第233—234页）。商鞅体制以严刑峻法威慑以使臣民不敢越轨。"夫利天下之民者莫大于治，而治莫康于立君，立君之道莫广于胜法，胜法之务莫急于去奸，去奸之本莫深于严刑。故王者以赏禁，以刑劝，求过不求善，藉刑以去刑。"（《商君书·开塞》）"故以刑治则民畏，民畏则无奸，无奸则民安其所乐。"（《商君书·开塞》）以严刑酷法来维护统治秩序，这是一种暴政下的稳定，死亡式的和平。

法律只是君主进行有效控制社会的工具，只体现统治者的意志，"中国法律理论中的一个基本概念：法是最高统治者强制制定的、人们必须服从的准则"（布迪、莫里斯，

2003，第 7 页）。它不是国家与社会之间的契约，不是限制政府权力以保证民之权利的法。"在专制主义制度下，人民的自由反而是法的敌人。"（仁井田陞，2011，再版序，第 2 页）先秦"法治"距离近代法治思想辽远，法是"专制之治具"，"发挥尊君重国之极致"（萧公权，1998，第一册，第 226、235、209 页）。商鞅以及继承者都是极权主义者。在商鞅传统主导的中国，没有保护公民权利的民法，法律主要是人们想尽可能避开的行政法规和刑法（费正清、赖肖尔，2012，第 49 页），法律的"基本任务是政治性的：对社会施以更加严格的政治控制"（布迪、莫里斯，2003，第 7 页）。

与之相反的是，在斯密看来，"法律的目的在于防止损害，这乃是政府的基础。一个人可能在几方面受到损害：首先，作为一个人；其次，作为家庭成员；再次，作为国家成员"（坎南编，2011，第 31—32 页）。因此，为了防止上述几个方面的伤害，需要相应的法律来保护个人：私法、家庭关系法和公法，以及防止国家间伤害的国际法。"反抗无疑也是合法的权利，因为任何权力都不是完全无限制的"，"如果国王未经议会许可做他原来应该征求议会同意的事情时，议会就有权反对国王"（坎南编，2011，第 91、92 页）。

边沁（2000）把所有的法律、权利以及所有的社会制度都看作是为提升人的效用、幸福服务的，功利原则是检验和改革现有制度的标准，根据它们对人类幸福的功效来判断它们的好坏。"最大多数人的最大幸福"作为立法的指导原理和终极目标，各种人类制度都只是达到这一目标的手段。法律的作用在于保证人们追求自身最大幸福的时候互不妨碍。通过对个人利益与公共利益之间的人为调和来达到二者的同一，进而通过这种方式来使最大多数的人获得最大量的幸福，因此，法律的目的在于制裁和防止犯罪，而不是为了报复。他认为刑罚惩罚程度应当和犯罪的程度成正比例，达到因犯罪而招致的痛苦大于犯罪而得到的快乐，以实现预防犯罪的目的，而反对重刑主义。西方的德沃金的法律帝国是"为了我们想要使的人和我们旨在享有的社会"（德沃金，1996，第 366 页）。而商鞅的法律帝国是将社会塑造成为了一个大军营、一个大监狱、一个全民奴隶制。

19 世纪西方的分析实证主义法学派强调实然法，与商鞅法家推崇法律观念有着几分的相似。但实证主义法学是以之前占统治地位的自然法为底色的。自然法主张天赋人权，人人平等，公正至上。因此，实证主义法学的法律是作为个体之间在权利和契约基

216

础上，解决平等个体之间事务的技术手段。私法与民法构成了法学的主要基础，法的其他部门只是从"民法"的原则出发，发展起来的（达维德，1984，第25页）。这与商鞅传统支配下的中国形成鲜明的对比。中国没有保护公民权利的民法，法律以行政法规和刑法为主，以帮助统治者巩固地位和权力（费正清、赖肖尔，2012，第49页）。

作为君之仆妾的官吏

西方国家直到19世纪才建立理性的官僚制进行治理国家，之前是韦伯所谓的"家产制"国家。"官僚制"与"家产制"国家可以概括六种相反的属性：（1）前者有固定的司法领域，而后者则是未界定的司法领域；（2）前者是规范的等级制度，而后者是非规范的等级制度；（3）前者是规范的培训和考核，后者则是非规范的培训和考核；（4）前者是专职官吏，后者却是非专职官吏；（5）前者是书面命令，而后者是口头命令；（6）前者的实践规则是公平，而后者的实践规则是徇私（韦伯，1998，第719—812页）。而中国在商鞅时就基本上实现了理性的"官僚制"国家治理模式。

秦国的教育是以培养、训练官吏为主，"置主法之吏，以为天下师"（《商君书·定分》）。秦国家设有专门训练官吏的"学室"，也以此面控制文化教育（张金光，2004，第770—771页）。"主法之吏有迁徙物故，辄使学者读法令所谓，为之程式，使日数而知法令之所谓。不中程，为法令以罪之。"（《商君书·定分》）对学员严格要求，对他们定下日程，不合格者则受罪罚。法家秦制的官僚组织体制在观念上更接近于韦伯的现代理想型，这是与法家同时代的古希腊—罗马的政治理想与实践中根本不可比拟的（史华兹，2004，第348—349页）。在中央对地方的关系上，秦国建立了上计制度（以每年为一个考核期，地方将赋税收支预算上报中央备案，年终再将收支、损耗等实际情况上报中央）和直接人事任命来掌握各地情况，控制全国资源（林剑鸣，2009，第177页）。秦确立了系统的乡官组织。乡官是专制政权的耳目爪牙之吏，是对人民剥削控制的基层政权（张金光，2004，自序，第9页）。

商鞅建立的秦制是一个简单、容易驾驭，因而高效的体制。他称之为"一"，思想的高度统一、组织的高度统一与政令的高度统一，一切服从中央（君主）。"圣人之为国也，一赏，一刑，一教。一赏则兵无敌。一刑则令行。一教则下听上。""所谓一赏者，利禄官爵抟（专）出于兵，无有异施也。夫固知愚、贵贱、勇怯、贤不肖，皆知尽其胸臆之知，竭其股肱之力，出死而为上用也。"（《商君书·赏刑》）高官厚禄之赏，专保留给有军功的人，以使人人为君主奋战。"所谓一刑者，刑无等级，自卿相将军以至大夫庶人，有不从王令、犯国禁、乱上制者，罪死不赦。有功于前，有败于后，不为损刑。有善于前，有过于后，不为亏法。"（《商君书·赏刑》）君主之下的所有人，如有犯上作乱之事都一律判处死刑。纵使以前立过再大的功劳，做过再多的好事，也不能减轻刑罚，以保证君主的绝对权威。君主可以借助法度刑律来驾驭群臣、统御万民。"天下皆为虏矣"（《史记·秦始皇本纪》）。秦制的实质是整个国家就是一个大监狱。而那些官吏"不以天下为事，则君之仆妾也"（黄宗羲，《明夷待访录·原臣》）。

虎狼之国

秦制的奖罚机制，只是利用人性的本能，而拒绝人性的提升。它利用人性本能中的争名夺利的特性，使名利只出于农战，堵塞其余一切通往名利的途径，这样使得人们成为君主的耕战机器。"民见上利之从一空出也，则作一。"（《商君书·农战》）而在耕战之间，农耕是作战的后盾，为作战提供充足的物质条件。商鞅的军功爵制，"能得甲首一者，赏爵一级"（《商君书·境内》），"商君之法曰：'斩一首者爵一级，欲为官者为五十石之官；斩二首者爵二级，欲为官者为百石之官'，'官爵之迁与斩首之功相称也'"（《韩非子·定法》）。而且，对于军功给予固定资产、豪宅、美妾（性奴隶）[1]、奢侈品的重赏和生活享受，以及特权的尊荣。在这一军功爵制的激励下，"民闻战而相贺也，起居饮食所歌谣者，战也"（《商君书·赏刑》）。秦国就成为了一个冷酷的、嗜血的、高效的杀人国家机器，"是以秦人每战胜，老弱妇人皆死，计功赏至万数，天下谓之'上首功之国'"（《史记·鲁仲连邹阳列传》）。

司马迁《史记》屡次对商鞅变法之后的秦国被定性为"秦，虎狼之国"（《樗里子甘茂列传》《屈原贾生列传》）。根据马非百《秦集史》中"首功表"所列，从秦献公二十一年至秦王政十三年这107年里，有明确数目记载的，秦军一共斩首的敌军多达

---

[1] 无独有偶的是，在20世纪的赫胥黎的"美丽新世界"中，男女性混乱甚至性变态等行为，是得到国家鼓励的，参见赫胥黎:《美丽新世界》，胥丽华译，天津：天津科技翻译出版公司，2003年。这与亚当·斯密所提倡的让人性与道德获得自由发展的生活方式与社会体制（克罗普西，2005）是形成鲜明对比的。现代资本主义的设计者斯密在研究最世俗的经济时，仍然醉心于道德哲学体系的研究，即"不仅被视为个人，而且视为一个家族、国家乃至人类社会的一员的人，其幸福与至善何在？"（斯密，1997，下册，第329页）

1,678,000人（马非百，1982，第1014—1021页）。自商鞅变法之后秦国与各国的战争，仅见于史籍记载的杀人数目就超过130万人（林剑鸣，2009，第249页，第279页注释2）。其中，仅秦将白起在伊阙、鄢郢、华阳、长平等四大战役中，就先后残杀了韩、魏、楚、赵四国一百万以上的兵力（杨宽，1998，前言）。也就是说，商鞅变法在秦国塑造了一种的灭绝人性的冷酷的全新的法家文化体系。真可谓"秦王得志于天下，天下皆为虏矣"（司马迁，《史记·秦始皇本纪》）。

民苦

赋税、徭役繁重，苛政猛于虎，使得秦制治下的"百姓贺死而吊生"，秦谣曰"渭水不洗口赋起"，董仲舒说秦的"田租口赋，盐铁之利，二十倍于古"（林剑鸣，2009，第154、315页），当时的秦国在诸国中，其民间经济状况是最贫穷的（严耕望，2006，第12页）。

常年的征战，使得许许多多的家庭处于分离、破裂、痛失亲人的痛苦、悲伤处境。"况复秦兵耐苦战，被驱不异犬与鸡"，"耶娘妻子走相送，尘埃不见咸阳桥。牵衣顿足拦道哭，哭声直上干云霄"，"去时里正与裹头，归来头白还戍边"（杜甫《兵车行》）。"生男慎勿举，生女哺用餔，不见长城下，尸骸相支柱"（林剑鸣，2009，第315页）。

秦统一天下以后，仍是视民如草芥，任意奴役、杀戮百姓。秦始皇十七年，征"七十余万人"修骊山陵墓，而且为时长久，从他即位起到他入葬进去，达近四十年；二十八年，派徐福带数千童男童女入海求仙；三十二年，使蒙恬发兵三十万击胡。"北筑长城"，用民"四十余万"；"南戍五岭"，用民"五十余万"；建阿房宫，用"徒刑者七十余万"（《史记·秦始皇本纪》）。据估计，秦时的全国人口约有两千万，而每年征用的徭役在三百万人以上，即占总人口的百分十五以上（林剑鸣，2009，第314页）。"秦王朝把全国都变成了一个大监狱"（林剑鸣，2009，第313页），"使民无宁日，永不停歇地遭奴役，试问，这和战国时代军戍炽盛之日有何不同？"（郑良树，1998，第315页）其实，这只是另一种形式的战争状态而已，一种特殊的内战，这是国家对手无寸铁的人民的战争，一种屠杀。这真正的是"天下皆为虏"（《史记·秦始皇本纪》）！此外，还发生了臭名昭著的焚书坑儒，"及至秦之季世，焚诗书，坑术士，六艺从此缺焉"（《史记·儒林列传》），秦始皇坑杀的人"皆诵法孔子"，导致"天下不安"（《史记·秦始皇本纪》)。而且，秦王朝嗜血成性，"秦为虐政，四时行刑"（马非百，1982，第855页）。

八、作为承诺的经济学说

经济学作为与人民幸福的社会公共政策息息相关的科学，其所推演得到的政策含义与主张其时就是它为人们所提供的承诺和所展现的未来愿景。因此，该学说的主张能否得以走出学术圈，而能为社会所接受，赢得社会的共鸣，那么其所承诺愿景实现的可置信问题则关键，即是该学说是否能否为社会接受的关键。正如史蒂格勒（George Joseph Stigler）所说的："一种经济学说被接受，是一种社会行为，并非个人行为。"（史蒂格勒，1993，第125页）

亚当·斯密的经济学特别是他的自然秩序是需要前提条件的。这个前提在他的《国富论》中有多次的强调。比如，"在一个**政治修明**的社会里，造成普及到最下层人民的那种普遍富裕情况的，是各行各业的产量由于分工而大增。各劳动者，除自身所需数的以外，还有大量产物可以出卖；同时，因为一切其他劳动者的处境相同，各个人都能以自身生产的大量产物，换得其他劳动者生产的大量产物，换言之，都能换得其他劳动者大量产物的价格。别人所需的物品，他能与以充分供给；他自身所需的，别人亦能与以充分供给。于是，社会各阶级普遍富裕"（斯密，1997，上册，第11页）。上面这段话经常被人引用，以证明通过"看不见的手"可以达到这个社会的共同富足，但作为这个论断成立所赖以满足的前提条件的该社会"政治修明"却几乎没有人注意到或强调过，这可能是因为大家以为这个前提条件是理所当然。但我们应该注意到一个不容忽视的事实——世界上至今尚有一部分的国家还未能满足这个条件。

对于这个宪制背景，斯密进一步强调："英国法律保证了一切人都享有其自己劳动的果实。只要有这种保证，就能使英国繁荣，尽管有了上述以及二十条其他不合理的商业条例。""在可自由而安全地向前努力时，各个人改善自己境遇的自然努力，是一个那么强大的力量，以致没有任何帮助，亦能单独地使社会富裕繁荣。""在大不列颠，产业是很安全的；虽不能说完全自由，但与欧洲各国比较，总是一样自由或者更为自由。"（斯密，1997，下册，第112页）而且在更早时候即1755年，斯密就指出了，"使国家从最野蛮的状态发展到最富裕的程度所必需的，只不过是和平、轻税和某种程度的司法行政"（雷，1983，第 57 页），也就是"政治修明"的社会。

而斯密的祖国英国在斯密时代的政治现实恰好满足斯密自然秩序的前提条件。在 1689 年的"光荣革命"之后，王权被吸收进了国会主权（king in the parliamentary sovereignty），通过横向的立法、行政、司法之间的权力分立和纵向的中央与地方之间的权力分立（戈登，2001，第 36—55 页）。这样任何一方的权力都得到有效的制衡，防止了权力的滥用与腐败。同时这个制度设置也不会激励国会替代国王实施"不负责任的行为"（North & Weingast, 1989: 804），从而没有导致国会专制问题的发生。这样，在制度上保障了个人自由，将"把统治权和财产权分开"，从而保证了私人财产权利在英国得以生效。否则，因为"只要统治者对臣民的生命财产有任意处置的权力，就不可能存在什么不可侵犯的财产权"（康芒斯，1997，下册，第 11 页）。在这个意义上，"现代个人自由，大体上只能追溯至 17 世纪的英国"，"在过去的两百多年的岁月中，个人自由的维护和完善渐渐成了英国的支配性理想，而且英国的自由制度和传统也然成了文明世界的示范"（哈耶克，1997，上册，第 203—204 页）。

18 世纪上半叶法治在英国进一步巩固。《1701 年王位继承法》（The Act of Settlement of 1701）最终确认了司法独立，1706 年的公民权利剥夺法案（Bill of Attainder）事件促使人们反思议会主权体制而确认了权力分立制衡原则。到 18 世纪中叶时，英国最终稳固了法治宪制体制，法治宪制体制已牢牢地奠定了英国的政治生活中，人们已视它为理所当然了（哈耶克，1997，上册，第 215—217 页）。

英国实现了两个理想，法律保障的个人自由，以及国会主权的代议制政府（罗伯兹，1986，第 541 页），使英国的君主专制政体过渡为了宪制政体（希克斯，1987，第 86 页），国家的横征暴敛和机会主义行为得到了约束，使政府切实可信地保护产权和财富，建立稳定市场的政治基础（North & Weingast, 1989）。也就是，英国的现代资本主义体制的政治基础是 17 世纪奠定的现代国家政体（麦格劳，2000，第 59 页）。

因此，孟德斯鸠对英国的政治体制由衷欣赏。他在 1748 年发表的《论法的精神》用三章的篇幅，[①]以英国政制为范例来讨论政治自由和分权学说，其中第二卷第十一章的

---

① 《论法的精神》的第二卷第十一章到第十三章。

第六节就是直接以"英国政制"为标题的（孟德斯鸠，1963，上册，第155—166页）[①]，他的著名的三权分立制衡的学说就在这一节里提出的[②]，虽然他从英国政制的经验得到启发，但他认为这种体制在保障公民自由的具有普遍性意义。[③]也就是，孟德斯鸠认为英国是当时世界上一个实现政治自由的政制，其自由达到了"最高程度的完善"（戈登，2001，第281页），它是"伪装成君主制的共和制"（戈登，2001，第282页）。英国社会中的政治现实接近于社会与亚当·斯密的学说得以实现所赖以的前提即假想事实。英国宪制的建立的背景使得亚当·斯密的学说成为了可置信的承诺。

宪制作为一种能够"自我实施的"治理结构，它的"基础来自于公民社会中公民所共享的政治文化"（Weingast, 1993: 305），这是稳定产权、安全市场、民主与法治的政治基础（Weingast, 1993, 1997）。这些机制是相互促进的，政府权力的分立与相互制衡，使得公民社会约束政府滥权的成本足够低，否则，就像 North 和 Weingast（1989）所说的，如果"光荣革命"前詹姆士二世拥有常备军，那他会跟法国、西班牙的统治者一样将他的国家置于他的掌控之下。而公民社会对政府权力使用的警惕，使得政治家越轨的成本太大，而遵守约束则是符合他们利益的。

而美国的政制是吸取英国的传统（沃塞曼，1994，第15、31页），美国政制的奠基者即制宪者继承的英国政治传统包括政府权力有限原则，以及洛克的社会契约论，即人"生来是自由的"，组成社会是为了保护他们的权利。而这些原则在美国得到了进一步的深化和发展，哈耶克称赞"美国在宪制方面的尝试成绩斐然"（哈耶克，1997，上册，第242页）。美国政制的奠基者制定的宪法授予政府有限的权力，同时通过政府内部的权力分立与相互制衡，来约束政府滥用权力，形成了历史学家霍夫施塔特所称的"互相

---

　　① 《论法的精神》的著述体例是每一节的篇幅一般是一到两页，很少有三页，而孟德斯鸠在"英国政制"那一节中竟然破天荒地用了11页整的超长篇幅来论述，以至于原编者对这一节特意注释："我们在本节看到孟德斯鸠以少见的长篇巨幅向英格兰政制献媚。"（原编者，第117个注释，参见孟德斯鸠，1963，上册，第334页）

　　② "当立法权和行政权集中在同一个人和同一机关之手，自由便不复存在；因为人们将要害怕这个国王或议会制定暴虐的法律，并暴虐地执行这些法律。""如果司法权和立法权合而为一，则将对公民的生命和自由施行专断的权力，因为法官就是立法者。如果司法权和行政权合而为一，法官便将握有压迫者的力量。""如果同一个人或是由重要人物、贵族或平民组成的同一机关行使这三种权力，即制定法律权、执行公共决议权和裁判私人犯罪或争讼权，则一切便都完了。"（孟德斯鸠，1963，上册，第156页）

　　③ 他所描述的这些原则是在洛克的《政府论》基础上改善和阐述（原编者，第117个注释，参见孟德斯鸠，1963，上册，第334页）。

抑制的和谐体制"（沃塞曼，1994，第 24 页）。

与之相反，中国的秦制体制背景，缺乏制衡君主强大力量的制度性力量，使其社会中的绝对专制主义政治现实与主张仁政的儒家学说所需要的前提假想事实的落差太大，进而使得儒家学说只能成为政治装饰品，成为了不可置信的承诺。更何况，在秦朝之后，虽然儒家学说尊为治国理念，但它实际上已严重地法家化。法家在中国的政治传统中造成了持久而深刻的影响，绝不是空谈"仁政"的儒家所能望其项背的（余英时，2003）。

与商鞅刻薄寡恩的政策主张相反，孔子提出为政以德，宽厚待民，施以恩惠，有利争取民心的政治方略，即仁慈的统治措施。与商鞅同时代的孟子发展和推进了孔子学说，明确提出"仁政"的主张。《孟子·梁惠王上》认为，对一个国家来说"民为贵，社稷次之，君为轻"，"王如施仁政于民，省刑罚，薄税敛，深耕易耨，壮者以暇日，修其孝悌忠信，入以事其父兄，出以事其长上。可使制梃以挞秦楚之坚甲利兵矣"。孟子的"仁政"主张是一个包括思想、政治、经济、文化等各个方面的施政纲领。"仁政"的基本精神是对人民有深切的同情和爱心，"以民为本"。

但儒家仁政主张最关键的薄弱点在于其一切主张没有得以实施的政治基础，君主的权力是绝对的，没有对其制衡的制度保障，也就使儒家的仁政理想成了不可置信的承诺，沦为了空中楼阁。这一薄弱点如萧公权所评论的，"儒家设圣君为理想，圣君不出则仁义礼乐之政治无由实现。韩非子诋仁义为空谈"（萧公权，1998，第一册，第 236 页）。也就是，儒家所提供的理想缺乏可置信的能够实现的制度框架或支点。儒家的"仁政"理想的实现只能是依赖于君主的施恩，取决于君主个人的道德修养，"儒家设圣君为理想，圣君不出则仁义礼乐之政治无由实现"（萧公权，1998，第一册，第 236 页）。这是一种民作为无主体而寄生于圣君的仁政的思想，"是君主方面为了温和地维持期专制政治并使之可以再生的一种安全阀的思想"。而且，"很容易流为恳求君主施恩道德一种乞丐思想"（沟口雄三，2011，第 351 页）。就是被近代的梁启超、陈天华奉为"中国的卢梭"的黄宗羲在其《明夷待访录》也并非主张民权的，他反君主并不反君主制，他反的是明朝的里甲专制，而非一般的君主专制，他代表的是一种体制内的立场（沟口雄三，2011，第 344—365 页）。

而且，在西汉以后，儒家严重地法家化了。西汉几乎完全继承秦朝的法家学说与实践，或者可以称西汉的执政者为新法家（陈启云，引自崔瑞德、鲁惟一，1992，第823页）。西汉之初的儒学在政治性格上发生了根本性的改变，即"儒学的法家化"（余英时语），其最具特色的是君臣观念的根本根本，以法家的"尊君卑臣"论替代了孟子的"君轻"论与荀子的"从道不从君"论。汉儒的法家化实已达到了惊人的程度。汉高祖时叔孙通的"人主无过举"，汉武帝时公孙弘的"人主广大，人臣俭节"和"不肯面折庭争"，分别在君主决策、生活方式与议政方面将君主的尊严置于至高无上的地位。大儒董仲舒更是将儒家的君臣观进行了"相当彻底的法家化"，他援法入儒，其"罢黜百家，独尊儒术"是巧妙地用儒家的外衣包住了法家"尊君卑臣，崇上抑下"的政治内核。他并将韩非子的"有功则君有其贤，有过则君任其罪"（《韩非子·主道》）转化为"善皆归于君，恶皆归于臣"思想，并将《韩非子·忠孝》中的"臣事君，子事父，妻事夫，三者顺则天下治，三者逆则天下乱，此天下之常道也，明王贤臣而弗易也"给予了纲领化，建立了为现代人所诟病的"君为臣纲、父为子纲、夫为妻纲"的"三纲"说。儒学法家化的结果就是建立一种尊卑顺逆的、"尊君卑臣，崇上抑下"的绝对主义社会秩序。而且，儒学的法家化并不限于汉代，它几乎贯穿了全部中国政治史（余英时，2003，第71—75页）。因此，"两千年来之政，秦政也"（谭嗣同），"百代都行秦政制"（毛泽东）。在这样的秦制大背景下，"仁政"只能作为一种道德上的呼吁，绝不是可以实现的制度框架，因而只是一种不可置信的承诺。

　　而且，法家还主宰着作为社会秩序的法律观念。法家是真正的极权主义者（布迪、莫里斯，2003，第11页）。法家对于法的概念被以后两千多年的中华帝国所采纳，中国的法律不是基于"人权的"的考虑，而是作为进行整体上控制民众的手段，"基本任务是政治性的：对社会施以更加严格的政治控制"（布迪、莫里斯，2003，第7页）。中国法律注重刑法，以刑事制裁为中心，对于民事行为或者不作任何规定，或者以刑法加以调整。这样，形成一种制度的构造：法就是刑，一直到20世纪初，中国的最高法律机构就是名为"刑部"（布迪、莫里斯，2003，第3、8、17、28—29页）。与民法发达的西方社会不同的是，"以中国上下几千年长久的历史和几百种的成文法典而论，公法典占绝大的部分，纯粹的私法典简直寻找不出一部"（杨鸿烈，1937，第251—253页）。

　　因此，无论是执政理念上，还是社会规则上，君主的绝对主义权力才是中国的主导型社会现实。这样就使得儒家的"仁政"主张所需要的前提假想事实与政治现实的落差太大，进而使得儒家学说只能成为政治合法性的修辞，成为了不可置信的承诺。

九、结论与进一步的讨论

如果我们希望理解今天所学习和研究的经济学的学科性质，那么就需要先理解，这个学科是奠定在什么样的基础之上的，其知识体系是建立于什么原点之上的。因为经济学是一门经世济民的致用科学，那么从某种意义上来说，选择某种经济学而不选择另一种经济学，就意味着我们选择或向往某种生活方式而拒斥另一种生活方式。

我们为什么比较斯密与商鞅呢？其实，就是在比较两种生活方式。一个事关每一个人福利的公共学说，必有对当前社会状态的评判与其社会政策的处方，以及该政策所包含的愿景。也就是，该学说所赞许的生活方式——可能已在现实中实现，可能是体现在尚未实现的愿景中——如果是前者，那么该学说就构成了当前社会形态合法性的辩护；如果是后者，那么该学说就构成了当前社会形态合法性的批判、挑战。社会秩序是由合法性支撑的，这是社会科学的一个公理（贝尔，2012，第19页）。因此，一个社会科学学说的出现必然会有对现存社会秩序和生活方式的评判——或者赞许，或者批判。亚当·斯密"有资格被称作我们当今社会制度的设计师"（施特劳斯、克罗普西主编，1993，第730页）。而商鞅则是中国两千年（百代）政制的奠基者（谭嗣同与毛泽东语）。亚当·斯密的经济学固然是一门经世济民的致用科学，商鞅的治国纲领也不失为富国强兵的强效药方。[1]

理性经济人＋宪制＝现代资本主义；理性经济人＋秦制＝国强民苦的悲惨世界。 二者的共同基础是经济人的理性选择，不同的逻辑原点在于：亚当·斯密的经济学的背景是宪制，其政策主张是以民为本位，追求的是代表性的普通消费者（an average

---

[1] 我们在评论历史与现实时，往往以成败论英雄，眼中只有胜利者，除此之外，似乎没有更高的标准。如果有，也只是用来说教的，不是我们身体力行的。比如，我们在看法、苏两国在第二次世界大战对德战争中的表现，就会以为苏联比法国更了不起。但是，"二战"中的苏联政府进行坚壁清野，也就是烧毁了一切能用的物资和住房，这样德国军队就要疲于应付俄罗斯大地的冬天。同时，苏联的老百姓更是失去了任何应付冬天的东西。在这个战争中，其实德国和苏联都失败了，唯一的胜利者是斯大林！相比之下，法国人投降了，他们是为自己的人民而投降的，他们是向自己的文明低下高贵的头。我们甚至更忘了，"二战"其实是由希特勒德国伙同斯大林苏联瓜分波兰的"莫洛托夫—里宾特洛甫条约"所引发的。

person）的效用最大化；商鞅的治国纲领是以秦制为背景的，其政策主张是以君主为本位，追求的是君主（the special man）的效用最大化。也就是，我们不是在比较作为"过去式"的历史，不是在对两个过时却不同时空背景的历史人物进行"关公战秦琼"式随意的比较；而是比较的是我们"进行式"的今天的生活方式的选择与"将来式"的未来的生活世界的坚持。

如果我们在某种意义上将对哪一种经济学说的选择，看作是对生活方式、社会秩序的选择，那么我们可以根据斯密与商鞅各自学说所展示的生活方式、社会秩序的可欲性，来选择哪一种经济学说。如果我们将斯密开创的经济学称为"西方经济学"，那么我们姑且也可以将我们的老祖宗的商鞅的治国纲领称为"东方经济学"。可以说，我们之所以选择尊亚当·斯密为经济学的开创者，而不是商鞅，是因为斯密的"自然秩序"是值得追求的生活方式。而商鞅的"秦制世界"不值得我们追求，因而被我们舍弃了。这就是"为什么是亚当·斯密而不是商鞅开创了经济学"的原因。

"组成为一种社会的人们，不可能对以不同于他们的方式管理其社会生活的其他人的行动漠不关心"，"一个选择不同形式道德和习惯的集团，就是对本国社会提出的一个威胁，它表明，他们自己的道德和习惯，可能并不像他们普遍坚持的那么正确、神圣或具有普遍性"（斯梅尔塞，1992，第1页）。通过与他人的比较来认识自身，也通过自身来认识他人，这就是反思。借助于我们所舍弃的"东方经济学"的性质与状态的理解，我们就可以进一步深化对目前的经济学学科的性质与状态的理解，可以来达到对我们如今所学习、研究经济学的性质更全面的理解——我们发现到，亚当·斯密所开创的经济分析体系，除了**理性经济人**之外还隐含着一个前提条件，这个前提就是**宪制**。这也是本文所说的另一个原点。但这个原点却长久以来为大家熟视无睹。我们也就更清晰理解如今的经济学的性质与它的将来。我们比较亚当·斯密的著述与商鞅（及其追随者）的著述，得到了之前所没有意识到的认识。这就是本文研究的目的。[①]

本文之所以将**宪制**定位为经济学的另一个原点，是因为它区别于经济学上其他类型的理论进步的标志。在我们一般的印象里，经济学理论的进步往往表现为，关于经济主体决策行为的**约束条件**的深化，丰富与发展上，比如，信息经济学与激励理论的信息不

---

①　苏联科技力量的强大是有目共睹的，但我们却不曾在社会科学领域中学过苏联学者建立的什么理论，除了臭名昭著的斯大林政治经济学教科书。因为社会科学本身就是反秦制的。

226

对称，产权与制度经济学的交易费用，等等。而本文所展示的是，关于**经济主体**本身的转换，我们在宪制背景下所进行的经济分析（及其公共政策设计）的主体是一个普通的公民（Romer, 2006），即**民本位**；而在秦制背景下所进行的经济分析（及其公共政策设计）的主体是大权在握的统治者，即**君本位**。所以，本文以"原点"来名之，是以显示其与我们印象中，体现在关于经济主体决策行为的**约束条件**的深化与丰富上的经济理论进步之间本质性区别。

林毅夫依据经济学的研究中心的转移历史——经济学研究第一次是以英国为中心，第二次是以美国为中心，而提出了一个重要而有趣的经济思想史命题：经济理论的重要性取决于所解释的经济现象的重要性。他因此认为，到2030年左右中国成为全球最大经济体，第三次经济学研究中心将在中国形成（林毅夫，1995，2001）。但经济现象的重要性并不仅仅是该国的经济总量大，更重要的是该社会中普通公民的福利状况和生活方式是否值得其他国家效仿、追求。

美国之所以能够替代英国成为经济学的研究中心，不仅仅是因为它的经济总量超过英国居于世界第一，而且是因为它的宪制体制与英国的一脉相承的，并加以发展的（沃塞曼，1994，第15、31页），"美国在宪制方面的尝试成绩斐然"（哈耶克，1997，上册，第242页），以至于哈耶克将宪制归为"美国的贡献"（哈耶克，1997，上册，第十二章）。正是基于这两个方面（庞大的经济总量与良善可取的生活方式），保证了美国公民的福利水平在世界上居于领先位置。以林毅夫（2001，第76页）所批评的内生增长理论为例，西方国家通过社会福利制度、通过资源税、遗产税等手段基本上将以依赖土地（包括资源）获得的大部分的非劳动收入给剔除了，使得国民收入基本上在劳动与资本两种要素中分配净尽，其中劳动收入占国民收入的比重稳定为三分之二，而资本收入占国民收入的比重稳定为三分之一（曼昆，1999）。而这就是内生增长理论的社会背景。在这个意义上，基于人力资本的新增长理论就是美国经济增长史的一个理论刻画。美国经济增长的微观基础就是美国梦。美国梦无非就是个人奋斗梦，在公平竞争的市场上，通过个人的天赋、企业家精神、努力获得成功和财富。[①]它不可能是、也不应当是通过

---

① 从某种意义上，现在的西方国家实际上是奉行亚当·斯密、李嘉图、马克思的劳动价值论。20世纪的人力资本的概念，就是在某种程度上的劳动价值论。另，关于那些以数理形式表达的经济学模型，我们需要体会该思想与它背后所刻画的社会事实。

寻找裙带关系，获得租金而累积财富的。

回到林毅夫（1995，2001）的预言，中国到 2030 年时成为全球最大经济体，那么，进一步的问题是：中国能否在普通国民的生活方式和福利上展现出比美国更大的吸引力？是否能为普通国民提供比美国梦更公平、更公正的微观基础？中国能预示着比上一个世界经济学的研究中心美国更美好、更优越的生活方式吗？而这个可能也是形成经济学研究中心的必要条件。

这里我们还需要澄清一个思想史的误解，这个误解是关于法家思想、功利主义、极权主义之间的关系。

商鞅坚信个人本能是趋利避害的理性选择，他对人类行为的分析起点与功利主义（Utilitarianism）的追求最大幸福（Maximum Happiness）是一样的。二者"在精神上近似"（史华慈，2004，第 358 页）。我们可以在商鞅、韩非子这些中国古代法家的著述中发现到了 19 世纪、20 世纪西方社会科学"模型构建者"的萌芽（史华慈，2004，第 346 页）。以至于我们认为商鞅、法家的思想"很功利主义"（唐庆增，2010，第 318 页）。也就是，我们可以这样表达：法家思想≈功利主义。

而法家经常被视为极权主义者（费正清、赖肖尔，2012，第 49 页；布迪、莫里斯，2003，第 11 页），"法家强调对民众的政治控制，与今天的极权主义类似"（布迪、莫里斯，2003，第 29 页）。因此，我们可以这样表达：法家思想≈极权主义。

同时，边沁的功利主义被视为可能是通往多数人的暴政，甚至是极权斯大林主义的理论途径（Skousen, 2009: 122-124），那么，我们可以这样表达：功利主义≈极权主义。

总结以上的三个式子，可以得到：法家思想≈功利主义≈极权主义，三位一体。

如果这样的话，那么，亚当·斯密的经济学理论与商鞅的秦制治国纲领，将殊途同归于极权主义。因为在今天的经济学中，作为公理化体系基础的效用（utility）理论（Jehle and Reny, 2001, Chapter 1 & 2）与功利主义（utilitarianism）是关系紧密的。这将对本文的观点构成挑战。因为本文认为，斯密的经济学理论与商鞅的秦制治国纲领，二者的共同基础是经济人的理性选择，但他们在另一个的逻辑原点上是不同的：斯密理论立足于宪制，商鞅学说立足于秦制。正是后一个的逻辑原点的不同，导致他们的政策效果的反差：斯密塑造了现代资本主义社会，而商鞅建构了悲惨的秦制世界。

228

幸运的是，法家思想 ≈ 功利主义，功利主义 ≈ 极权主义，这是一个误解。边沁（2000）的功利主义认为，个人追求幸福，在每个人追求其个人幸福最大化的过程中，整个社会的幸福也会最大化，个体幸福和社会整体幸福是一致的。社会的幸福就是以"最大多数的最大幸福"来衡量的。因此，一个社会改革应该以"增进最大多数人的最大幸福"为原则，这一原则是在承认个人拥有判断快乐的正当权利的基础上推导出。政府的一切政策也要据此行事。各种经济制度和经济政策恰当与否以功利原理作为权衡标准。其后，庇古（Arthur Cecil Pigou）福利经济学中的社会福利函数，其实是将边沁"最大多数人的最大幸福"通过经济学的语言做出的一种表述，庇古的社会福利函数以人际间可比的和基数效用为前提，通过理性的经济政策来改善人民的福利，以使边沁的功利主义得个人福利之和最大化（Suzumura, 1987: 418-420）。

边沁承认个人拥有自主判断快乐的正当权利，而且他的原理"最大多数人的最大幸福"也是在这个基础上得到的。他的社会福利计算公式中每个人是同等权重的，一个就是一个，"因为其他的人也同样会有这样的权利"（孟德斯鸠，1963，第 154 页）。谁也不比谁多，谁也不比谁少。就是因为功利主义的这个基础，使得它与法家暴政、极权主义不同，它反对酷刑，以人道主义对待罪犯，而法家暴政、极权主义推崇重刑、酷刑，甚至将其治理下的人民当罪犯。而且，边沁的学生小密尔的《论自由》（*On Liberty*, 1859）被誉为自由主义（libertarianism）[①] 的集大成之作。小密尔对个人与社会之间的权利界限做了一个经典的划分：只要不涉及他人的利害，个人（成人）就有完全的行动自由，其他人和社会都不得干涉；只有当自己的言行危害他人利益时，个人才应接受社会的强制性惩罚（密尔，1959，第 112 页）。这是"群己权界"，社会与个人之间的权利界限，各有自己的空间及其相应的运行规则。[②] 最能揭示全书的宗旨就是："假定全体人类减一执有一种意见，而仅仅一人执有相反的意见，这时人类要使那一人沉默并不比那一人（假定他有权力的话）要使人类沉默较可算为正当。"（密尔，1959，第 17 页）而且，在《论自由》中，他是这样结束全书的写作的："国家的价值，从长远看来，归根结底还在组成它的全体个人的价值。"（密尔，1959，第 125 页）这些充分展示了功利主义与极

---

① 自由主义认为，只要个体在实现其意志时主观上不试图剥夺他人的个人意志，就应该被鼓励，因为个体自由的实现，对整个社会是有利的。

② 1903 年当严复将密尔的《论自由》介绍到中国时，书名就为《群己权界论》。

权主义的天壤之别。

参考文献

［1］　C. H. 麦基文，2004，《宪政古今》，翟小波译，贵阳：贵州人民出版社。
［2］　N·格雷戈里·曼昆，1999，《经济学原理》，梁小民译，北京：生活·读书·新知三联书店。
［3］　安东尼·唐斯，2005，《民主的经济理论》，姚洋、邢予青、赖平耀译，上海：上海人民出版社。
［4］　安格斯·麦迪森，2011，《中国经济的长期表现：公元 960—2030 年》，伍晓鹰、马德斌译，上海：上海人民出版社。
［5］　保罗·萨缪尔森、威廉·诺德豪斯，1996，《经济学》（第 14 版），胡代光等译，北京：北京经济学院出版社。
［6］　查理·路易·孟德斯鸠，1963，《论法的精神》（上册），张雁深译，北京：商务印书馆。
［7］　崔瑞德、鲁惟一编，1992，《剑桥中国秦汉史》，杨品泉、张书生、陈高华、谢亮生、一山等译，北京：中国社会科学出版社。
［8］　丹尼尔·贝尔，2012，《资本主义文化矛盾》（第 2 版），严蓓雯译，南京：江苏人民出版社。
［9］　道格拉斯·诺思，1992，《经济史上的结构和变革》，厉以平译，北京：商务印书馆。
［10］　德克·布迪、克拉伦斯·莫里斯，2003，《中华帝国的法律》，朱勇译，南京：江苏人民出版社。
［11］　蒂莫西·贝斯利，2009，《守规的代理人：良政的政治经济学》，李明译，上海：上海人民出版社。
［12］　杜正胜，1990，《编户齐民：传统政治社会结构之形成》，台北：联经出版事业公司。
［13］　费正清、赖肖尔，2012，《中国：传统与变革》，陈仲丹等译，南京：江苏人民出版社。
［14］　弗里德里希·李斯特，1983，《政治经济学的国民体系》，陈万煦译，北京：商务印书馆。
［15］　弗里德利希·冯·哈耶克，1997，《自由秩序原理》，邓正来译，北京：生活·读书·新知三联书店。
［16］　格奥尔格·威廉·弗里德里希·黑格尔，2006，《历史哲学》，王造时译，上海：上海书店出版社。
［17］　龚敏，2011，《高级宏观经济学 II 讲义》，厦门大学经济学院。
［18］　沟口雄三，2011，《中国前近代思想的屈折与展开》，龚颖译，北京：生活·读书·新知三联书店。
［19］　郭沫若，1982，《郭沫若全集·历史编》第 2 卷《十批判书》，北京：人民出版社。
［20］　亨利·威廉·斯皮格尔，1999，《经济思想的成长》，晏智杰等译，北京：中国社会科学出版社。
［21］　胡寄窗，1998，《中国经济思想史》（上册），上海：上海财经大学出版社。
［22］　加里·S. 贝克尔，2008，《人类行为的经济分析》，王业宇、陈琪译，上海：格致出版社。
［23］　加里·沃塞曼，1994，《美国政治基础》，陆震纶等译，北京：中国社会科学出版社。
［24］　蒋礼鸿，1986，《商君书锥指》，北京：中华书局。
［25］　杰里米·边沁，2000，《道德和立法原理导论》，时殷弘译，北京：商务印书馆。
［26］　卡尔·雅斯贝尔斯，1989，《历史的起源与目标》，魏楚雄、俞新天译，北京：华夏出版社。
［27］　肯尼斯·J. 阿罗，2010，《社会选择与个人价值》（第 2 版），丁建峰译，上海：上海人民出版社。
［28］　莱昂内尔·罗宾斯，2000，《经济科学的性质和意义》，朱泱译，北京：商务印书馆。
［29］　勒内·达维德，1984，《当代主要法律体系》，漆竹生译，上海：上海译文出版社。
［30］　李文溥，1996，"论经济分析中的效率评价标准与价值评价标准"，《经济研究》，第 12 期，第 63—68 页。
［31］　列奥·施特劳斯、约瑟夫·克罗普西主编，1993，《政治哲学史》，李天然等译，石家庄：河北人民出版社。
［32］　林剑鸣，2009，《秦史稿》，北京：中国人民大学出版社。
［33］　林毅夫，1992，《制度、技术与中国农业发展》，上海：上海三联书店。

230

[34] 林毅夫，1995，"本土化、规范化、国际化"，《经济研究》，第10期，第13—17页。

[35] 林毅夫，2001，"经济学研究方法与中国经济学科发展"，《经济研究》，第4期，第74—81页。

[36] 刘军宁，1998，《共和·民主·宪制——自由主义思想研究》，上海：上海三联书店。

[37] 罗伯特·罗伯兹，1986，《英国史》，贾士蘅译，台北：五南图书出版公司。

[38] 罗伯特·斯基德尔斯基，2006，《凯恩斯传》，相蓝欣、储英译，北京：生活·读书·新知三联书店。

[39] 罗纳德·H. 科斯，2010，"国富论"，《论经济学与经济学家》，罗君丽、茹玉骢译，上海：格致出版社。

[40] 罗纳德·M. 德沃金，1996，《法律帝国》，李常青译，北京：中国大百科全书出版社。

[41] 马非百，1982，《秦集史》，北京：中华书局。

[42] 马克·布劳格，1990，《经济学方法论》，黎明星等译，北京：北京大学出版社。

[43] 马克·布劳格，2009，《经济理论的回顾》，姚开建译，北京：中国人民大学出版社。

[44] 马克斯·韦伯，1998，《经济与社会》（下册），温克尔曼整理，林荣远译，北京：商务印书馆。

[45] 曼瑟·奥尔森，2005，《权力与繁荣》，苏长和、嵇飞译，上海：上海人民出版社。

[46] 尼尔·丁·斯梅尔塞，1992，《社会科学的比较方法》，王宏周、张平平译，北京：社会科学文献出版社。

[47] 钱颖一，2002，"理解现代经济学"，《经济社会体制比较》，第2期，第1—12页。

[48] 乔治·吉尔德，1985，《财富与贫困》，储玉坤等译，上海：上海译文出版社。

[49] 乔治·史蒂格勒，1993，《经济学布道家》，蓝科正、戴台馨译，台北：远流出版事业股份有限公司。

[50] 仁井田陞，2011，《中国法制史》，牟发松译，上海：上海古籍出版社。

[51] 盛洪，1996，"会有一个经济学的中国学派吗？"，北京天则经济研究所主编《中国经济学1995》序言，上海：上海人民出版社。

[52] 史华慈，2004，《古代中国的思想思想》，程钢译，南京：江苏人民出版社。

[53] 斯科特·戈登，2001，《控制国家：西方宪制的历史》，应奇等译，南京：江苏人民出版社。

[54] 谈敏，1992，《法国重农学派学说的中国渊源》，上海：上海人民出版社。

[55] 唐庆增，1936/2010，《中国经济思想史》，北京：商务印书馆。

[56] 田国强，2005，"现代经济学的基本分析框架与研究方法"，《经济研究》，第2期，第113—124页。

[57] 托马斯·K. 麦格劳，2000，《现代资本主义——三次工业革命中成功者》，赵文书、肖锁章译，南京：江苏人民出版社。

[58] 托马斯·库恩，2003，《科学革命的结构》，金吾伦、胡新和译，北京：北京大学出版社。

[59] 韦森，2007，"经济学的性质与哲学视角审视下的经济学—— 一个基于经济思想史的理论回顾与展望"，《经济学》（季刊），第6卷，第3期，第945—968页。

[60] 韦森，2007，"欧洲近现代历史上宪制民主政制的生成、建构与演进"，《法制与社会发展》，第5期，第101—118页。

[61] 萧公权，1998，《中国政治思想史》，沈阳：辽宁教育出版社。

[62] 徐复观，2001，《两汉思想史》（卷二），上海：华东师范大学出版社。

[63] 许建明，2004，"军营经济：1949—1978年中国社会经济的运行机制"，《香港社会科学学报》，第二十八期，秋/冬季，第1—33页。

[64] 亚当·斯密，1981，《原富》（上、下册），严复译，北京：商务印书馆。

[65] 亚当·斯密，1997a，《道德情操论》，蒋自强等译，北京：商务印书馆。

[66] 亚当·斯密，1997b，《国民财富的性质和原因的研究》（上、下册），郭大力、王亚南译，北京：商务印书馆。

[67] 亚当·斯密，坎南编，2011，《亚当·斯密关于法律、警察、岁入及军备的演讲》，陈福生、陈振骅译，北京：商务印书馆。

[68] 亚里士多德，1983，《政治学》，吴寿彭译，北京：商务印书馆。

[69] 严耕望，2006，《怎样学历史——严耕望的治史三书》，沈阳：辽宁教育出版社。

[70] 杨鸿烈，1990，《中国法律思想史》，上海：上海书店（根据商务印书馆1937年版影印）。

[71] 杨宽，1998，《战国史》（增订本），上海：上海人民出版社。

［72］ 叶坦，1998，"'中国经济学'寻根"，《中国社会科学》，第 4 期，第 59—71 页。

［73］ 余英时，2003，《中国思想传统的现代诠释》，南京：江苏人民出版社。

［74］ 约翰·雷，1983，《亚当·斯密传》，胡企林、陈应年译，北京：商务印书馆。

［75］ 约翰·罗杰斯·康芒斯，1997，《制度经济学》，于树生译，北京：商务印书馆。

［76］ 约翰·密尔，1959，《论自由》，许宝骙译，北京：商务印书馆。

［77］ 约翰·内维尔·凯恩斯，2001，《政治经济学的范围与方法》，党国英、刘蕙译，北京：华夏出版社。

［78］ 约翰·希克斯，1987，《经济史理论》，厉以平译，北京：商务印书馆。

［79］ 约瑟夫·克罗普西，2005，《国体与经体：对亚当·斯密原理的进一步思考》，邓文正译，上海：上海人民出版社。

［80］ 约瑟夫·熊彼特，1991，《经济分析史》（第一卷），朱泱等译，北京：商务印书馆。

［81］ 约瑟夫·熊彼特，1992，《经济分析史》（第二卷），杨敬年等译，北京：商务印书馆。

［82］ 约瑟夫·熊彼特，2006，《资本主义、社会主义与民主》，吴良健译，北京：商务印书馆。

［83］ 詹姆斯·S. 科尔曼，2008，《社会理论的基础》，邓方译，北京：社会科学文献出版社。

［84］ 张金光，2004，《秦制研究》，上海：上海古籍出版社。

［85］ 张千帆，2004，《宪法学导论：原理与应用》，北京：法律出版社。

［86］ 赵靖主编、石世奇副主编，1991，《中国经济思想史》（第 1 卷），北京：北京大学出版社。

［87］ 郑良树，1998，《商鞅评传》，南京：南京大学出版社。

［88］ 朱师辙，1956，《商君书解诂定本》，上海：上海古籍出版社。

［89］ Acemoglu, Daron, 2012, *Political Economy Lecture Note*, Department of Economics, MIT.

［90］ Alt, James A. and Alec Crystal, 1983, *Political Economics*, Berkeley: University of California Press.

［91］ Arrow, Kenneth J., 1974, "Nobel Lecture: General Economic Equilibrium: Purpose, Analytic Techniques, Collective Choice", *American Economic Review*, 64: 253‑272.

［92］ Arrow, Kenneth J. and Gerard Debreu, 1954, "Existence of an Equilibrium for a Competitive Economy", *Econometrica*, 22: 265‑290.

［93］ Becker, Gary S., 1993,"Nobel Lecture: The Economics Way of Looking at Behavior", *Journal of Political Economy* 101: 385‑409.

［94］ Bergson, Abram, 1938, "A Reformulation of Certain Aspects of Welfare Economics", *Quarterly Journal of Economics*, 52: 310‑334.

［95］ Cannan, Edwin, 1926, "Adam Smith as an Economist", *Economica*, 17: 123‑134.

［96］ Dasgupta, Partha, 2007: *Economics: A Very Short Introduction*, Oxford: Oxford University Press.

［97］ Jehle, Geoffrey A. and Philip J. Reny, 2001, *Advanced Microeconomic Theory (2nd Edition)*, Boston: Addison-Wesley.

［98］ Heilbroner, Robert L., 1976, "Homage to Adam Smith", *Challenge*, 19: 6‑11.

［99］ McCloskey, Donald N., 1983, "The Rhetoric of Economics", *Journal of Economic Literature*, 21: 481‑517.

［100］ Ljungqvist, Lars and Thomas J. Sargent, 2004, *Recursive Macroeconomic Theory (2nd Edition)*, Cambridge: MIT Press.

［101］ Lucas, Robert E. Jr., 1988, "On the Mechanics of Economic Development", *Journal of Monetary Economics*, 22: 3‑42.

［102］ Majone, Giandomenico, 1994, "The Rise of the Regulatory State in Europe", *West European Politics*, 17(3): 77‑101.

［103］ North, Douglass C., 1990, *Institutions, Institutional Change and Economic Performance*, Cambridge: Cambridge University Press.

［104］ North, Douglass C. and Barry R. Weingast, 1989, "Constitutions and Commitment: The Evolution of Institutions Governing Public Choice in Seventeenth-Century England", *Journal of Economic History* , 49:

803-832.

[105] Rawls, John B., 1999c/1971, *A Theory of Justice*, Cambridge, MA: Belknap Press of Harvard University Press.

[106] Romer, David, 2006, *Advanced Macroeconomics (3rd edition)*, New York: McGraw-Hill.

[107] Samuelson, Paul A., 1962, "Economics and the History of Ideas", *American Economic Review*, 52: 1-18.

[108] Samuelson, Paul A., 1965c/1947, *Foundations of Economic Analysis*, New York: Atheneum.Samuelson, Paul A., 1966, *Collected Scientific Papers of Paul Samuelson*, Vol.2, Cambridge, MA: MIT Press.

[109] Sims, Christopher A., 1996, "Macroeconomics and Methodology", *Journal of Economic Perspectives*, 10 (I) : 105-120.

[110] Skousen, Mark A., 2009, *The Making of Modern Economics (2nd Edition)*, New York: M. E. Sharpe.

[111] Stigler, George J., 1971, "Smith's Travels on the Ship of State", *History of Political Economy*, 3: 237-246.

[112] Stigler, George J., 1976, "The Successes and Failures of Professor Smith", *Journal of Political Economy*, 84: 1199-1213.

[113] Suzumura, Kotaro, 1987, "Social Welfare Function", in John Eatwell, Murray Milgate and Peter Newman eds., *The New Palgrave Dictionary of Economics*, Vol.4, London: Macmillan, 418-420.

[114] Weingast, Barry R., 1993, "Constitutions as Governance Structures: The Political Foundations of Secure Markets", *Journal of Institutional and Theoretical Economics*, 149: 286-311.

[115] Weingast, Barry R., 1997, "The Political Foundations of Democracy and the Rule of Law", *American Political Science Review*, 91: 245-63.

[116] Wickens, Michael, 2008, *Macroeconomic Theory: A Dynamic General Equilibrium Approach*, Princeton: Princeton University Press.

[117] Wintrobe, Ronald, 1998, *The Political Economy of Dictatorship*, New York: Cambridge University Press.

[118] Young, Leslie, 1996, "The Tao of Markets: Sima Qian and the Invisible Hand", *Pacific Economic Review*, 1(2): 137-145.

国家能力与经济增长：社会网络进路[*]

达龙·阿西莫格鲁、卡米洛·加西亚·吉麦罗、詹姆斯·A.罗宾逊　著

贾拥民　编译

摘要：本文以哥伦比亚的自治市镇^①网络为例研究的地方国家能力的直接效应和溢出效应。为了分析地方政府的和中央政府的国家能力，我们构建了一个网络博弈：地方政府根据其他地方政府的决策以及相应的溢出效应来进行地方国家能力投资，中央政府则决定全国层面的国家能力投资；它们的目标都是最大限度地提高自己的收益。然后，本文用简化型工具变量法估计出了这个模型的各个参数，并用广义矩估计法、系统广义矩估计法和最大似然法估计了它的结构。我们不仅考虑了自治市镇网络的结构（这决定了哪些自治市镇的市政设施能够产生溢出效应），还考虑了地方国家能力的历史来源（这是自治市镇之间的差异的外生原因）。我们认为，某个地区当前的公共物品供给状况和地区繁荣程度，与殖民地时期是否曾经建成过王室道路网络、出现过殖民政府无关，除非它们能够影响本地区和邻近地区的地方国家能力。我们的估计结果表明，政府是否存在，对地区繁荣影响很大；而且各自治市镇的决策是策略互补的。我们发现，在不考虑其他自治市镇的均衡反应的情况下，将所有国家能力低于中位值的自治市镇的能力提高到中位水平，就能使高于贫困线的中等收入人口的比例从 57％ 提高到 60％——其中

---

　　* 本文原题为 "State Capacity and Economic Development: A Network Approach"，作者是阿西莫格鲁、吉麦罗和罗宾逊。达龙·阿西莫格鲁（Daron Acemoglu），麻省理工学院经济学系；卡米洛·加西亚·吉麦罗（Camilo Garcia-Jimeno），宾夕法尼亚大学经济学系；詹姆斯·A.罗宾逊（James A. Robinson），哈佛大学政府系。编译者贾拥民，浙江大学跨学科社会科学研究中心。

　　① 此处的"自治市镇"原文为"municipality"，指拥有政府和警察部门，能够为辖区民众提供公共产品的市或镇（区）。从易于理解的角度，将"municiplaity"直接译为城市或许也可以，但不足以反映哥伦比亚这样的国家的实际情况。

大约有 57％是直接效应，其余 43％则可以归结为溢出效应。不过，如果我们考虑其他自治市镇的均衡反应，那么中位收入人口所占的比例将提高到 68％，因此，均衡网络效应导致的变化也是相当显著的。

关键词：哥伦比亚；经济发展；网络；公共物品；国家能力

State Capacity and Economic Development: A Network Approach

Daron Acemoglu, Camilo Garcia-Jimeno, James A. Robinson

Summerized and tr. Jia Yongmin

Abstract: We study the direct and spillover effects of local state capacity using the network of Colombian municipalities. We model the determination of local and national state capacity as a network game in which each municipality, anticipating the choices and spillovers created by other municipalities and the decisions of the national government, invests in local state capacity and the national government chooses the presence of the national state across municipalities to maximize its own payoff. We then estimate the parameters of this model using reduced-form instrumental variables techniques and structurally (using GMM, simulated GMM or maximum likelihood). To do so we exploit both the structure of the network of municipalities, which determines which municipalities create spillovers on others, and the historical roots of local state capacity as the source of exogenous variation. These historical instruments are related to the presence of colonial royal roads and local presence of the colonial state in the 18th century, factors which we argue are unrelated to current provision of public goods and prosperity except through their impact on their own and neighbors' local state capacity. Our estimates of the effects of state presence on prosperity are large and also indicate that state capacity decisions are strategic complements across municipalities. As a result, we find that bringing all municipalities below median state capacity to the median, without taking into account equilibrium responses of other municipalities, would increase the median fraction of the population above poverty from 57% to 60%. Approximately 57% of this is due to direct effects and 43% to spillovers. However, if we take the equilibrium response of other municipalities into account, the median would instead increase to 68%, a sizable change driven by equilibrium network effects.

Keywords: Colombia; economic development; networks; public goods; state capacity

JEL Classification: H4; H7; P16.

一、引　言

在西方各国，中央和地方政府有能力执行法律、维持秩序、规范经济活动和提供公共物品。对此，人们早就习以为常了。但是，无论是在历史上，还是在现实中，世界上最不发达的许多国家和地区的政府都缺乏这种能力。

国家能力对经济发展至关重要这种观念，很早以前就隐含在了托马斯·霍布斯和马克斯·韦伯的论著当中，不过，它真正开始引起广泛关注却是在"东亚奇迹"出现之后。约翰逊、阿姆斯登和韦德等许多著名学者都认为，东西各国之所以能够取得世界瞩目的经济成就，一个关键就在于它们的政府拥有一系列能力，是"强政府"（Johnson, 1982；Amsden, 1989；Wade, 1990）。另一些学者则把非洲国家和拉丁美洲国家的失败与它们的有限的国家能力联系了起来（例如，Herbst, 2000；Centeno, 2002）。这种观点还得到了来自跨国实证研究（Gennaioli & Rainer, 2007），以及对国内经济发展原因的实证研究（Michalopoulos & Papaioannou, 2013；Bandyopadhyay & Green, 2012）的证据的支持。

本文研究了哥伦比亚的自治市镇的国家能力对公共物品的提供和当地繁荣的影响。我们将"国家能力"定义为国家职能部门、机构和公务员的存在，这反映了曼恩（Mann, 1986, 1993）所称的国家的"基础能力"的一个方面。哥伦比亚是进行这类研究的理想的"天然实验室"。首先，在这个国家，全国各地的地方政府组织形式、公共物品提供方式和繁荣程度非常多样化。其次，在哥伦比亚，地方国家能力的许多方面也都是由地方政府决定的，例如，公证处、保健中心、卫生站、学校、图书馆、消防局、监狱、契税登记处、税捐稽征处等机构或组织，全都由地方政府设立和管理。最后，殖民地时期的"国家存在状态"是哥伦比亚各地方政府之间的国家能力差异的潜在外生来源，对我们在实证研究中处理内生性和反向因果关系、分离国家能力的影响与其他社会和制度因素的影响有特别重要的意义。我们将关注于殖民地公共机构、殖民地政府官员以及殖民地时期的"王室道路"网络这三个历史因素。例如，虽然殖民地时期的道路网络现在已经消失，但是在我们研究地方政府存在的历史、建设和扩展地方国家能力的成本的时候，这仍然是一个非常有吸引力的信息来源。

本文的主要贡献在于，与本领域的其他文献不同，我们构建模型，分析了自治市镇的国家能力对邻近自治市镇（下文中简称"邻居"）的公共物品提供和经济繁荣的影响。我们预测这种"邻居外部性"之所以很重要，主要有以下两个原因（实证分析结果也证明了这一点）。第一，两个自治市镇之间的边界通常是多孔性的；第二，在国家能力完全丧失的地区建立有效的官僚机构将会更加困难得多。

这类跨区效应还意味着，对于每个自治市镇来说，国家能力建设是一个策略性的决策问题。当自治市镇能够搭自己的邻居的便车的时候，国家能力决策就可能是策略互替的；而当自治市镇发现要建设自己的邻居缺乏的某种国家能力很困难，或没有多大好处时，这种决策就会是策略互补的。还有其他一些重要原因也会导致策略互补性，包括：（1）当邻近地区有一个运行得非常好的政府时，本地区的选民就更加可能会提高对政客的要求；（2）在应对某些特殊情况，比如打击有组织犯罪或防治传染性疾病时，自治市镇可能会力不从心；（3）司法制度通常不会只适用于一个自治市镇的管辖范围。

在我们构建的国家能力网络博弈模型中，每个自治市镇在考虑中央政府和自己的邻居的行动的前提下，做出自己的国家能力决策，从而把上述策略性因素都容纳进来了。我们这个模型的关键参数是：（1）自治市镇自身的国家能力对公共物品的供给和繁荣的影响；（2）对对邻居的外部性；（3）关于国家能力决策如何依赖于邻居的国家能力的最优反应方程的参数。在估计这些参数的过程中，我们还说明了，为什么那些忽视了内生性问题，或者没有考虑互动的网络结构的实证研究都只能得出误导性的估计结果。

我们估计出来的"最优反应"方程表明，自治市镇的国家能力决策在所有情况下都是策略互补的。我们还使用线性工具变量法、广义矩估计法和最大似然法估计了自治市镇自身的国家能力和它的邻居的国家能力对公共物品供给（入学率、公共服务覆盖率）和繁荣（以生活质量指数和贫困率为代理变量）的影响。

我们的基准估计结果表明，如果国家能力低于中位水平的那些自治市镇的国家能力都提高到中位水平，那么就会产生一个直接的"局部均衡"效应（因为国家能力高于中位水平的那些自治市镇的国家能力没有发生变化）：贫困率的中位值将降低3个百分点，公用事业（电力、自来水和污水处理系统）的覆盖率中位值将提高4个百分点，中学入学率中位值也将提高3个百分点。不过，"全局均衡"效应却有很大的不同：当我们考虑了国家能力高于中位水平不变的那些自治市镇的均衡反应后，公用事业覆盖率中位值提高了10个百分点，贫困率中位值下降了11个百分点，中学入学率中位值则增加了26个百分点以上。这些结果应该归因于网络效应，它不仅突显了国家能力对发展的核心作用，而且也说明了将完全均衡效应考虑在内的重要性。

这些估计结果是稳健的。首先，在仅考虑来自邻居的邻居的影响（而不是依赖于所有邻居的变化）时，得到的结果是类似的；其次，如果不控制当前的道路网络的影响（我们的基准结果是控制的），结果也类似；第三，如果只考虑部分工具变量，结果仍然基本不变；最后，如果对源于不同的邻居的溢出效应赋予不同的权重，甚至允许溢出效应超出邻近区域时，结果还是非常类似。

接着，我们扩展了结构模型，把中央政府的决策也考虑了进来。在哥伦比亚，许多政府雇员都是自治市镇雇用并支付工资的（所需资金则在很大程度上依赖于来自中央政府的转移支付）；不过，警察和法官的数量则是由中央政府决定的。虽然，将中央政府与自治市镇之间的互动纳入结构模型之后，对地方国家能力的影响的估计结果的影响并不大，但是这使我们有机会估计决定国家能力在全国的分布状况的一些因素。

据我们所知，以往的研究，都没有估计过（自治市镇层面的）地方国家能力对本地发展的影响，而且也没有在这个语境下考虑过网络外部性和策略性互动问题。不过，最近出现的一些文献开始关注国家能力的出现以及缺乏国家能力的政府的可持续性等问题。阿西莫格鲁认为，缺乏国家能力的政府不利于经济发展，因为统治者预计到未来无法加税，因此不会投资于国家建议或增加公共品的供给（Acemoglu, 2005）。贝斯利和佩尔森（Pesley & Persson, 2009, 2011）也强调国家能力的重要性，他们还证明，如果每个群体都担心自己打造的国家在未来将会被用来对付他们自己，那么国家能力建设就会止步不前。我们构建的模型则突出了一种新的效应：如果中央政府未能发挥作用，那么国家能力建设就有可能被拖慢，因为地方政府倾向于忽略自己在国家能力建设中的投资对邻居的溢出效应，因此通常会投资不足。我们估算出来的外部性相当可观，因此这种效应在实践中可能非常重要。

从理论的角度来看，我们所使用的网络博弈是布拉姆韦尔、克兰顿和德阿摩尔的模型（Bramoulle, Kranton & D'Amours, 2012）的推广。而从实证的角度来看，布拉姆韦尔等人提出了一个创造性的识别网络效应的方法（Bramoulle, et al., 2009），他们避开了网络内生性，而只关注邻居的邻居的特性。我们则采用了不同的估计策略（虽然如前所述，我们的结果在运用他们的方法时也是稳健的），利用了自治市镇自身及其邻居的国家能力的历史外源性数据，以确保一致性，这样一来，即使被忽略到的因素存在某种空间相关性，也不会有影响。考虑相关问题的文献已经出现了不少，但是据我们所知，它们都没有采用类似于我们的估计策略，也没有把结构性建模和历史工具变量结合起来。

本文的结构如下。第 2 节讨论了哥伦比亚这个国家的背景，重点介绍了它的地方政府和中央政府的缺点。第 3 节构建了一个在网络中进行国家能力投资的模型。第 4 节介绍我们的数据。第 5 节讨论我们的实证研究策略，给出了我们的主要估计结果。这节中使用的是不考虑中央政府的简化模型。第 6 节则介绍了使用一般模型（考虑中央政府）的结果。第 7 节是结论。

二、背景介绍

本节先简要概述哥伦比亚的国家能力的历史发展过程。从历史上看，哥伦比亚的国家能力的最大特点有两个，第一，平均而言，国家能力相对缺乏；第二，变异性极大。

1870 年，哥伦比亚的总人口约为 270 万，州一级和国家一级的政府雇员的总数为 4500 人，或者说，官僚—居民比（人均政府雇员数）仅为 0.0015（Palacios & Safford, 2002）。作为对比，美国 1870 年的人均政府雇员数为 0.011，比哥伦比亚整整高出了一个数量级（1870 年美国人口普查数据）。

在进入 20 世纪之前，哥伦比亚政府一直无力提高财政收入（财政能力是国家能力的关键指标之一）。直到 20 世纪 70 年代，哥伦比亚的税收收入仍然只占国内生产总值的大约 5%（Rincon & Junguito, 2007）。因此，许多偏远地区并没有在经济上和政治上完全融入这个国家。

哥伦比亚国家能力低下有多个历史原因。在殖民地时期，西班牙严格限制民众移居到美洲殖民地，这使得哥伦比亚的欧洲裔居民数量极少，因而无法有效地呼吁改善殖民地政府的治理。殖民地政府也习惯于直接压榨土著人，例如，要求他们交纳贡品和服劳役，而没有致力于建立和完善作为国家能力的根基的税收制度。这个国家的地理条件也限制了政府的管治范围。自南向北延伸的安第斯山脉把整个国家分割成了若干个相对独立的地区。因此，殖民地政府的有效管辖地区只是为数很少的几个城镇以及它们周围的土地。例如，在 1794 年，仅仅首都波哥大和卡塔赫纳港（它是哥伦比亚最重要的奴隶和黄金贸易集散地）这两个地方的"王室雇员"就占了整个"总督辖区"的 70% 以上。

哥伦比亚独立后，仍然沿袭了殖民地的财政体制，直到自由党于 1850 年掌权之后，这种情况才发生了改变（Jaramillo, Meisel, and Urrutia, 2006）。自由党政府致力于削减关税、抑制垄断，结果却造成了财政危机，更进一步削弱了原本就孱弱不堪的政府（Deas, 1982）。19 世纪中叶，哥伦比亚成了一个联邦制国家，中央政府的国家能力不进反退。在这之后直到 1903 年千日战争结束之前，哥伦比亚每个州都拥有自己的军队，因而中央政府甚至无法实现对暴力的垄断（Palacios & Safford, 2002）。

所有这些，使哥伦比亚各级政府普遍缺乏国家能力，同时不同政府彼此之间的差别又非常大。这一点对于我们的研究尤其重要。

三、一个简单的模型：网络中的国家能力建设

基于以往关于网络中的公共品博弈的文献，我们构建了一个简单的网络博弈模型，用来分析地方和国家的国家能力决策。我们的出发点是这样一种观念：一个政体的行政结构图可以看一个有溢出效应的网络。

据此，一个经济体由自治市镇组成的网络以及一个中央政府组成。每个自治市镇都是这个网络中的一个节点，有共同边界的两个基层政府则有线相连（所有的连接都是无向连接）。在这个模型中，每个地区的繁荣取决于当地的自治市镇的国家能力、邻近的自治市镇的国家能力的溢出效应，以及分配给该地区的中央政府的国家能力。我们还让

溢出效应的强度依赖于哥伦比亚的地形地貌特征。所有自治市镇以及中央政府都同时选择自己的国家能力水平，目的是最大化自己的支付。它们的支付是其国家能力的相对成本和相对收益的函数（国家能力的成本曲线是凸的）。这个模型决定了地方国家能力和中央国家能力在各自治市镇之间的均衡分布，以及由此而导致繁荣的均衡分布。

我们忽略了自治市镇内部的政治经济关系，对中央政府与自治市镇之间的关系也用简化形式表示。很自然，第一步是要分析本地居民源于当地自治市镇的国家能力的好处与源于邻居的好处有什么不同。

（一）网络结构和偏好

令 i 代表一个自治市镇，F 为一个 $n \times n$ 矩阵，它的每个元素 f_{ij} 由下式给出：

$$f_{ij} = \frac{1}{1 + \delta_1 d_{ij} \left(1 + \delta_2 e_{ij}\right)}$$

其中，d_{ij} 表示自治市镇 i 和 j 之间的距离，即，将它们的质心连接起来的最短线段的长度；e_{ij} 是一个变异性测度，用来衡量沿着将 i 和 j 的质心连接起来的最短线的顶垂线的变化。f_{ij} 是一系列参数，分别代表各自治市镇之间的溢出效应的衰减速度，其大小取决于整个"景观"的"地形特征"。这一点对于哥伦比亚有特别重要的意义，因为哥伦比亚各地区地形条件差异很大，而且瞬息万变。

令集合 $N(i)$ 表示与自治市镇连接的所有自治市镇，这意味着这些自治市镇会对 i 产生溢出效应。在我们的基准模型中，$N(i)$ 指的就是与 i 相邻的各自治市镇；不过，也可以用其他方法来定义 $N(i)$，例如，可以从一定距离内任意两个城市之间的联系来定义，即不仅包括邻居，而且还包括邻居的邻居；或者，也可以将它定义为彼此间有一定强度的连接的所有自治市镇。

矩阵 $N(\delta)$ 则表示相应的对称矩阵，它的元素 n_{ij} 代表两个自治市镇 t 和 j 之间的连接以及两者之间任何可能发生的任着沿着连接传播的溢出效应的强度：

$$n_{ij} = \begin{cases} 0 & , \ if \ j \notin N(i) \\ f_{ij} & , \ if \ j \in N(i) \end{cases}$$

　　某个自治市镇所属地区的繁荣体现在多个维度上，它们都取决于该自治市镇自身的国家能力和邻居的国家能力：

$$p_i^j = \left(k_i + \xi_i\right)s_i + \psi_1 \mathrm{N}_i(\delta)s + \psi_2^j \mathrm{N}_i(\delta)s + \varepsilon_i^j \tag{1}$$

其中，p_i^j 是自治市镇 i 的第 j 个繁荣维度（$j = 1, 2, \cdots, J$），s_i 是自治市镇 i 的国家能力（$s_i \in [0, \infty)$）。此外，$k_i + \xi_i$ 表示自治市镇 i 自身的国家能力对繁荣的影响，这种影响随自治市镇不同而不同，它取决于一个可以观察的分量 k_i（这个参数将被设定为自治市镇的历史和其他特征的函数）和一个不可观察的分量 ξ_i（这只是对计量经济学家而言的。这个参数将被设定为随机效应）；许多因素都能影响这两个参数：地理的、历史的、政治的、社会的。ψ_1 刻画的是某个地区的繁荣与邻居的国家能力之间的互动（或交叉）效应），ψ_2^j 刻画的是邻居的国家能力对本地区的第 j 个繁荣维度的直接影响。$\mathrm{N}_i(\delta)$ 指网络矩阵的第 i 行，s 则是代表国家能力水平的完整列向量。最后，ε_i^j 代表自治市镇和计量经济学家都无法观察到的零均值不可观察变量。在分析的时候，我们将同时使用直接衡量繁荣程度的指标和公共物品供给量这个间接指标。

　　需要注意的是，虽然 ψ_2^j 允许繁荣的不同维度之间有所不同，但是其他参数则不然。这是因为，正如我们在下文中将会看到的，这些参数在一定程度上是可以从不依赖于我们所考虑的繁荣维度的最优反应方程的。

（二）一般情况

　　在我们考虑的最一般的模型中，自治市镇 i 的国家能力是常替代弹性（CES）的当地选择的国家能力 l_i（$l_i \in [0, \infty)$）与中央政府选择的国家能力 l_i（$b_i \in [0, \infty)$）的综合，即：

$$l_i = \left[\alpha_i^{\frac{\sigma-1}{\sigma}} + (1-\alpha)(\tau b_i)^{\frac{\sigma-1}{\sigma}}\right]^{\frac{\sigma-1}{\sigma}} \qquad \sigma > 0 \tag{2}$$

其中，$\tau > 0$ 意味着中央公共机构（或官僚）的影响与当地的国家能力是不同的。

　　每个自治市镇根据邻居和中央政府的决定选择自己的国家能力水平。很显然，在 $\alpha = 0$ 的情况下，中央政府的选择是不相关的。假设自治市镇 i 的偏好的形式如下：

$$U_i = \mathrm{E}_\varepsilon \left[\frac{1}{J} \sum_i p_i^j - \frac{\theta}{2} l_i^2 \right] \tag{3}$$

其中 J 是第繁荣的维度的总数。再假设中央政府的偏好的形式如下：

$$W_i = \mathrm{E}_\varepsilon \left[\sum_i \left\{ U_i \zeta_i - \frac{\eta}{2} b_i^2 \right\} \right] \tag{4}$$

其中 ζ_i 中央政权对赋予每个自治市镇的不同权重，取决于各种政治经济因素，例如，中间选民的分布，或控制地方政治的人的分布。

如上所述，我们假设地方国家能力决策和中央国家能力决策是同时进行的，因此根据一阶条件就可以确定这个博弈的均衡，即，如下的互补松弛形式：

$$\alpha \left[\frac{s_i}{l_i} \right]^{\frac{1}{\sigma}} \left[(k_i + \xi_i) + \psi_1 \mathrm{N}_i(\delta) s \right] - \theta l_i \begin{cases} < 0, l_i = 0 \\ = 0, l_i > 0 \end{cases} \tag{5}$$

上式中，Ψ_1 的符号决定了这到底是不是一个策略互替型博弈（当 $\Psi_1 < 0$ 时），还是一个策略互补型博弈（当 $\Psi_1 > 0$ 时）。容易证明，在策略互补型博弈的任何一个均衡中，所有自治市镇的国家能力投资都严格为正。

在全国层面上，对应于 b_i 的一阶条件意味着中央政府的最优反应是：

$$(1-\alpha) \tau^{\frac{\sigma-1}{\sigma}} \left[\frac{s_i}{b_i} \right]^{\frac{1}{\sigma}} \left\{ \left[\zeta_i(k_i + \xi_i) + \psi_1 \mathrm{N}_i(\delta) s \right] + \psi_1 \mathrm{N}_i(\delta)(s*\zeta) + \frac{\sum_j \psi_2^j}{J} \mathrm{N}_i(\delta) \zeta \right\} - \eta b_i \begin{cases} < 0 \ b_i = 0 \\ = 0 \ b_i > 0 \end{cases} \tag{6}$$

从（6）式可知，在任何一个均衡中，给定任何一组非负权重 ζ，对于所有 i，至少有一个 $k \in \mathrm{N}(i)$，同时对于所有 j，都有 $\Psi_1 > 0$、$\psi_2^j > 0$ 是 $b_i > 0$ 的充分条件。换句话说，如果溢出效应为正，同时博弈是策略互补性的，那么中央政府不会给自治市镇 i 分配任何国家能力的唯一途径是自治市镇 i 的权重及其他的邻居的权重都为零。正如我们在下文中将会阐明的，从我们的数据来看，地区国家能力投资和中央国家能力投资都严格为正，因此我们可以专注于内部均衡。下面这个结果是显而易见的：

命题 1：这个博弈存在一个纯策略均衡的充分条件是，（i）$\Psi_1 > 0$，或者（ii）$\alpha < l_i^{\frac{\sigma+1}{\sigma}} s_i^{\frac{\sigma-1}{\sigma}}$。

从这个博弈的策略互补性（$\Psi_1 > 0$），或者从角谷不动点定理以及支付函数的凹性出发，都可以证明纯策略均衡的存在。命题 1 的条件中的不等号保证了，自治市镇 i 的支付函数是凹的。即使条件（ⅰ）或（ⅱ）都不能满足，那么只要互动效应 Ψ_1 的量级足够小，也可以保证均衡的存在在。

至于均衡的唯一性，最近的研究（Allouch, 2012）表明，对那些存在非线性最优反应的网络博弈，最优反应的斜率存在上限就是均衡唯一性的充分条件，而且这个上限是网络矩阵 $N(\delta)$ 的最小特征值的函数。这是因为，网络矩阵的特征值刻画了溢出效应的性质——随着在网络结构上的传递，是衰减还是放大。这个结果也适用于我们的模型。把网络矩阵 $N(\delta)$ 的最小特征值记为 $\lambda_{\min}$，我们就有：

命题 2（Allouch, 2012）：如果对于网络博弈中的每个参与人，都有 $1 + \dfrac{1}{\lambda_{\min}\left(N(\delta)\right)} < \left(\dfrac{\partial l_i}{\partial N(\delta)s}\right)^{-1} < 1$，那么该博弈拥有唯一一个纳什均衡。

对于估计出来的参数向量 $(\alpha, \sigma, \Psi_1, \delta)$，命题 1 和命题 2 中的条件都是易于核实的。方程式（1）、（5）和（6）决定了国家能力和繁荣的联合均衡分布。

（三）线性情形（当 $\alpha = 1$ 时）

在线性情形下（当 $\alpha = 1$ 时），我们的模型将大为简化。在这种情况下，方程式（5）中的 $S_i = l_i$，从而使中央政府的选择变得不再相关。由此，方程式（5）就变成了对邻居的国家能力的线性反应：

$$s_i = \frac{\Psi_1}{\theta} N_i(\delta)s + \frac{k_i}{\theta} + \tilde{\xi}_i \qquad (7)$$

其中，$\tilde{\xi} = \dfrac{\xi_i}{\theta}$。将方程式（7）代入方程式（1），就可以得到某个地区的繁荣与自身及邻居的国家能力的关系：

$$p_i^j = \theta s_i^2 + \psi_2^j N_i(\delta)s + \varepsilon_i^j \qquad (8)$$

方程式（8）表明，在确定自治市镇自身的国家能力对繁荣的影响（k_i，ξ_i）和交互效应 Ψ_1 时，应该多加小心。这是因为，自治市镇的最优选择保证了，k_i、ξ_i 和 Ψ_1 都不会体现在繁荣与国家能力之间的关系当中。相反，这种回归（再加上溢出参数 Ψ_2）只能辨识出成本参数 α。不过，运用我们的实证研究方法（详情见下文），能够克服这个困难。

如前所述，从凹性（和角谷不动点定理）就可以直接得出纯策略均衡存在的结论; 而且内部 (正) 均衡——即, 所有自治市镇的国家能力投资均为正——的唯一性也是有保证的, 因为这样一个均衡可以由一组线性方程的解给出。然而, 多重均衡 (其中一些自治市镇选择零投资) 也是可能的。布拉姆韦尔、克兰顿和德阿摩尔的模型 (Bramoulle, Kranton and D'Amours, 2012) 给出了均衡唯一性一个充分条件, 将它与均衡的存在性条件结合起来, 我们有:

命题 3 (Bramoulle, Kranton & D'Amours, 2012): 如果 $\left|\lambda_{\min}\left(N(\delta)\right)\right| < \left(\frac{\Psi_1}{\theta}\right)^{-1}$, 则存在唯一的均衡。

这个命题所指出的唯一性也可以用估计出来的参数向量 (θ, Ψ_1, δ) 进行验证。

方程式 (7) 和 (8) 决定了自治市镇国家能力和繁荣的联合分布。参数 θ 可以利用 (8) 式确定; 给定这个参数, Ψ_1 可以从 (7) 式估计出来的内生效应中得出, 而各 k_i 的平均值则可以从该式的截距项得出。当然, ξ_i 和 ε_i^j 也可以包括 "未观察到的关联效应" (事实上, 我们一直允许它们包含任意空间相关性)。我们的经验研究策略是, 依靠作为差异来源的历史数据来解决这个问题。

四、数据描述

我们所使用的数据集可以归纳为: $\left\{\left(P_i, l_i, b_i, x_i, c_i\right)_{i=1}^n, D, E, A\right\}$。它包括了用来描述繁荣程度的各个维度的横截面数据 P_i、地方政府和中央政府做出的国家能力决策 (分别用 l_i 和 b_i 表示)、自治市镇的特征 x_i, 以及殖民地时期 "国家存在状态" 特性 c_i。此外, D、E 和 A 都是 $n \times n$ 矩阵, 分别包含了每对自治市镇的质心之间的短程线的长度、用来表示这些短程线的高度的指标, 以及每对自治市镇的质心之间的邻接状态。

我们这些数据来自多个来源。其中, 一个哥伦比亚非政府组织, 哥伦比亚社会基金会 (Fundacion Social) 收集和整理详尽的政权状态数据构成了我们的主样本。在 1995 年, 哥伦比亚共有 1103 个自治市镇, 社会基金会收集了其中的 1019 个的数据。

表 1 给出了所有数据的描述统计学特征。对于每个自治市镇, 截面数据包括: 地方管理的公共部门雇员人数; 中央管理的公共部门 (中央直属) 雇员人数; 地方层面的公共机构的数量, 包括警察局、法院、公证处、电信局、邮政局、农业银行营业网点、公立医院、卫生中心、公共卫生站、公立学校、公立图书馆、消防局、监狱、契税登记

处，以及税收征管办公室。

表 1　数据描述

	Variables	Mean	Median	Std.Dev.
State capacity	Local-level state agencies	21.6	10.0	105.1
	Local-level municipality employees	99.6	20.0	843.4
	National-level municipality employees	1038.9	220.0	7900.2
Prosperity	Life quality index	49.8	48.0	9.9
	Pablic utilities coverage rate	53.7	53.4	21.5
	Fraction of population above poverty line	56.4	57.2	14.3
	Secondary enrollment rate	56.9	56.4	23.5
	Primary enrollment rate	96.8	100.0	9.5
	Vaccination coverage rate	45.2	43.8	16.8
Historical variables	Colonial state officials	5.7	0.0	122.9
	Colonial state sagencies	0.6	0.0	0.9
	Distance to royal roads(kms.)	26.1	13.8	34.6
	Population in 1843(000)	2.9	2.9	2.1
Network variables	Number of neighbors	5.5	5.0	1.8
	Geodesic distance to neighbors(kms.)	27.8	22.7	17.7
	Geodesic variability in elevation to neighbors	0.8	0.7	0.5
Covariates	Distance to current highway(kms.)	3.1	1.5	6.5
	Longitude	−74.8	−74.8	1.5
	Latitude	5.6	5.5	2.4
	Surface area(sq.kms)	669.3	273.5	1425.1
	Elevation(mts.)	1206.7	1265.0	897.7
	Average annual rainfall(mm.)	1894.6	1630.5	1067.1
	Population(000)	37.4	13.8	200.5
	Number of municipalitles			1019

　　因为我们的理论框架强调并需要充分利用地方和中央对国家能力的选择之间的差异，所以必须分清楚自治市镇中分别归属于地方政府和中央政府的雇员人数。根据哥伦比亚法律，警察局、法院和公立医院属于中央政府的责任，农业银行营业网点的选址也

部分由中央政府决定，所有其他机构则全部归自治市镇管辖。正如引言所述，我们关注的东西与"国家能力的基础设施"密切相关，因此用两个指标来度量地方国家能力 l_i：（a）自治市镇的官员的数量（不包括警察、法官以及所有其他执法人员，公立医院员工也排除在外）；（b）自治市镇所属全部机构的总数，即公证处、电信局、邮政局、农业银行营业网点、公立医院、卫生中心、公共卫生站、公立学校、公立图书馆、消防局、监狱、契税登记处，以及税收征管办公室的总数。而在衡量中央政府的国家能力时，我们只使用国家公职人员的数量一个指标。

在哥伦比亚，自治市镇有三个主要的收入来源：地方税（大头是工商税和财产说）、采矿活动费，以及来自中央政府的转移支付。虽然法律规定，在所有转移支付中，用于教育的至少占 60%、用于卫生的至少占 20%，但是，具体的分配和使用则由自治市镇全权决定。

为了测度各地区的繁荣程度，我们也收集了来自不同来源的数据。洛斯安第斯大学的经济发展研究中心（Centro de Estudios sobre Desarrollo Economico）为我们提供了 1992 年至 2002 年的小学和中学平均入学率数据。我们还从联合国人道主义事务协调办公室收集到了 2002 年的有关输水网络、污水管道、供电网络覆盖率和疫苗接种率的数据。最后，从哥伦比亚国家统计局，我们获得了 1993 年和 2005 年的贫困人口（低于贫困线）比例，以及国民生活质量指数。根据这些数据，我们重点分析了以下四个可能取决于地方国家能力的"繁荣成果指标"：（a）生活质量指数 p_i^1，（b）2002 年的平均公共服务覆盖率 p_i^2（综合考虑输水网络、污水管道、和供电网络），（c）2005 年生活水平高于贫困线的人口所占的比例 p_i^3，以及，（d）中学入学率 p_i^4。尽管这四个繁荣指标是正相关的，但是它们的具体分布却是显著不同的，因此都有可能提供一些重要信息。

与上述四个指标不同，小学入学率和疫苗（接种）覆盖率则不取决于地区国家能力。事实上，哥伦比亚宪法规定，必须普及小学教育。如表 1 所示，哥伦比亚小学入学率的平均水平已经非常高了，而且各地之间的差异极少。另外，哥伦比亚全国的疫苗接种工作也是由卫生部直接负责的。因此，在进行鲁棒性检验时，我们将利用这两个指标来进行否证性测试。除此之外，我们还利用了历史识字率和入学率指标（源于 1918 年全国人口普查数据）。

我们构建的自治市镇邻接矩阵 A 是以哥伦比亚国家地理研究所（IGAC）提供的地

图为基础的。利用 Arc-GIS 地理信息系统，我们算出每一对自治市镇的质心之间的短程线的长度（即测地距离），以及衡量每一对自治市镇的质心之间的短程线海拔高度的变异性的指标（即测地海拔变异性）e_{ij}，它可以刻画一种"摩擦力"，即，将两个自治市镇连接起来的路线越不平坦，那么它们之间建立联系、产生溢出效应的机会就会越低。更具体地说，我们根据短程线的海拔高度，将它们分别划入不同的区间，然后计算出每个区间的平均海拔高度。因此，e_{ij} 就体现为各区间的平均海拔高度之间的方差（每个区间都已经以其长度为权重进行加权）。这些数据反映在矩阵 E 中。

如前所述，我们还充分利用了各殖民政府的历史特征之间的差异性。这些数据源于杜兰和迪亚兹收集的文献资料（Durany & Diaz, 1794）。这些文献资料包括整个总督辖区所有殖民地官员的完整名单，还留下了关于多个殖民地机构的详细记录。据此，我们计算出了殖民地时期西班牙王室雇员人数，并设定了一系列指标，以反映是否存在销售税（及相应的征税机构）、是否存在烟店或牌馆（及相应的专卖机构）、是否存在酒铺或火药店（及相应的专卖机构），以及是否存在邮局。除了这些变量之外，我们还从历史地图（Useche, 1995）中获得了关于王室殖民地道路网络的位置的数据，并运用地理信息系统计算出了每个自治市镇的质心与最近的王室道路之间的距离。根据这些数据，我们构建了刻画殖民地时期"国家存在状态"的三个统计量：（a）西班牙王室在殖民地的雇员的人数 c_i^1，（b）殖民地公共机构的数量 c_i^2，（c）到最近的王室道路的距离 c_i^3。最后，我们的主要协变量包括：距离当前的高速公路的距离、经度、纬度、面积、海拔高度和年平均降水量，以及 1995 年的人口（对数值）。

五、实证研究策略及结果

前述结构模型能够完全决定均衡国家能力决策以及繁荣程度的截面分布，换句话说，可以认为截面数据反映了一个自适应的长期动态过程的停驻点，同时命题 2 和命题 3 的唯一性条件也能够保证动态过程向均衡收敛。我们的实证研究策略包括了好几个方面。首先，我们讨论一下在简化的博弈模型（即，当 $a=1$ 时）中使用历史工具变量时的排除约束——同样的结论也适用于更一般的模型的排除约束。然后，我们再详述各种估计策略以及相应的实证研究结果。总体而言，各自治市镇的国家能力投资决策是策略性互补的，同时这种互补性又足够弱，能够保证我们估计出来的参数总是与网络博弈只有一个唯一的均衡这个事实相符。我们的研究结果表明，所有繁荣成果都在很大程度上取决于国家能力的整体水平，而且国家能力的溢出效应也是显著的。从数量上看，在局部均衡中，某个自治市镇自身的国家能力的影响要大于它的邻居的国家能力的平均影响。但是，在全局均衡中，情况却完全不同：网络效应是自身效应的 5 至 10 倍。

（一）排除约束

我们的实证研究面临三种不同的挑战。首先，从网络均衡条件可知，每个自治市镇的最优反应意味着，自身效应 Ψ_1 和互动效应 k_i 都不会体现在繁荣与国家能力之间的关系式当中（见式［8］）。不过，它们却能够从最优反应方程式（9）中得出。具体地说，该方程的斜经与互动效应成正比，而它的截距则与自身效应成正比。在前文中，我们已经讨论过，自身效应是异质性的，每个自治市镇都可能不同。我们还指出，殖民地时期的"国家存在状态"可能改变后续的国家能力投资的相对成本和相对收益，并进而改变自身效应的大小。这也就意味着，殖民地时期的"国家存在状态"可以解释为最优反应方程的转换器。

第二，策略互补性或互替性的大小的估计（即，对 Ψ_1 的估计）必定涉及对一种"内生效应"的估计——因为自身的国家能力依赖于邻居的国家能力。由于还存在着反射问题和空间相关性（通过邻居发挥作用），这个实证问题就更加复杂了（Manski, 1993）。网络互动意味着，即使方程式（7）中的 $\tilde{\xi}_i$ 是纯粹的噪音，仍然会出现 $\text{cov}\left(\text{N}_i\left(\delta\right)s,\tilde{\xi}_i\right)\neq 0$。（自始至终，我们都允许 $\tilde{\xi}_i$ 以及繁荣方程式中的误差项 ε_i 存在着任意的空间相关性。）

要估计邻居的国家能力的影响，就需要邻居的国家能力的变异性的有关数据。文献中通常的做法是利用网络结构特征，即，把邻居的邻居（即，不是自己的直接邻居）的协变量作为工具变量（Bramoulle, Djeebari and Fortin, 2009）。但是，这种方法可能无法完全克服直接邻居之外的相关性。我们的方法也利用了网络结构，不过，其关键则在于，以殖民地时期的"国家存在状态"和王室道路网络为变异性来源（k_i 的"转换器"）。

这种以殖民地时期的"国家存在状态"（以及距离王室道路网络的距离）的历史变量为最佳反应函数的转换器的策略，可以得到稳健的结果。事实上，对于我们来说，核心的识别（排除）约束就是，这些历史变量与最优反应方程式（7）中的误差项以及任何相关效应都是正交的，这就是说，$\mathrm{cov}\left(\mathrm{N}_i(\delta)c,\tilde{\xi}_i\right)=0$ 且 $\mathrm{cov}\left(\mathrm{N}_i^2(\delta)c,\tilde{\xi}_i\right)=0$，其中 $\mathrm{N}_i^2(\delta)$ 指邻居的邻居的矩阵。

　　第三，如式（8）所示的繁荣方程的估计也面临着许多实际的困难。即使不存在溢出效应和策略互动，国家能力也是内生的（这意味着 $\mathrm{cov}(s_i,\varepsilon_i)\neq0$ 且 $\mathrm{cov}\left(\mathrm{N}_i(\delta)s,\varepsilon_i\right)\neq0$），由于空间相关性的存在，这个问题会变得更加严重。因此，要可靠地估计 θ 和 Ψ_2，就需要一些满足合理的排除约束的信息（估计出 θ，我们就能够确定 Ψ_1 和 k_i 的大小；估计出 Ψ_2，我们就可以了解国家能力的溢出效应的大小）。根据假设（排除约束），邻居的，以及邻居的邻居的殖民地时期的"国家存在状态"和它们与王室道路系统的距离这些变量是正交的，因此它们可以作为工具变量，而无须考虑影响当前的公共物品供给和繁荣状态的任何关联效应。这就是说，排除约束是：$\mathrm{cov}\left(\mathrm{N}_i(\delta)c,\varepsilon_i^j\right)=0$ 且 $\mathrm{cov}\left(\mathrm{N}_i^2(\delta)c,\varepsilon_i^j\right)=0$。于是，我们就可以利用关于 i 的邻居的最优反应的变化的信息了。

　　这些排除约束反映了哥伦比亚这个前殖民地国家的特殊性质。哥伦比亚殖民地时期，"国家存在状态"——用王室官僚体系的规模和公共机构的数量来衡量——从地理分布的角度来看是非常不均衡的。绝大部分"国家存在"都集聚在特定的地区，其他地区则几乎是一片空白，表现出了极大的空间异质性。西班牙王室的殖民策略导致官僚和公共机构集中在了少数几个特殊的城市，并实现了对周边区域的控制和管辖。正因为如此，国家存在度相对较高的那几个城镇是被更多的国家存在度相对较低的包围。这种殖民策略与西班牙王室的目标和面临的约束条件有关。例如，在 17 世纪和 18 世纪大量开采金矿的那些地区，殖民官员和机构的存在的主要目的是征收与黄金开采有关的税收，因此基本沿着金矿矿脉布局。而在西班牙殖民者及其后代聚居的地区，他们对公共服务（例如，法律裁决）和市场规范的需求则导致了另一种殖民地国家存在状态。最后，在地理位置具有重要军事战略意义的地区，如加勒比海沿岸地区或马格达莱纳河（那是当时的主要交通要道）边的战略要地，西班牙殖民政府的存在是以军事目标为核心的。我们的数据表明，各殖民政府之间的空间相关性很低（或为负），这一点与它们的目标各不相同的事实一致。这也就支持了我们的排除约束——要求历史变量与任何未观察到的、可能影响目前的国家能力、公共物品供给和繁荣程度的相关效应都是正交的。

252

　　我们还收集了王室道路网络的有关数据，用来当作殖民地时期国家存在状态的代理变量。王室道路网络是殖民时期交通基础设施方面的主要投资（Useche, 1995）。由于殖民地时期的王室道路网络几乎不可能直接转化为现代的公路或铁路（Pachon & Ramirez, 2006），所以尽管这些道路的位置精确反映了殖民地时期国家存在的状态以及西班牙殖民当局希望控制的地区的分布，但是绝大部分王室道路后来都被放弃了，因此也就不可能直接影响当前的国家能力、公共物品供给或繁荣程度（尤其是，我们还控制了当前道路网络）。数据还表明，与王室道路网络的距离的空间相关性也是非常微弱的（尽管其数值为正）。有了这一点，再加上前面已经指出过的一点（殖民地政府之间的空间相关性为负），我们就无须担心工具变量的空间相关性可能导致的估计偏差的问题。

（二）线性模型的估计结果

　　我们设想了好几种可供选择的估计策略，它们都依赖于上面提到的排除约束。首先，我们假设 $\alpha = 1$，这时，方程式（7）和（8）就是线性的（简化形式的参数是 $\frac{\psi_1}{\theta}$、θ 和 ψ_2^j 1）。如前所述，我们假设最优反应方程的截距 $\frac{k_i}{\theta}$（或等价地，k_i）是一个关于（c_i, x_i）的未知函数 $g(\cdot)$，它依赖于自治市镇所在的地区。这样一来，我们要估计的方程式（7）就变成了以下形式：

$$s_i = \frac{\psi_1}{\theta} N_i(\delta)s + g(c_i\varphi + x_i\beta) + \varsigma^D + \tilde{\xi}_i \qquad (9)$$

　　其中，ς^D 是地区固定效应。类似地，在用来估计繁荣成果的方程中，我们也把自治市镇的特殊和地区固定效应作为潜在的转换器包括进去，于是方程式（8）就可以改写为：

$$p_i^j = \theta s_i^2 + \psi_2^j N_i(\delta)s + x_i\tilde{\beta}^j + \varsigma^{\sim jD} + \varepsilon_i^j \qquad (10)$$

　　第一种策略，也是最直接的策略是，固定 δ 并以一个线性函数（或者一个更一般的多项式）来逼近 $g(\cdot)$，然后就能用线性工具变量来估计方程（9）和（10）了；因此，得先分别估计出方程（7）和（8）。我们的做法是，对于式（9）的基准设定中的 $N_i(\delta)s$，使用如下 6 个工具变量：邻居的王室雇员人数、邻居的殖民机构的数量、邻居与王室道路网络之间的距离、邻居的邻居的王室雇员人数、邻居的邻居的殖民机构的数量、邻居的邻居与王室道路网络之间的距离。

由于我们的模型是过度识别模型，所以能够进行过度识别检验，以验证所用的工具变量的（内部）有效性（在下文中，我们还报告了仅使用部分工具变量时的估计结果）。对于方程式（10）的基准设定，除了使用上述相同的工具变量之外，还考虑了繁荣与国家能力之间的非线性简化形式的关系。

表 2 给出的是，当假设 $\delta = (1, 1)$，并假设 $g(\cdot)$ 是一个线性函数（$g(c_i\varphi + x_i\beta) = a + c_i\varphi + x_i\beta$）时，对于方程式（9）的估计结果。如前所述，在我们的基准估计中，协变量向量 x_i 包括了：经度、纬度、面积、海拔、降水、地区资本虚拟变量、距离当前的公路的距离，以及当前（1995 年）的人口。在表 2 中，我们分别用公共机构的数量（第 1—3 列）和地方雇员的人数（第 5—7 列）度量国家能力；同时，为了便于比较，所有值都是平均边际效应。表中所有标准误差都进行了康利空间相关性调整（Conley，1996），以保证适用于我们的网络结构。

在表 2 中，第 1 列和第 5 列是作为基准的最小二乘估计结果，第 2 列和第 6 列则给出了使用工具变量法时的估计结果（对数人口为外生协变量）。该模型的第一阶段估计结果列示于表的下部，同时还给出了工具变量模型的过度识别检验的结果。从表中可以看出，邻居历史上的殖民政府状态与当前的国家能力之间存在显著的正相关性。这表明这些工具变量是有效的。该表的第 3 列和第 7 列是将人口内生化的结果（以 1843 年的人口数为工具变量）。

表 2 的估计结果表明，各自治市镇之间的网络博弈存在着策略互补性。有趣的是，工具变量估计结果与最小二乘估计结果非常接近。第 3 列的第一个估计值为 0.02，标准误差（s.e.）为 0.003，它意味着，当一个邻居的公共机构的数量从中位水平（10 个）增加到平均水平（21 个）之后，会导致自身的公共机构增加 1.5%。需要指出的是，这是只考虑了直接反应的结果（"局部均衡效应"），并未考虑其他自治市镇的反应（由于策略互补性）的网络效应。

表 2 的第 6 列给出了以另一个衡量国家能力的指标——地方公共部门雇员数——为工具变量时估计出来的 $\frac{\psi_1}{\theta}$（0.022，s.e. = 0.004）。从表中可见，得到的结果与以地方公共机构的数量为工具变量时相当接近。

表 2 的底部给出的是第一阶段估计结果。从中可见，殖民地时期的国家存在状态始终与当前国家能力正相关。当所有衡量殖民地历史状态的指标变量都考虑进来后，殖民

政府官员的数量的影响仍然是显著的；此时，由于各变量之间存在着共线性，殖民地时期的公共机构数与王室道路系统的距离的影响通常是不显著的（不过，在下文将会讨论的广义矩估计方法中，却不然）。不过，如果只考虑部分变量，那么殖民地时期的公共机构数与王室道路系统的距离的影响则是显著的。

表2 对式（9）的估计：最优均衡反应时

State capacity measured as log of	Number of state agencies				Number of municipality employees			
Panel i	(1)	(2)	(3)	(4)	(5)	(6)	(7)	(8)
	OLS	IV	IV	Sys. GMM	OLS	IV	IV	Sys. GMM
	Equilibrium best response							
dsi/dsj	0.016	0.017	0.019	0.020	0.021	0.022	0.022	0.016
	(0.002)	(0.003)	(0.003)	(0.003)	(0.003)	(0.004)	(0.004)	(0.003)
dsi/dcolonial state officialsi	0.127	0.128	0.108	−0.040	0.129	0.130	0.105	0.087
	(0.031)	(0.031)	(0.033)	(0.050)	(0.043)	(0.043)	(0.047)	(0.069)
asi/dcolonial state agenciesi	0.003	0.001	−0.016	0.096	0.017	0.017	−0.002	0.085
	(0.033)	(0.033)	(0.033)	(0.055)	(0.058)	(0.059)	(0.060)	(0.085)
dsi/ddistance to royal roadi	0.008	0.010	0.007	0.074	−0.035	−0.035	−0.038	−0.036
	(0.019)	(0.019)	(0.021)	(0.034)	(0.034)	(0.035)	(0.036)	(0.044)
Panel ii	First stage for Ni(δ)s							
Neighbors's colonial state officials		0.320	0.338			0.556	0.637	
		(0.096)	(0.100)			(0.143)	(0.155)	
Neighbors'colonial state agencies		1.275	1.242			1.673	1.631	
		(0.126)	(0.131)			(0.211)	(0.223)	
Neighbors'distance to royal road		−1.031	−0.992			−1.497	−1.456	
		(0.219)	(0.223)			(0.278)	(0.287)	
Neighbors of neighbors'colonial state officials		0.209	0.269			0.311	0.427	
		(0.170)	(0.177)			(0.240)	(0.258)	
Neighbors of neighbors'colonial state agencies		0.649	0.568			1.085	0.937	
		(0.181)	(0.190)			(0.264)	(0.281)	
Neighbors of neighbors'distance to royal road		0.178	0.172			0.268	0.296	
		(0.169)	(0.173)			(0.231)	(0.236)	
First-stage R-squared:		0.681	0.671			0.681	0.658	
F-test for excluded instruments:		17.0	145.6			19.55	171.0	
F-test p-value		0.000	0.000			0.000	0.000	
Overidentification test: Test statistic		4.053	6.350			4.399	5.775	
Chi-squared(2) P-value		0.542	0.385			0.494	0.449	
Log population	Control	Control	Instrum	Instrum	Control	Control	Instrum	Instrum
Observations	975	975	975	963	1017	1017	1017	1003

下面的表 3A（以公共机构数量为自变量）和表 3B（以公共部门雇员人数为自变量）给出了式（10）的估计结果及其边际效应。第 1 列至第 3 列对应于生活质量指标、第 5 列至第 7 列对应于公共服务覆盖率、第 9 列至第 11 列对应于处在贫困线以上的人口比例、第 13 列至第 15 列对应于中学入学率。同样地，我们先控制了人口因素，然后再以历史人口（1843 年人口普查数据）为工具变量来估计。从表中可见，自治市镇的国家能力的自身效应是相当显著的，同时溢出效应也是可以准确地估计出来的；不过，自身边际效应要比溢出边际效应大一个数量级。表 3A 和 3B 的底部还给出了第一阶段的工具的联合显著性（p 值）。总的来说，工具变量估计结果要比最小二乘估计结果稍小一些，同时，无论人口是被视为外生还是被视为内生的，结果都相差不大。

表 3A　对式（10）的估计：繁荣与公共物品供给——以地方公共机构数量为自变量

State capacity measured as: log of number of municipality state agencies							
Dependent variable	Life quality inedx				public utilities coverage		
Panel i	（1）	（2）	（3）	（4）	（5）	（6）	（7）	（8）
	OLS	IV	IV	Sys. GMM	OLS	IV	IV	Sys. GMM
	Prosperity equation							
dpi/dsi	0.082	0.394	0.389	0.314	0.602	0.563	0.567	0.314
	(0.044)	(0.135)	(0.143)	(0.041)	(0.037)	(0.127)	(0.134)	(0.041)
dpi/daj	0.015	0.024	0.025	0.025	0.022	0.020	0.020	0.027
	(0.004)	(0.006)	(0.006)	(0.004)	(0.004)	(0.006)	(0.006)	(0.003)
Panel ii	First stage for si^2							
F-test for excluded instruments:		31.23	35.39			31.01	35.06	
F-test p-value		0.000	0.000			0.000	0.000	
First-stage R-squared		0.670	0.655			0.670	0.655	
First-stage linear model:	First stage for $Ni(\delta)s$							
F-test for excluded instruments:		526.7	523.7			524.6	522.1	
F-test p-value		0.000	0.000			0.000	0.000	
First-stage R-squared		0.769	0.770			0.769	0.770	
Log population	Control	Control	Instrum	Instrum	Control	Control	Instrum	Instrum
Observations	973	973	973	963	975	975	975	963
State capacity measured as :log of number of municipality state agencies							
Dependent variable	Not in poverty				Secondary enrollment		
Panel i	（9）	（10）	（11）	（12）	（13）	（14）	（15）	（16）
	OLS	IV	IV	Sys. GMM	OLS	IV	IV	Sys. GMM

（续　表）

	Prosperity equation							
dpi/dsi	0.520	0.342	0.353	0.314	0.515	0.178	0.223	0.314
	(0.038)	(0.141)	(0.147)	(0.041)	(0.049)	(0.179)	(0.186)	(0.041)
dpi/dsj	0.019	0.021	0.021	0.021	0.023	0.036	0.035	0.035
	(0.004)	(0.006)	(0.006)	(0.003)	(0.005)	(0.007)	(0.007)	(0.004)
Panel ii	First stage for si^2							
F-test for excluded instruments:		31.01	35.06			30.46	35.70	
F-test p-value		0.000	0.000			0.000	0.000	
First-stage R-squared		0.670	0.655			0.675	0.662	
First-stage linear model:	First stage for $Ni(\delta)s$							
F-test for excluded instruments:		524.6	522.1			579.3	583.1	
F-test p-value		0.000	0.000			0.000	0.000	
First-stage R-squared		0.769	0.770			0.771	0.773	
Log population	Control	Control	Instrum	Instrum	Control	Control	Instrum	Instrum
Observations	975	975	975	963	965	965	965	963

表 3B　对式（10）的估计：繁荣与公共物品供给——以地方公共部门雇员人数为自变量

State capacity measured as :log of number of municipality employees								
Dependent variable	Life quality index				Public utilities coverage			
panel i	（1）	（2）	（3）	（4）	（5）	（6）	（7）	（8）
	OLS	IV	IV	Sys. GMM	OLS	IV	IV	Sys. GMM
	Prosperity equation							
dpi/dsi	0.478	0.247	0.222	0.210	0.263	0.395	0.310	0.210
	(0.023)	(0.092)	(0.090)	(0.023)	(0.022)	(0.111)	(0.103)	(0.023)
dpi/dsj	0.015	0.020	0.022	0.020	0.020	0.013	0.017	0.019
	(0.003)	(0.005)	(0.005)	(0.003)	(0.002)	(0.005)	(0.005)	(0.002)
Panel ii	First stage for si^2							
F-test for excluded instruments:		13.68	27.44			13.28	27.42	
F-test p-value		0.000	0.000			0.000	0.000	
First-stage R-squared		0.571	0.576			0.570	0.575	
First-stage linear model:	First stage for $Ni(\delta)s$							
F-test for excluded instruments:		351.3	459.4			344.4	457.4	
F-test p-value		0.000	0.000			0.000	0.000	
First-stage R-squared		0.759	0.758			0.759	0.758	
Log population	Control	Control	Instrum	Instrum	Control	Control	Instrum	Instrum
Observations	1014	1014	1014	1003	1017	1017	1017	1003

State capacity measured as: log of number of municipality employees								
Dependent variable	Not in poverty				Secondary enrollment			
Panel i	（9）	（10）	（11）	（12）	（13）	（14）	（15）	（16）
	OLS	IV	IV	Sys. GMM	OLS	IV	IV	Sys. GMM

（续　表）

	Prosperity equation							
dpi/dsi	0.233	0.305	0.275	0.210	0.222	0.144	0.216	0.210
	(0.021)	(0.119)	(0.111)	(0.023)	(0.025)	(0.138)	(0.133)	(0.023)
dpi/dsj	0.019	0.013	0.014	0.016	0.020	0.024	0.022	0.024
	(0.003)	(0.005)	(0.005)	(0.002)	(0.003)	(0.006)	(0.006)	(0.003)
Panel ii	First stage for si^2							
F-test for excluded instruments:		13.28	27.42			14.89	29.61	
F-test p-value		0.000	0.000			0.000	0.000	
First-stage R-squared		0.570	0.575			0.585	0.597	
First-stage linear model:	First stage for Ni(δ)s							
F-test for excluded instruments:		344.4	457.4			378.2	495.3	
F-test p-value		0.000	0.000			0.000	0.000	
First-stage R-squared		0.759	0.758			0.767	0.768	
Log population	Control	Control	Instrum	Instrum	Control	Control	Instrum	Instrum
Observations	1017	1017	1017	1003	1006	1006	1006	1003

　　为了进一步评估这些估计结果，我们还进行了一个反事实实验（counterfactual experiment）——即把地方政府的国家存在状态提升到中位水平，结果如表 4 所示。表 4 的第 1 部分只考虑局部均衡效应（假设其他自治市镇的反应不变），结果表明，各繁荣指标都得到了显著的改善，例如，非贫困人口的比例从 57% 上升到了 60%。数据还表明，溢出效应虽然相当可观，但也不是太大。第 2 部分是考虑了通过网络效应表现出来的完全均衡反应时的结果，从表中可见，数量明显要大得多，例如，非贫困人口的比例从 57% 上升到了 68%，这反映了策略互补性的正面影响。（这里涉及的只是表 4 的第 1 部分和第 2 部分，即线性工具变量估计结果。表 4 的第 3 部分和第 4 部分给出的是对一般模型进行反事实实验的结果，下一节将会论及。）

表 4　反事实实验：将自治市镇的国家能力状态提升到中位水平后的结果

Panel ia	Linear model								
Partial equilibrium change in :	Local agencies:		Life quality index		Utilities coverage		% not in poverty		Secondary enroll.
	From	To	From	To	From	To	From	To	From To
Change in median:	10	10	48.0	49.0	53.3	57.2	57.1	60.0	56.6 59.2
Fraction due to own effect:			53.4%		51.7%		57.1%		45.5%
Fraction due to spillovers :			46.6%		48.3%		43.0%		54.5%

（续　表）

Panel ib										
General equilibrium change in:	Local agencies		Life quality index		Utilities coverage		% not in poverty		Secondary enroll.	
	From	To	From	To	From	To	From	To	From	To
Change in median:	10	20.6	48.0	58.2	53.3	73.7	57.1	68.3	56.6	82.4
Fraction due to direct effect:				9.8%		18.9%		25.5%		10.1%
Fraction due to network effects:				90.2%		81.1%		74.5%		89.9%
Panel iia	Non-linear model (under MLE parameter estimates)									
Partial equilibrium change in:	Local agencies		Life quality index		Utilities coverage		% not in poverty		Secondary enroll.	
	From	To	From	To	From	To	From	To	From	To
	10	10	48.0	48.5	53.3	54.5	57.1	58.5	56.6	58.0
Panel iib										
General equilibrium change in:	Local agencies		Life quality index		Utilities coverage		% not in poverty		Secondary enroll.	
	From	To	From	To	From	To	From	To	From	To
Change in median:	10	28.8	48.0	57.3	53.3	74.4	57.1	70.0	56.6	76.39

（三）系统广义矩估计结果

分别估计方程（9）和（10）效率比较低，因为在组成这个方程组的 $J+1$ 个方程中，有一些是交叉方程，因为它们共同依赖于 θ、Ψ_1 和 δ。此外，由于函数 $g(\cdot)$ 的形状一般是未知的，我们希望最优反应的截距对协变量 x_i 和殖民地状态 c_i 的依赖更灵活一些。有鉴于此，我们运用半参数广义矩估计法，对由方程（9）和（10）组成的方程组进行了估计。具体做法是，利用工具变量与方程（9）和（10）中的残差的正交性，构造矩条件，并通过半参数广义矩估计量来估计这个系统的参数，这样，就能够显式地把交叉方程限制包括进去，并允许网络链接非线性依赖于地形特征。[①]

为了确定 δ，我们还加入了一个关于 d_{ij} 和 e_{ij} 的矩条件函数。具体地说，我们使用的是自治市镇 i 与各"邻居"之间的平均距离，以及沿着短程线将自治市镇 i 与各"邻居"连接起来时的海拔的平均变化量。

---

① 在以往文献的基础上（Ichimura & Lee, 1991），我们利用一个灵活的半参数指标函数来估计 $g(\cdot)$，即，只使用经验分布来构造未知函数的条件期望。为了使分布平滑化，我们还使用了一个密度核，它给更近的观察值赋予更大的权重，并把该函数分割为许多档：

$$E\left[g\left(c_i\varphi+x_i\beta\right)\right]=\frac{\sum_{j=1}^{n}\left[s_j-\frac{\Psi_1}{\theta}N_i(\delta)-\varsigma^D\right]K\left(\frac{\left(c_i-c_j\right)\varphi+\left(x_i-x_j\right)\beta}{a_n}\right)}{\sum_{k=1}^{n}K\left(\frac{\left(c_i-c_j\right)\varphi+\left(x_i-x_j\right)\beta}{a_n}\right)}$$

　　为了便于比较，系统广义矩估计结果也被列示在了表 2、表 3A 和表 3B 中。表 2 的第 4 列是与表 3A 的第 4、8、12 和 16 列相对应的，表 2 的第 8 列则是和表 3B 的第 4、8、12 和 16 列相对应的。基于广义矩估计结果的边际效应非常接近于线性工具变量结果，不过，精度要更好一些。因为对整个方程组一起估计，就意味着对所有 4 个繁荣方程施加了同一个限制，这就提高了效率（同时也解释了为什么表 3A 和表 3B 中的自身效应会相同）。

　　我们利用系统广义矩估计法估计了方程 $g\,(\,c_i\varphi + x_i\beta\,)$，注意，如前所述，$g\,(\,\cdot\,) = \dfrac{k_i}{\theta}$ 是与自治市镇自身的国家能力对繁荣的影响程度成正比的。表中的数据表明，这个方程在定义域内非线性地（便不是单调地）下降。同时，表 2 还给出了各个政府存在历史变量的平均边际效应 $\varphi g'\,(\,c_i\varphi + x_i\beta\,)$（其中的 $g'\,(\,\cdot\,)$ 是平均斜率），结果表明，殖民地时期的政府官员数和公共机构数对当前的政府存在状态有正面影响。

六、一般情形

　　本节中，我们转而讨论一般模型。我们将放松 $\alpha = 1$ 的假设，因而中央政府的国家能力也将成为一个重要因素。我们的目标是搞清楚，中央和地方的国家能力是否存在互补性或替代性，以及，当中央政府的国家能力完全内生决定时，国家能力的直接效应和溢出效应会不会受到影响。读者将会看到，从这个更一般的模型中得出的结果与前面的基准结果非常接近。

（一）实证研究策略

　　我们实证研究策略是，依赖同样的历史数据（以及同样的排除约束），不过还要结合一般的模型的一阶条件。在这里，共有两组一阶条件，一个是式（6），对应于中央政府；另一个是式（5），对应于地方政府。这些一阶条件可以改写为：

$$h_b\left(l_i, \mathrm{p}_i, b_i \mid \zeta\right) \equiv (1-\alpha)\tau^{\frac{\sigma-1}{\sigma}}\left[\frac{s_i}{b_i}\right]^{\frac{1}{\sigma}}\left\{\frac{\theta}{\alpha}\zeta_i l_i\left[\frac{l_i}{s_i}\right]^{\frac{1}{\sigma}} + \mathrm{N}_i(\delta)\left[\left(\psi_1 s + \frac{\sum_j \psi_2^j}{J}\ell\right)\times\zeta\right]\right\} - \eta b_i = 0 \quad (11)$$

　　及

$$h_\xi\left(l_i,\mathrm{p}_i,b_i\right)\equiv\frac{\theta}{\alpha}l_i\left[\frac{l_i}{s_i}\right]^{\frac{1}{\sigma}}-\psi_1\mathrm{N}_i\left(\delta\right)\mathrm{s}-g\left(\mathrm{c}_i\varphi+\mathrm{x}_i\beta\right)-\varsigma^D=0 \qquad (12)$$

其中，ℓ 是一个列向量，国家能力 S_i 由式（2）定义。利用式（12）可以将繁荣方程（2）重写为：

$$h_{\epsilon^j}\left(l_i,\mathrm{p}_i,b_i\right)\equiv p_i^j\frac{\theta}{\alpha}l_is_i\left[\frac{l_i}{s_i}\right]^{\frac{1}{\sigma}}-\psi_2^j\mathrm{N}_i\left(\delta\right)\mathrm{s}-\mathrm{x}_i\tilde{\beta}^j-\varsigma^{\sim jD}=0 \qquad (13)$$

这三个式子总结了我们的一般模型的矩条件。式（12）和（13）确实包含了足以确定参数 α、τ 和 θ 所需的信息（它们刻画了常替代弹性的国家能力构成）。因此，可以先假定中央政府的国家能力是"前定"的（事先给定的），这时可以根据式（12）和式（13）估计出这些参数。然后，再利用常替代弹性估计结果去估计联立方程组（11）至（13）。

（二）给定中央政府的决策时的最大似然估计

当中央政府的国家能力选择（b_i）是事先给定的时候，自治市镇之间的网络博弈就会简化为式（12）和（13），它们能够直接利用最大似然法估计出来。具体的做法是，假设 ϵ_i^j 和 ξ_i 服从联合正态分布，即，$\left(\epsilon_i^1,\cdots,\epsilon_i^J\ \xi_i\right)\sim N\left(0_{(J+1)\times1},\Sigma\right)$，其中

$$\Sigma=\begin{bmatrix}\sigma_{\epsilon^1}^2 & 0 & \cdots & \cdots & 0 & 0\\ 0 & \sigma_{\epsilon^2}^2 & 0 & \cdots & \cdots & 0\\ \cdots & \cdots & \cdots & \cdots & \cdots & \cdots\\ 0 & \cdots & \cdots & \cdots & \sigma_{\epsilon^J}^2 & 0\\ 0 & 0 & \cdots & \cdots & 0 & \sigma_\xi^2\end{bmatrix}$$

于是，就可以从式（12）和（13）中得出（l_i，p_i）的联合密度了。定义 $h_\xi\left(l_i,\mathrm{p}_i\right)\equiv h_\xi\left(l_i,\mathrm{p}_i\mid b\right)$，及 $h_{\epsilon^j}\left(l_i,\mathrm{p}_i\right)\equiv h_{\epsilon^j}\left(l_i,\mathrm{p}_i\mid b\right)$，则（$l_i$，$\mathrm{p}_i$）的似然性可以写为：

$$L_i\left(l_i,\mathrm{p}_i\mid b,\mathrm{L}_{-i},\mathrm{c}_i,\mathrm{x}_i;\gamma,\delta,\Sigma\right)=\phi\left(h_{\epsilon^1}\left(l_i,\mathrm{p}_i\right),\cdots,h_{\epsilon^j}\left(l_i,\mathrm{p}_i\right),h_\xi\left(l_i,\mathrm{p}_i\right);\Sigma\right)\left|J_i\right| \qquad (14)$$

其中，$\left|J_i\right|=\dfrac{\partial h_\xi}{\partial l_i}$，而 γ 则已经包括了参数 α、τ 和 σ。因此，最大似然估计（MLE）为：

$$\max_{r,\delta,\Sigma}=\left\{\sum_i\ln L_i\left(l_i,\mathrm{p}_i\mid b,\mathrm{L}_{-i},\mathrm{c}_i,\mathrm{x}_i;r,\delta,\Sigma\right)\right\}$$

我们的最大似然估计结果如表 5 的第 1 列所示。该表给出的是以公共机构的数量来衡量国家能力时的结果。参数 α 的估计值为 0:18（标准误差为 0.003），地方国家能力与中央国家能力之间的替代弹性 σ 的估计值为 1.2（标准误差为 0. 36）。这就意味着，虽然我们可以轻松地拒绝相对应的线性模型（即，$\alpha = 1$），但是我们却无法直接拒绝如下假设：以中央政府存在状态和地方政府存在状态来表示，国家能力的生产函数是柯布—道格拉斯型的。交互效应 Ψ_1 的估计结果则再一次表明，这是一种策略互补的博弈，而且互补程度与线性模型的结果非常接近。表中还给出了样本中所有自治市镇自身的国家能力的对繁荣的影响（k_i）的平均值。

表 5 结构参数估计

National-level state capacity: Parameter	Predetermined estimates(conditional MLE) （1）	Endogenous estimates(simulated GMM) （2）
$\psi1$	6.731	1.670
	(0.042)	(0.674)
$\psi2$(Life quality index)	4.180	7.132
	(0.049)	(1.316)
$\psi2$(Public utilities)	4.083	7.580
	(0.045)	(1.317)
$\psi2$(Not in poverty)	3.861	5.999
	(0.044)	(0.998)
$\psi2$(Secondary enrollment)	0.690	9.893
	(0.033)	(1.774)
θ	0.037	0.013
	(0.005)	(0.005)
E[ki]	0.126	0.019
	[0.012]	[0.003]
η		0.0003
		(0.003)
$\pi1$ (Historical electoral variability)		−2.43
		（0.745）
$\pi2$ (Betweenness centrality)		0.079
		(0.028)
$\pi3$ (Bonacich centrality)		−0.139
		(0.035)
CES parameters		
α		0.187
		(0.003)
σ		1.224
		(0.362)
τ		0.030
		(0.012)
Observations	963	962

对比表 5 与表 2 及表 3A，可以发现，总体上看，一般模型的最大似然估计结果非常接近线性模型的基准结果。例如，最优反应方程的平均斜率，一般模型最大似然估计值为 0.022，而线性模型则介于 0.016 至 0.022 之间。类似地，各繁荣方程的自身效应的最大似然估计平均值为 0.32，而线性模型的广义矩估计结果则为 0.3。

与线性模型类似，我们对一般模型也进行了反事实实验（让所有低于中位值的国家能力变量提高到中位水平），结果如表 4 的第 3 部分和第 4 部分所示。由于最优反应是非线性的，因此不能直接用估计出来的参数（以及冲击）去预测均衡结果。为此，我们先计算出了均衡国家能力的数值解（用牛顿迭代法来逐渐逼近），然后再利用式（13）求出相应的 p_i。结果表明，一般模型的反事实实验结果与线性模型（$\alpha=1$）非常接近。

（三）用模拟矩法估计完全模型

接下来我们还估计了式（11）、（12）和（13）确定的完全模型（full model），这需要增加一个约束，即，中央政府的国家能力必须满足式（6）所示的一阶条件。

因为中央政府的国家能力的权重 ζ_i 是不可观察的，所以我们将之建模为自治市镇的网络中心性向量（这是能够观察的）、政治变量以及一个不可观察的因素的函数，即

$$\zeta_i = \exp(v_i\pi + \omega_i)$$

这里的 v_i 包括三个协变量：两个是标准网络中心性统计量，即中介中心性（betweenness centrality）和玻纳西奇中心性（Bonacich centrality），还有一个表示自治市镇历史上的政治竞争力的代理变量（用 1974 年至 1994 年间自由党在总统大选中的得票比例的标准偏差来度量）。

中央政府的一阶条件包括了每个自治市镇未观察到的权重的各城市的全向量，无法用一个明确的雅可比矩阵来表示我们的模型，所以也就不适宜于最大似然法。为此，我们采用的是模拟矩法，这种方法所使用的估计量与上节中的广义矩估计法是类似的，不过还需要保证：

$$q_i(\gamma, \delta) = \left[h_{\in^1}(l_i, p_i, b_i), \cdots, h_{\in^J}(l_i, p_i, b_i), h_\xi(l_i, p_i, b_i), \hat{h}_b(l_i, p_i, b_i) \right]' \text{及}$$

$$Z_i(\delta) = \begin{bmatrix} \mathbf{I}_J \otimes z_i^p(\delta) & 0 & 0 \\ 0 & z_i^{BR}(\delta) & 0 \\ 0 & 0 & z_i^{NL}(\delta) \end{bmatrix}$$

其中，$z_i^{NL}(\delta)$ 是中央政府的最优反应方程的工具变量向量，包括 v_i、x_i、历史人口、距离邻近的自治市镇的平均距离、沿着短程线将自治市镇 i 与各"邻居"连接起来时的海拔的平均变化量。这样，中央政府的（模拟）一阶条件就可以写为：

$$\hat{h}_b(l_i, \mathbf{p}_i, b_i) = \int h_b(l_i, \mathbf{p}_i, b_i \mid w) f_w(w) \mathrm{d}w \qquad (15)$$

其中 $f_w(\cdot)$ 为中央政府的随机权重的不可观察的元素。此时，向量 γ 也包括 η 和 π。注意，所有博弈参与人都知道这个权重向量。

我们假设 ζ_i 是非负的，并检验了我们的估计结果对于不同的密度 $f_w(\cdot)$ 的稳健性，基本设定是一个标准的正态密度。估计结果如表 5 第 2 列所示，而且如上一节所示的反事实实验也得出了类似的结果。有意思的是，中央政府的权重表现出了很强的同质性，这意味着中央政府的政府状态反映了自治市镇的"地方特色"。这也就是说，局部性的网络特征（例如，某个自治市镇的中心地位和政治竞争力），能够显著地影响中央政府的选择。

七、结　论

本文估计了哥伦比亚地方政府国家能力的直接效应和溢出效应网络。我们将地方政府和中央政府的国家能力决策模型化为一个网络博弈，即，每个自治市镇都会先预测中央政府和其他自治市镇所选择的国家能力水平（及其溢出效应），再来决策自己对国家能力的投资，以最大化自身利益。我们强调，应该在一个策略性互动的框架内解释各种估计结果，而这就需要有一个结构模型。

我们使用工具变量法、广义矩法和模拟矩法估计出了上述模型的参数。在估计时，我们不仅利用了自治市镇的网络结构特征（这决定了哪些自治市镇会对另外哪些自治市镇产生溢出效应），还考虑了各自治市镇的国家能力的历史基础，即，殖民地时期王室道路系统与殖民地政府的历史状态（在识别自治市镇的自身效应和溢出效应，这些构成了国家能力差异的外生来源）。我们认为，这些历史因素与公共物品的提供和繁荣程度无关，除非它们能够对本地和邻居的国家能力产生影响。

我们的估计结果表明，地方政府的状态确实是当前的繁荣程度的一阶决定因素，但是，这种影响很大程度上是通过网络效应发挥出来的。将所有国家能力低于中位值的自治市镇的能力提高到中位水平，即使不考虑其他自治市镇的均衡反应，也能使高于贫困线的中等收入人口的比例从57%提高到60%——其中大约有57%是直接效应，其余43%则可以归结为溢出效应。而如果我们再把其他自治市镇的均衡反应考虑进去，那么中位收入人口所占的比例将提高到68%，因此，均衡网络效应导致的变化也是相当显著的。这不仅表明网络效应是重要的，而且还暗示，中央政府必须在有效的国家建设中发挥核心作用：因为地方政府不会考虑到上述网络效应，因此仅依靠自治市镇来进行国家建设的话，将会导致国家能力的供应严重不足。

本文只是对地方国家能力的直接效应和溢出效应进行建模和估计的第一步，还有一些非常有意思且非常重要的研究方向。我们只考虑了地方国家能力的其中一些方面。第一，在本文中，我们只关注了地方国家能力的某些方面。就韦伯式的理性官僚体制而言，精英阶层的能力以及官僚机构行为的可预测性，也是国家能力很重要的组成方面。第二，我们没有考虑暴力垄断问题。在哥伦比亚，这是一个非常重要的问题，因为地方政府往往无法垄断暴力。第三，我们没有讨论政治经济互动。虽然作为第一步，这种简化是合理的，但是政治经济因素确实可能是某些溢出效应的基础，例如，一个国家能力很强的自治市镇可能会对它的邻居的政客产生政治压力，或者，不同的政客或武装团体控制下的自治市镇所产出的溢出效应可能会大相径庭。最后，我们认为，下一步应该用与本文类似的方法去分析其他一些环境下（例如，在那些执法权和警察权归属于地方的国家），地方国家能力的溢出效应。

"调查研究"专栏征文启事

本质上，当代中国研究是为了记录历史。

为了弥补当前中国研究中缺乏事实基础的不足，《新政治经济学评论》将联合上海交通大学中国发展研究院、复旦大学当代中国经济与社会工作室、上海对外经贸大学区域与产业发展研究中心，以及湘潭大学商学院，共同开设"调查研究"专栏，发表针对重大理论争议和改革实践的调查研究。我们期待的不是通常意义上的调查报告，而是基于调查的研究性论文。有兴趣的作者请在投稿前对照以下要求，提升研究的质量：

您是否回应了在理论上存在争议的问题，或者揭示了实践上特别重要的问题？

您是否引用了必要的文献，说明了您的研究的意义与创新？

您是否对研究的制度背景和事实给出了清楚的刻画？

您是否有简洁清晰的核心论点，并对其采取合适的方法进行了论证？如果您的方法是案例分析，或者加总的数据分析，您是否确信自己的研究更有益于帮助读者了解基本的事实，而且是大样本的计量分析无法取代的？

调查研究除了刻画事实之外，也可以用来论证变量之间的逻辑关系，如果您的研究属于此类，您是否注意了其中的机制分析，并排除了可能存在的其他机制？

如果以上几点您的研究都做到了，那么欢迎将您的稿件投到我们为这个专栏特设的信箱：real_cn@163.com。我们的专栏由上海交通大学陆铭教授主持，并由复旦大学陈钊教授、上海对外经贸大学李辉文教授和北京大学杨汝岱副教授共同负责稿件的评审。我们会在一个月内将匿名评审意见通知您。

期待我们的专栏能够见微知著，用脚步、眼睛与手共同展现出一个真实的中国。

《新政治经济学评论》编辑部

上海交通大学中国发展研究院

复旦大学当代中国经济与社会工作室

上海对外经贸大学区域与产业发展研究中心

湘潭大学商学院

2016 年 6 月

稿 约

由浙江大学经济学院、浙江大学民营经济研究中心、浙江大学跨学科社会科学研究中心联合主办，汪丁丁教授任主编的《新政治经济学评论》，是一份综合性的经济学理论连续出版物，刊登经济学各个领域的理论和经验研究论文。自2012年开始，《新政治经济学评论》入选CSSCI来源集刊。

自2015年起，《新政治经济学评论》将进行主题征稿，每期聚焦一个主题，由两位相关学科编委主持。第31期（2015年12月出版）征稿主题为"民主与治理"，截稿时间为2015年10月15日。借此之际，向海内外学者同仁广纳贤言，欢迎赐稿！

《新政治经济学评论》设"特稿"、"论文"、"综述"、"学术前沿"、"现实问题"、"学习与思考"、"评论与回应"、"书评"等栏目。"特稿"栏目发表本刊主编及本刊约请的作者撰写的关于某个重大理论问题或现实问题的文章；"论文"栏目发表原创性的理论和经验研究文章，文章长度不限，欢迎10 000字以上的论文；"综述"栏目发表系统全面地述评某一领域的研究成果和研究进展，反映该领域最新学术动态的综述性文章；"学术前沿"栏目发表国际知名学者最新的开创性论文（包括译文）；"现实问题"发表由改革或生产最前线的实践工作者撰写的理论性文章；"学习与思考"发表思考、评述重要的理论或现实问题或思潮源流的文章，包括深刻的读书笔记；"评论与回应"栏目发表对已在本刊发表过的论文的评论和原作者的回应；"书评"发表通俗、可读的中文经济学新书的介绍和评论。以下为投稿体例。

一、稿件一般使用中文，作者投稿时可将打印稿一式三份寄至本刊编辑部（地址：杭州市浙江大学经济学院《新政治经济学评论》编辑部，邮编：310027），或通过电子邮件寄送（邮件地址：reviewnpe@163.com）。

二、稿件的第一页应该包括以下信息：

（1）文章标题；（2）作者姓名、单位，以及通信作者的通信地址和电子邮件地址；（3）感谢语（如有最佳）。

稿件的第二页应提供以下信息：

（1）文章标题；（2）200字以内的中文摘要；（3）3个中文关键词；（4）文章的英文标题、作者姓名的汉语拼音（或英文）和作者单位的英文名称；（5）200字以内的英文摘要；（6）3个JEL（*Joural of Economic Literature*）分类号。

三、文章正文中的标题、表格、图、等式编号必须连续。

一级标题用一、二、二等编号，二级标题用（一）、（二）、（三）等，二级标题用1、2、3等，四级标题用（1）、（2）、（3）等。一级标题居中，二级及以下标题左对齐。前三级独占一行，不用标点符号，四级及以下与正文连排。

四、图表必须达到出版质量，如有照片或图片，除在文中插入外，请另附单独文件。

五、文章正文的脚注必须每页重新编号，编号格式为：①，②，③……

六、文章中的定理、引理、命题和定义等单独成段。定理、引理和命题的证明（如果有的话）安排在文末的附录。

七、外文专有名词，如人名、地名、术语等，请尽量译出，并在第一次出现时保留原文，在中文译名后加括号标示。如：

经过玫瑰战争（the War of the Roses）、百年战争（the Hundred Years War）和第二次卡斯蒂利亚内战（the second Castillian Givil War），第一批"新的"君主政体形了。

八、所有参考文献必须出现在文章的末尾，中文参考文献在前，英语或其他语言的参考文献在后，并按作者姓名的字母顺序编号排列。体例如下：

[1] 林毅夫、蔡昉、李周，1994，"论中国经济改革的渐进式道路"，《中国的过渡经济学》，上海：上海三联书店。

[2]　施密特，2003，《政治的概念》，刘宗坤等译，上海：上海人民出版社。

[3]　汪丁丁，2003，"行为、意义与经济学"，《经济研究》，第 9 期，第 14—20 页。

[4]　Acemoglu, Daron and Thierry Verdier, 2000, "The Choice between Market Failures and Conrruption", *American Economic Review*, 90（1）: 231‑257.

[5]　Barro, Robert and Xavier Sala-i-Martin, 1995, *Economic Growth*, New York: MeGraw Hill.

文中对文献的引用采用如"Becker（1968，p. 168）指出……"、"报酬递增……（Romer, 1986）"（外文文献），或"正如琼斯所言：'……'（琼斯，2003，第 18 页）"（中文文献）的形式。

文中的引用与文后的参考文献应做到一一对应。

九、所有引用请严格注明文献出处，本刊杜绝任何抄袭行为，也恕不接受一稿多投（重复率高于 20%），一经发现，永不录用作者稿件。

本编辑部在收到稿件后的一个月内给予作者是否录用的答复，在一个月之内没有接到录用通知者即可另投。本编辑部因人力财力有限，恕不退稿。请作者自留底稿，并不要在信中夹带现金或邮票。

稿件发表前，本编辑部将把排版清样寄给作者，由作者校对稿件。稿件发表后，本编辑部将向作者提供 3 本样书，作者如需更多本，请付费购买。

稿件一旦发表，则默认本刊拥有稿件版权（包括电子版权），期限 10 年。编辑部可于其间在他处使用。

文景
———
Horizon

社 科 新 知　文 艺 新 潮

新政治经济学评论　第31卷
汪丁丁 主编

───────────────────────────────

出 品 人：姚映然
责任编辑：冯慧敏
美术编辑：高　熹

───────────────────────────────

出　　　品：北京世纪文景文化传播有限责任公司
　　　　　　（北京朝阳区东土城路8号林达大厦A座4A　100013）
出版发行：上海世纪出版股份有限公司
印　　　刷：北京中科印刷有限公司
制　　　版：北京大观世纪文化传媒有限公司

───────────────────────────────

开 本：787×1092mm　1/16
印 张：17.25　　字 数：265,000　　插页：2
2016年7月第1版　　2016年7月第1次印刷
定 价：58.00元
ISBN：978-7-208-13826-1/F · 2378

┌─────────────────────────────────────┐
│　图书在版编目（CIP）数据   │
│   │
│　新政治经济学评论. 第31卷 / 汪丁丁主编. 一上海：   │
│上海人民出版社，2016   │
│　ISBN 978-7-208-13826-1   │
│   │
│　Ⅰ.① 新… Ⅱ.① 汪… Ⅲ.① 政治经济学-文集   │
│Ⅳ.① F0-53   │
│　中国版本图书馆CIP数据核字（2016）第118490号   │
└─────────────────────────────────────┘

本书如有印装错误，请致电本社更换　010-52187586